优秀员工工作笔记

蔡万刚◎著

石油工業出版社

内容提要

本书从优秀员工必须具备自动自发的精神，在工作中忠诚敬业、培养专业能力、勇于负责、以公司为家、积极融入团队、做事高效、持续学习进步、大胆创新等方面详细阐述在工作中如何完善自我，概括总结成为一名优秀员工的进阶之路，希望帮助千千万万普通员工在提升自我的基础上实现卓越发展的目标。

图书在版编目（CIP）数据

优秀员工工作笔记 / 蔡万刚著. —北京：石油工业出版社，2019.7
ISBN 978-7-5183-3421-6

Ⅰ. ①优…　Ⅱ. ①蔡…　Ⅲ. ①企业-职工-修养
Ⅳ. ①F272.921

中国版本图书馆CIP数据核字（2019）第096555号

优秀员工工作笔记
蔡万刚　著

出版发行：石油工业出版社
（北京市朝阳区安华里二区 1 号楼 100011）
网　　址：www.petropub.com
编 辑 部：(010) 64523570　图书营销中心：(010) 64523633
经　　销：全国新华书店
印　　刷：北京晨旭印刷厂

2019年7月第1版　2019年7月第1次印刷
740×1060 毫米　开本：1/16　印张：16.75
字数：221千字

定　价：45.00元
（如发现印装质量问题，我社图书营销中心负责调换）

前言

PREFACE

对每个人来说，工作既是一种谋生的手段，也是个体身心、成长的修炼。在工作中取得业绩，乃至谋求更大的成功，首先要有一种追求成功的欲望，然后设定目标跟进，在持续努力中经受磨炼和考验，最终迎接胜利的果实。

优秀的人有一个共同的特质，那就是拥有一个引导自己前进的人生目标，时刻明白："我想要成为什么？"当这种目标契合员工内心真正的想法时，就会变成执着的追求和内心强烈的信念，从而产生出一种强大的驱动力、激发出一种勇气，成为员工强大执行力和创造力的源泉。

> 1898年，参加美西战争的罗文中尉孤身进入古巴，负责把一封决定战争命运的信送给西班牙反抗军首领加西亚将军。罗文没有寻找任何借口，而是凭借绝对的忠诚、责任感和自动自发精神完成了这项艰巨的使命。100多年来，罗文的事迹在世界各地传颂，成为忠诚、敬业、勤奋、自律的象征，成为高效行动与强大执行力的典范。

每一个追求卓越的人都应该像罗文那样，在工作中积极行动、自动自发地做事、培养团队精神与敬业习惯，在作出贡献的基础上实现个人成长，实现自我价值。为此，我们首先要在意识上觉醒，在心态上正视自我。

美国成功学家拿破仑·希尔说过这样一段话：“人与人之间只有很小的差异，但是这种很小的差异却造成了巨大的差异！很小的差异就是所具备的心态是积极的还是消极的，巨大的差异就是成功和失败。”

这与木桶定律有着异曲同工之妙，一只木桶可以盛多少水是由最低的那块木板的高度决定。所以，优秀的员工有着更高的奋斗目标，懂得在工作中仔细寻找自己的缺陷和不足，并努力弥补，在持续前进中让自己变得更优秀，并迈向卓越。

任何团队和组织领导者都钦佩那些时刻努力勤奋工作的员工，当他接受了特定的任务后，会静静地埋头做事，不问任何多余的问题，更不会放纵自我、浪费光阴。他们会不顾一切地完成任务，克服工作中遇到的任何困难，没有任何抵触与畏难的情绪。这种员工永远不会被解雇，永远会受到欢迎。可以说，人类文明的进程就是孜孜不倦寻找这类精英人才的过程。

优秀员工具备自动自发的精神，在工作中忠诚敬业、培养专业能力、勇于负责、以公司为家、积极融入团队、做事高效、持续学习进步、大胆创新。本书从上述各个方面详细阐述了在工作中如何完善自我，概括总结了成为一名优秀员工的进阶之路，希望帮助千千万万普通员工在提升自我的基础上实现卓越发展的目标。

目　录
CONTENTS

第01章

生命的觉醒——树立正确的工作观

正确的工作观是我们保持良好做事状态的前提，它会使我们在工作和学习中做到认真负责、真抓实干、恪尽职守，会激发我们内在的潜能，从而在岗位中给自己合理的定位。所以，树立正确的工作观，是干好一切工作的前提。

明确目标，奋勇向前

有人曾经说过：目标是一座灯塔，照亮船只在大海上的航向。也有人说过：目标是指南针，在我们迷茫无措时为我们指明道路。话虽如此，但是要让我们说出自己的目标是什么样子的，很多人都会哑口无言。并不是说这些人是没有目标的人，只是他们的目标并不明确，所以才会显得大而空，看不到也摸不着。而那些能够明确自己目标的人，即便是在前进路上遇到了问题和挫折，都能灵活周转，调整之后向着目标前进。

明确工作目标的重要性不言而喻。但是在实际生活中，很多人在忙碌的工作学习中，往往会渐渐偏离自己预定的轨道，在某一天想要回来时，已经差了一大截，赶也赶不上了。有的人，拥有短期目标，虽然能够获得暂时的成就，但随着时间的推移，慢慢就会发现，自己的目标越来越不明确，到最后失去方向。所以，明确工作目标要求我们不论在何时何地，都在心里谨记自己的目标，让它成为我们前进的动力。目标对于成功就像空气对于我们，没有空气人会失去生命，没有目标的人生无法成功。

职场中，首先要明确奋斗目标。第一，目标确立以后，你的下意识心理开始遵循这样一条普遍的规律：“人能设想和相信什么，人就能用积极的心态去完成什么。”如果你预想出你的目的地，你的下意识心理就会受到这种自我暗示的影响。第二，如果你知道自己需要什么，你就会有一种倾向：试图走上正确的轨道，奔向正确的方向。于是，你开始行动了。第三，目标确立以后，在面对一些机会时你会变得敏锐，而这些机会将帮助你达到目标。第四，当完成了前三步以后，你的工作变得有乐趣了。你因受到激励而愿付出代价，能够预算好时间和金钱。你对你的目标思考得愈多，你会愈有热情，你的愿望也就会变成热烈的愿望。

侯勇出生于江苏连云港一个普通的家庭，15 岁的时候他便因为家庭条件不好而辍学了，在从学校回来的那一天，他的父亲就告诉侯勇：你以后一定要出人头地，做一个让父母骄傲的人。

虽然 15 岁的侯勇还不知道何谓出人头地、何谓让父母骄傲，但是他却将父亲的话当成了自己最初的目标。

随后他到煤矿当了一段时间的筛煤工，因为工作出色，在一个偶然的机会，被肉联厂的领导看中，被调到肉联厂去卖肉。虽然工作换了，但是目标没有换，此时的侯勇明白了自己的目标：做筛煤的工作，就要当最优秀的筛煤工；做卖肉的工作，就要当最优秀的卖肉人。在干了一年的卖肉工作之后，因为工作表现突出，他被提拔为车间主任，此时他的目标又变为了：当最优秀的车间主任。

正当侯勇奔着自己目标前进的时候，一个偶然的机会，他阴差阳错地进入了娱乐圈。当时，他有一个朋友想去考江苏省戏剧学校，自己一个人去又觉得没底，所以就拉上侯勇作陪。到了录取结果揭晓的时候，他的朋友没考上，侯勇自己却无心插柳柳成荫了。更让人觉得不可思议的是，江苏省戏剧学校那一年仅仅录取了两名考生，而侯勇便是其中之一。

1989 年，侯勇从戏剧学校毕业，被分配到了原南京军区政治部前线话剧团。可是此时的侯勇却遭遇到了前所未有的挫折：不被剧团重视。

当时的话剧团演员众多，在分配角色的时候都按照资历来进行。几乎所有重要的角色都是由那些资历老的演员来担任，侯勇作为一个刚从戏剧学校毕业的新人，自然而然就只落得了一些军人甲、路人乙之类的跑龙套的小角色，甚至是那些一句台词也没有的角色。有一次他被分配到的角色是饰演一名旗手，这名旗手在整场戏中连一句台词也没有，而这个角色，他一演就是整整一年的时间。

虽然在这过程当中遭遇到了挫折，但是侯勇心里明白自己的目标是什么：当最优秀的演员。那么在这种情况之下，如何能达到自己的目标呢？侯勇陷入了沉思当中。

在妻子沈蓉的分析之下，侯勇渐渐找到了自己身上存在的原因。

首先，目标太笼统，没有一个具体的努力方向。俗话说“术业有专攻”，虽然自己定下了“成为一名优秀的演员”的目标，但演员所出演的角色是非常多样化的，自己究竟要成为一名什么样的演员呢？这一点他并不清楚，即对自己的角色定位不清楚。

其次，他没有充分发挥自己的优势。在侯勇的身上，有三个优势：其一，潜质。作为一个演员，侯勇是合格的，也就是说他是有艺术潜质的，只是因为舞台、角色的限制，侯勇没有发挥而已。其二，经验。这十年的舞台表演，虽不曾出演过主要角色，但是为自己积累下了很多的舞台经验，对于演员来说，这就是一笔巨大的财富。其三，气质。作为一名部队文艺工作者，经过十年的沉淀，他身上已经自然形成了一种军人气质，只要出演军人，演一个就像一个。

经过一系列的分析之后，侯勇的目标更加清晰了：做一名优秀的军人演员，塑造好每一个军人形象。为了演好军人，侯勇开始不辞劳苦地坚持每天锻炼，以塑造标准的体形。除此之外，他还利用一切机会，经常去团里观看老演员排戏，仔细观察他们的动作、台词、眼神，认真琢磨演技。

功夫不负有心人，就在侯勇不断磨炼自己演技的时候，实现目标的机会来了。他在朋友的推荐下，开始实现自己演军人的目标——他出演了《声震长空》的男主角。因为在这部电影中的出色表演，他又获得了一次演出的机会——被电影《冲出亚马逊》的导演选中，出演片中的男主角王晖。因为这两部电影，他先后获得全球华语影片“最佳男主角奖”、中国电影“华表奖”的优秀男主角奖，他从当初的“龙套专业户”成为“双料影帝”。

侯勇终于成功了。后来他又连续出演了多部军人题材的影视剧，如《DA 师》《济南战役》《铁色高原》《陈赓大将》等，在这些影视剧当中，侯勇真正做到了“演一个像一个”的标准，深得观众的喜爱。

努力工作，工作是立身之本

一个上了年纪的建筑师准备退休了，雇主很感谢他多年的服务，问他能不能再建最后一栋房子。建筑师虽然答应了，但他的心思已经不在干活上了。他经常偷工减料，干活马马虎虎，用劣质的材料随便把房子盖好了。完工后，雇主拍拍建筑师的肩膀，诚恳地说：“房子归你了，这是我送给你的礼物。”建筑师傻眼了。

我们每个人都可能是这个建筑师，要知道，我们自己是命运的播种者，今天所做的一切，都会深深地影响到自己的命运。种瓜得瓜，种豆得豆；有几分耕耘，就有几分收获。从这个建筑师身上可以清楚地认识到“我只为别人工作”这种观念对自己利益的损害。

如何改变自己的命运?

“心态决定一切。”改变命运，首先要从改变思想开始，你必须要拥有“为自己工作”的观念。

认识到我们是为自己工作，也就意味着自我激励、自我负责。一个人能认识到自我激励、自我负责，才能把握自己的命运。

因此，只有转变自己的心态，由“为企业工作”转为“为你自己工作”，由“要我做”转为“我要做”。只有对企业有了主人翁意识，有了高度的责任心和神圣的使命感，才会充分发挥自己的主观能动性，才会挖掘自己的最大潜能，为企业和个人创造可观的经济效益。

如果每一位员工都能从内心深处承认并接受“我们在为他人工作的同

时，也在为自己工作”这样一个朴素的理念，责任、忠诚、敬业将不再是空洞的口号。

1910年，松下幸之助到樱花水泥公司做临时搬运工。他虽然年轻，但不强壮，在尘土飞扬的水泥厂干这种苦力活非常吃力，一天下来，浑身像散了架似的，鼻子眼睛都是灰尘。几乎所有做这种工作的人，都是为生活所迫，他们的目的就是挣钱度日，松下幸之助却把这项工作当作了解工人、学习如何与工人相处、学习如何管理工人的途径。

这为他日后走上管理岗位积累了丰富的经验。因此，即使是做一名搬运工，松下幸之助也将工作当成自己的生活方式，表现出了超乎常人的勤奋和敬业。

我们工作，是因为我们需要工作；我们工作，是因为工作是我们人生旅程中一段重要的经历；我们工作，是因为我们需要谋求自己的发展和幸福。

有时，工作是我们自己的事情，而不是别人的事情。

有时，工作是我们自己的需要，而不是别人的需要。

有时，工作是我们自己的理想，而不是别人的理想。

工作是我们自己的，而不是别人的。如果想得更远一点，我们就会发现：我们是在为自己工作，而不仅仅是为企业。如果连自己的事情都不能全力以赴地去做，不能正确地认识它，那么我们又可以得到什么？

所以，不管是公司要求我们的也好，还是上司要求我们的也好，都是我们自己的积累。佛教中说，种什么因得什么果。朋友们，为了我们更美好的将来，更积极、更热情地对待自己的工作吧！

当自己对工作产生消极情绪的时候，请务必冷静下来，认真反问一下自己：“我是为谁工作？”然后，努力去做。

工作能获得薪水，获得报酬，为我们带来足以养家糊口的收入，是人们生存下来的根本；工作几乎占据了一个人一半的时间，没有工作的生活是毫无乐趣、毫无精神支撑的。因此，我们说，工作是人们的立身之本。

通过工作，人们获得了金钱和生活保障，这是一个社会人最为直观、最为基础的自我满足。从你踏上工作岗位那天开始，你的企业、老板就为你的工作付出了金钱，也就是你每个月所领取的薪水。

人要生活和生存就必须获得一定的物质基础，以满足自我生存的需要，那么这就要求人们要有换取生活物资的等价物——钱。没有钱，一切都无从谈起。不过不用担心，工作可以为我们提供金钱。公司为我们提供就业机会，我们在企业的工作岗位上付出自己的劳动以获得一定的报酬。这个报酬可以解决我们自身的生计问题，是我们养家糊口最基本的方式，报酬让我们的生活有一份经济保障。

《当幸福来敲门》这部励志电影，讲述的是已近而立之年的克里斯·加德纳为自己的工作而奋斗的故事。故事的开始，克里斯·加德纳事业不顺，生活潦倒。每天奔波于各大医院，靠出售骨密度扫描仪为生。

为了自己能够有一个地方居住，有一份粗茶淡饭糊口，他必须每天卖出两个骨密度扫描仪。此时，工作对于他来说，就是养活自己的保障。他时刻告诉自己，只有不断地拼命工作才能让自己获得生活最基本的保障，才能让自己摆脱利息与房租的纠缠。

工作为我们带来了足以养家糊口的收入，从而让我们在心理上产生了一定的安全感。因为，有了工作，我们才能吃上饭，交上房租；有了工作，我们才能买漂亮的衣服和护肤品。

有一则这样的新闻。湖北黄冈某中学的老师把一双草鞋、一双皮鞋挂到教室的墙上，对学生讲道：“你考得上大学就进城穿皮鞋，考不上大学就回家穿草鞋。”湖南株洲市一所重点中学的校长更是对学生说：“你只有考上好大学，找到好工作，才能住别墅、开名车、娶美女。”这些例子都直接表明了，只有获得了好工作才能拥有雄厚的物质基础。换句话说，只有好工作才能带给你自我的满足。

在自然界中，有一种有趣的动物——大黄蜂。它身躯十分笨重，翅膀却出奇的短小。生物学家说，这种身体结构的动物是不可能飞起来的，因为所有会飞的动物都必须是体态轻盈、翅膀宽大的。物理学家也连连摇头：大黄蜂身体与翅膀的比例完全不符合流体力学的原理，怎么可能飞起来呢?

然而在现实中，大黄蜂将不可能变成了可能。它不仅能飞，而且还飞得一点也不差。原因是什么？社会学家找到了答案：那就是大黄蜂根本不理睬那些条条框框的深奥理论。它只知道，只要自己不飞上天空，就无法得到食物：不飞上天空，生存就变得毫无意义！生存的需要激发了生命的潜能，大黄蜂付出了生命的努力，从而将不可能变成了现实。

任何一个人，说自己为了养活自己、为了生存而工作是一件令人沮丧的事情。但事实上，还有什么比养活自己、比为了让自己生活得舒服自在更重要呢?

大家都知道，一个人一天 24 个小时，除了睡觉、吃饭、上厕所的时间，剩下的大部分时间都在工作。工作是人类生存的一种方式，或者说，工作是我们生活乐趣的源泉。工作为我们实现自己的人生意义提供了渠道，让我们不仅获得了物质上的满足，还获得了精神上的满足。

如果你暂时不知道该如何理解工作的意义，至少该知道，有工作是一件体面的事情。在日常生活的闲聊中，当你的朋友问及你的工作时，我相信任何人都不希望面对那种没有工作的尴尬。“我现在在家，不工作。”诸如此类的话总是令人难以启齿。

人活着不光要有里子，还要有面子。有工作，有好工作就能帮你把所有的面子挣回来；否则，后果就只能自己掂量了。比如，你满心欢喜地到未来岳父家做客，岳父必然会询问一番你的工作。你只能满脸通红地说，“哦，我只是个待业青年。”此时的你甚至会觉得丢人、没面子。相反，如果你拥有自己的工作，甚至拥有一份令人羡慕的工作，那么，在这些场合你就可以理直气壮地向别人传达关于你工作的信息。

即使不为别的，就为了这些微不足道的面子问题，我们也需要工作；更何况工作还能给个人带来更多的价值。工作是有意义的，至少它能让工作者在工作的过程中实现自我满足。

人们工作不仅仅是为了生存，更重要的是为了生存得有意义。

大家可以想象一下，当一个人有了足够多的物质基础之后，整天闲散、无所事事地生活是一个怎样的场景。不工作的日子其实是非常无聊和寂寞的，甚至是毫无追求近乎萎靡。所以说，工作是我们的精神寄托之一，是人们实现人生价值的一个必要手段。人类的进步就是每一个个体为生命的意义而工作的并集。

为生命的意义而工作是一件非常崇高的事情，没有什么事情比发现生命的意义并竭尽全力地投入一生更神圣、更伟大。

为了实现生命的意义，我们努力地工作。在工作的过程中，我们还可以发现工作的诸多乐趣，在工作中就不会感到枯燥无聊。在工作中，我们会与人合作、与人竞争。而无论是合作还是竞争，都能给人们每一天的生活增添一点生气与快乐，都能为人们实现生命的意义提供机会。

工作是获得自我满足的源泉。要懂得在工作中发现细微的闪光点，用于点缀我们的生活，要在逆境中开发我们的潜力。要知道：工作影响着我们的前途，影响着我们自我满足感的实现。所以，我们要在工作中不断感受自我，发现自我，最终实现自我。

正确看待工作回报

威尔曾经聘用了一位小姐当助手，替他拆阅、分类及回复他的大部分私人信件。当时她的工作是听威尔口述记录信的内容。她的薪水和其他从事类似工作的人大致相同。有一天，威尔口述了下面这句格言，并要求她用打字机把它打下来，记住：你唯一的限制就是你自己脑海中所设立的那个限制。

当她把打好的纸张交还给威尔时，她说："你的格言使我获得了一个想法，对你，对我都很有价值。"

从那天起，威尔可以看得出，这件事在她脑中留下了极为深刻的印象。她开始在用完晚餐后回到办公室来，并且从事不是她分内而且也没有报酬的工作。她开始把写好的回信送到威尔的办公桌来。

她已经研究过威尔的风格，因此，这些信回复得跟威尔自己所写的完全一样。她一直保持着这个习惯，直到威尔的私人秘书辞职为止。当威尔开始找人来填补这位秘书的空缺时，他很自然地想到这位小姐。

因为，这位小姐在威尔还未正式给她这项职位之前就已经主动地接收了这项职位。由于她在下班之后，没有支领加班费的情况下，对自己加以训练，终于使自己有资格出任威尔属下人员中最好的一个职位。

香港著名的喜剧明星，也是著名的导演、编剧和电影工作者周星驰，在其成名之前，就是凭着不计报酬逐步实现了自己的演员梦，然后一步一步地走到了今天的位置。

小时候的周星驰对于自己的未来，心中是一片空白，直到他 19 岁那年，一次偶然的尝试，让演员梦在他的心里生了根。

那年香港的一家电视台开办了一个表演训练班，周星驰也想去试一试，但是他又怕自己只有 1.73 米的身高过不了关，因为那时候对于明星的概念就停留在像周润发那样高大帅气的猛男上，于是他忍痛花大价钱买了一双高跟鞋。但是当他去报名的时候，考官只看了他一眼就让他走人了。

周星驰是那种认定一件事就不轻易放手的人。这一次虽然失败了，但是却让演员梦在他的心里生了根。后来经过自己的不断努力，他终于进了香港无线电视台的艺员训练班。虽然如愿进了训练班，但是面对一大批外形、造型和台风都比自己要优秀得多的有为青年，周星驰也只能在里面混口饭吃，不论他怎么努力也只能算是个“死跑龙套的”，这么说是因为跑龙套的几乎都没有名字，没有台词，在剧中的作用几乎就等同于布景，演完之后就可以“去死”了。

但是周星驰却不这么想，他觉得薪水高低无所谓，只要能维持基本的生活就行，自己考进艺员训练班，不是为了挣钱，而是为了实现自己当演员的梦想，所以即便是跑龙套自己也愿意。为了给自己争取一个演出的机会，哪怕只有几十块钱的片酬，所演的角色也是小得不能再小，他也愿意。

还有的时候，周星驰为了给自己求得一个好一点点的龙套角色，经常跟在常务或助理导演的屁股后面，给他们大献殷勤，跟他们说上一大堆肉麻得让人想要呕吐的好话。可是这样放弃自己的尊严，换来的却常常是常务和助理导演不耐烦的辱骂：“怎么像条跟屁狗一样。”

周星驰将这些委屈都默默地咽下了，他相信只要自己努力，总有一天自己会脱离“跑龙套”的行列，会让今天所有瞧不起自己的人对自己刮目相看。

在跑龙套的同时，他还尝试着自己写剧本，揣摩经典影片，精读理论，钻研演技，但是一直都没有一个合适的机会。直到 1988 年，他终于迎来了自己演艺生涯中宝贵的转折点。有一天晚上他在舞厅里消磨时光，遇到了万能电影公司的大老板李修贤，这位著名的电影制作人与他简短交谈之后，便问他是否愿意在自己的新片《霹雳先锋》里扮演一个角色，一个浪荡江湖的小弟，还告诉他这是一个配角，所以可能片酬不会太高。

周星驰一听有人主动邀请自己出演角色，他对这种机会正求之不得呢，哪儿还会去计较片酬的高低，他立即毫不迟疑地就答应下来了。

在这部戏中，周星驰凭借着以前跑龙套时积攒下来的表演经验，对角色驾轻就熟，拿捏准确。这次演出机会，让周星驰拿到了金马奖的最佳配角奖，还让他获得了金像奖最佳配角和最佳新人奖的双料提名。通过这次演出机会，周星驰终于得到了影坛的关注，也得到了电视台对他的重新审视，给了他更多在电视剧里扮演重要角色的机会。

再后来，周星驰演绎了一系列经典的角色:《仙侣奇缘》中多情的斧头帮帮主,《大话西游》中为情所困的孙悟空,《唐伯虎点秋香》中风流倜傥的江南才子唐伯虎,《喜剧之王》中对电影梦想苦苦追求的尹天仇,《少林足球》中孜孜不倦探索的少林大力金刚腿,《功夫》中的阿星……

在这些影片中，周星驰以其认真专业的表演、丰富的表情和肢体语言，以“无厘头”的手法，开创了香港喜剧电影的另一空间。

化解压力，寻找最佳位置

在一座寺庙里，住着一个老和尚和两个一胖一瘦的小和尚。老和尚每天都叫两个小和尚到附近的镇上去化缘。从寺庙到镇里有两条路。一条是近路，要经过一片浅溪和一座独木桥；一条是远路，之所以远，是因为要绕过一座山。胖和尚每次都走近路，总是稳重地过独木桥，小心翼翼地过小溪，然后到镇上化了缘，也不逗留，便沿着原路早早地回到庙里；而瘦和尚每次都走远路，总是一路上游山玩水，采花弄石。化缘的时候，也是这里瞧瞧，那里看看，回到寺庙的时候，太阳总是快要落山了。老和尚渐渐地老了，他决定在两个小和尚之间选出一个接班人。胖和尚很老实，做事总是中规中矩，稳妥可靠；而瘦和尚虽然贪玩好动，但是很聪明，有时能独辟蹊径，事半功倍。老和尚反复思量，就是拿不定主意，不知道该选择谁。这一天老和尚叫两个小和尚化了缘后各买一袋大米回来。胖和尚先化了缘，买了一袋大米就往回赶。但他并没有像平常那样走近路，而是选择了走远路，因为背着一袋米，身体移动受限，他怕淌水和过桥的时候，脚下不稳，不如走远路踏实。而瘦和尚背着一袋米却选择了走近路，因为他觉得负担在身，走远路将会更苦更累，不如走近路，虽然有危险，但是可以节省许多体力。结果，胖和尚虽然显得很累，但却稳稳当当地回到了寺庙，而瘦和尚却在过桥的时候，一不小心，身体失去平衡，掉进了水里，人虽然游上了岸，但米却被流水冲走了。后来，老和尚选择了胖和尚接管寺庙。据说，后来发生了一次大干旱，许多地方都出现了饥荒。由于没有人进香，很多寺庙都没能维持下去，而胖和尚管理的寺庙却渡过了难关。

人们在面对负担和压力时，往往有两种表现：有的人因为负担而脚踏实地，不慌不忙，一步一个脚印；有的人却因为负担而挖空心思，去寻找所谓的捷径，甚至铤而走险，最后往往逃不脱失败的结局。

史泰龙从小生长在一个拳脚交加、充满家庭暴力的环境中，因为他的父亲是一个赌徒，母亲是一个酒鬼。小时候，只要父亲赌输了，回家之后就会通过打人来宣泄心中的不满，史泰龙的母亲和他都无一幸免，而他母亲在喝醉了之后也会拿他出气发泄。以至于他常常被打得皮开肉绽，鼻青脸肿。由于他相貌一般，学习成绩也很普通，所以高中便辍学了，在街头当混混。

直到他 20 岁的时候，邻居一个不屑的眼神刺激了他，使他醒悟反思："不行，不能再这样。如果再这样下去岂不是和自己的父母一样吗？不行，我一定要成功！"

于是史泰龙下定决心活出个人样来，要走一条与父母迥然不同的路。但是做什么呢？从政，可能性几乎为零；由于他没有学历和文凭，进大公司发展是不可能的；经商，又没有本钱……他长时间思索着。

在想不出其他出路的情况下，他想到了当演员。因为当演员不需要查验过去的经历，也不需要本钱和文凭，一旦成功，却可以名利双收。可是他显然不具备当演员的条件，不仅外貌难以让人对他产生信心，同时他也不曾接受过任何有关表演方面的专业训练，他也没有任何关于表演的经验，更无天赋的迹象。演员这条道路似乎也难以行得通，但是这是他今生今世唯一可以出头的机会，所以不管有多艰难，自己一定要成功！

他在经过了仔细的思考之后，给自己的表演之路画下了一幅"行军地图"：第一步，让自己到达一个可以接近表演的地方，既然想当演员，首先就应该靠近那些真正的演员，他选择了在电影界最负盛名的好莱坞。

第二步，就是给自己找一个进入影视界的向导，找一切可以让自己成为演员的人。在这一过程之中，他不断地找明星、找导演、找制片……他处处都在推销自己："给我一次机会吧，我要当演员，我一定能成功！"但是他一次又一次被拒绝了，可贵的是他并没有因此而气馁，他明白失败乃成功之母。每被拒绝一次，他就认真反思、检讨、学习一次，因为他心中一直都有着一个目标：改变自己的命运，自己一定要成功。

眨眼间两年时光已过，钱花光了，他只好在好莱坞干一些体力活维持生计。在经受过无数次的失败打击之后，他对自己以前的前进方式进行了反思，后来他想出了一个"迂回前进"的方法，也是自己成功途中的第三个"目的地"：自己先写剧本，待剧本被导演看中后，再要求当演员。在好莱坞两年多的耳濡目染，让他从一个当初对电影一窍不通的门外汉逐渐成长为一个具备写电影剧本基础知识的业余编剧，而且这两年中每一次的拒绝对他来说都是一次进步的机会，也是一次口传心授的学习。

花费了一年的时间，史泰龙完成了自己的第一个剧本。他带着自己的剧本遍访导演，“这个剧本怎么样，让我当男主角吧！”但导演们普遍的反映是剧本还可以，但让他当男主角，简直是天大的玩笑。他再一次被拒绝了。

在经受了再次的拒绝之后，他想：让一个从未接触过表演的人来担当主角，可能是真的太具冒险性了。在向自己的目标进军的途中，他列出了自己的第四个“目的地”：先求得一次表演的机会，如果有人认可自己的表演，那么当主角的目标就容易实现。

后来，他真的找到了这样的一次机会。给他提供这个机会的是一个曾拒绝过他 20 多次的导演，他之所以这样做完全是被史泰龙对演戏坚定不移的精神所感动。他对史泰龙说：“我不确定你是否能演好，但你永远不放弃的精神感动了我。我可以给你一次机会，但不是电影而是电视连续剧。同时，先只拍一集，让你当男主角，看效果如何。如果效果不好，你就不要再来了。”

听完这话，史泰龙长长地呼了一口气：机会终于来了。虽然来得晚了一点，但史泰龙没有埋怨，而是全身心地投入这次表演之中。令所有人都没想到的是，第一集电视剧就创下了当时全美最高的收视纪录——他成功了！

从此以后，他的演艺之路一发不可收，在电影界中留下了无数经典之作。

热爱工作的人会得到眷顾

莎拉是个业务员，她的工作是为强生公司招揽顾主。顾主中有一家是药品杂货店。每次她到这家店里去的时候，总要先跟柜台的营业员寒暄几句，然后才去见店主。

有一天，她到这家商店去，店主突然告诉她今后不用再来了，店主不想再买强生公司的产品，因为强生公司的许多活动，都是针对食品市场和廉价商店而设计的，对小药品杂货店没有好处。莎拉只好离开商店。

莎拉开着车子在镇上转了很久，始终想不明白，最后决定再回到店里，把情况说说清楚。走进店里的时候，莎拉照常和柜台上的营业员打过招呼，然后到里面去见店主。店主见到她很高兴，笑着欢迎她回来，并且比平常多订了一倍的货。

莎拉十分惊讶，不明白自己离开店后发生了什么事。店主指着柜台上一个卖饮料的男孩说："你该谢谢他！在你离开店铺以后，卖饮料的男孩走过来告诉我，说你是到店里来的推销员中唯一会同他打招呼的人。"

店主接着说："他告诉我，如果有什么人值得做生意的话，就应该是你。我同意他的看法。"从此，这家店成了莎拉最好的主顾。莎拉激动地说："我永远不会忘记，关心、重视每一个人是我们必须具备的特质。"

我们一般说这个人是个工作狂，大多是他主动要成为一个工作狂，懂得工作并快乐着，时不时忙里偷闲一番，工作不但不会摧垮身心，反而会成为快乐生活的滋补品。例如我身边有一个摄影师，每天除去拍广告，还能总去酒吧、音乐节等拍些根本不赚钱的照片，并把这些得意的作品挂在家里显摆，实在是可贵。还有一个设计师，给我们小区的很多业主设计了许多个性化的门牌号码，这和那些工作之外敌视电脑，回家后面无表情，或看电视或昏昏欲睡的人形成了强烈对比。工作中饱含激情的状态固然需要提倡，但我更关心他工作之外干些什么。挑个除了工作以外最爱做的事，花点时间和朋友相处，你其实可以做个快乐的工作狂。

从我们开始工作的第一天算起，工作究竟是为了什么？开始是为了生存，后来是为了兴趣，最后暂且说是为了理想吧。毕竟最初的梦想最后又当真在做的人仅是少数，那些人是幸福的，我相信他们有足够的激情完成自己的工作。那大多数的人呢？我曾经的理想是当音乐家，或者画家，总之至少是和艺术沾亲带故的。说自己也是个工作狂还真有点脸红，但我也在努力地工作，闲暇之时还依然练琴和画画，正因为要满足自己的这点私心，就明白不能放弃工作，工作还是供给了我孱弱的经济基础，让我敢逛逛琴展。我相信工作狂一定是要有所平衡的东西，如果你觉得电视剧能让你更全情地投入工作，当然也可以选择看电视。只是担心那些总想趁年轻一再透支健康的人，难道真的除了工作之外能一言不发？还是在日常生活中给自己一些奖励，去喜欢的餐馆大吃一顿，或者经营一下与家人的关系，陪太太到喜欢的商店逛逛，这样该有多好。

其实我们的社会还是很需要工作狂的，但我们也要看清，太多的人用全部的努力，不过换来了普通的生活。这就像两个人爬山，一个人永远向往远处的风景，一个人却始终留意欣赏路边的风景，谁更辛苦呢？

有一则众所周知的故事：一位游客看见一个渔夫在海边躺着晒太阳，便问他为什么不出海捕鱼。渔夫反问为什么要出海捕鱼，游客说可以卖鱼赚钱。渔夫追问赚钱来干什么，游客说可以买更大的渔网更好的渔船。渔夫问买来干什么，游客说可以捕更多的鱼卖更多的钱。渔夫问要更多的钱干什么，游客说那样就可以不干活了。渔夫问不干活了干什么，游客就说可以永远在海边晒太阳了。

口令绕到这里，渔夫最经典的一句话就出来了，我现在不是在晒太阳吗？游客的态度代表了工作狂的价值观，渔夫则是懒散一族的最佳代言人。

在这个崇尚享乐主义、追求轻松生活的浮躁时代里，劝说人们去做工作狂，似乎已经变得不合时宜了。称赞别人“你很懂得享受”，比说“你工作很拼命”更能让对方听了心花怒放。

时尚类报纸杂志纷纷辟出专栏，很关切地提醒人们“你太累了，该歇歇了”，将人们的注意力引向安逸、享受的主题。这种不负责任的享乐倾向，塑造出了一批批懒散、叛逆、缺乏敬业精神的“懒散一族”。

然而，目前的中国是否真的富足到了可以让人们停下来好好享受的程度？我们的工作负荷是否真的到了急需减负的时候？对于大多数普通的人来说，我们是否真的拥有不经努力就可轻松获得成功的天赋？如果不是，我们怎可不做工作狂？

“工作狂”之所以被认为是一种不健康的生活方式，是因为他们吃饭没准点，睡觉没规律。但现在的心理学专家却提出了不同的见解：“对工作不满的情绪甚至比没有规律的起居作息更有损健康，而对工作的满足感则对健康有利。”

我有一位朋友是一家公司的老板，经营企业20多年后，积累了很大一笔财富，于50岁宣布退休，全家移民到美国加利福尼亚，说是要去享受加州的阳光，每天从事他最喜爱的两样休闲生活：打高尔夫球与钓鱼。

一年后，出乎意料，他又回来了，并且又重新创办了一个企业。

我们都很奇怪，觉得他不是去阿拉加斯加赌博破了产，就是遭人勒索被洗劫了财产，所以没办法才又回来重新开始。

结果出乎我们的意料，他告诉我们说：“打高尔夫球与钓鱼连续一个月就烦了，没有工作形同坐牢，后来我在美国跟许多移民一样，成了‘三等人’。”

我好奇地问他："何谓'三等人'呢？"他苦笑道："首先是等吃饭，吃完饭之后是等打牌，打完牌之后就是等死了。这样等了一年实在让人受不了，只好回来再开业了。"

是啊，整天无所事事的日子，确实比劳累还让人受不了。

你一定体验过激情，当你投入巨大的狂热时，往往是不知道累也不知道饿的，整天觉得精力无限，工作时间虽长，感到的却是一种享受而不是压力。相反，一种令人感到无能为力而没有安全感的工作，才会对健康造成危害。

西方谚语说："没有痛苦就没有收获。"这颇能解释为什么在最新的一份调查中，有 33% 的美国人愿意长时间工作，因为长时间的工作意味着经济繁荣和更高品质的生活。为了成功，唯有竭尽全力。

等待我们的当然并不都是成功和喜悦，但是我们最终会明白，那些奋斗拼搏的日子正是追求幸福的过程，也正是我们希望拥有的美丽日子。

你当然有权选择最轻松、最惬意的工作，但是，老板也有权选择最敬业、最卖命的员工。如果对上司交办的事务和其他部门商请的工作，能推就推，惯以"这事我做不了""你还是找别人吧"这类借口来应付，最后你会发现，你已经成为企业里可有可无的人了。

盛大总裁唐骏曾说过一句话："比别人勤奋一点点，就能超前别人一大步。"

一个人的工作态度折射着人生态度，而人生态度决定着一个人一生的成就。你的工作就是你生命的投影。它的美与丑、可爱与可憎，全操纵于你之手。

你可能很不喜欢你眼下的工作，你从工作中得不到丝毫的乐趣，也毫无创造性可言。

"简直烦透了！"你觉得百无聊赖。

但你要记住，这并不是老板或单位领导的错。

老板没有逼着你来他的公司上班，领导也没有强迫你在他的手下吃饭。当初，是你主动应聘到了这家公司；或者，是你托了关系好不容易才挤进了这家单位。你的历史，是你自己写成的。

老板待你很刻薄，领导根本就没把你当人才看。那么，你就炒他们的鱿鱼好啦！如果你不想炒他们的鱿鱼，就说明他们可能还没你说得那么可怕，那么，需要改变的是你自己。具体的做法就是：调整好自己的心态，爱你眼下的工作！

有时候我们应该站在老板或领导的角度换位思考一下，你在挣人家的钱，拿人家的薪水就得给人家一个交代。这是做一个人最起码的职业道德、职业素养，也是良心与道德的问题。如果你的员工偷懒懈怠，你做何感想？再从自己的角度想一想，如果你想做一番事业，那就应该把眼下的工作当作自己的事业，应该有一种非做不可的使命感。

第 02 章

提升忠诚度——职业美德助你创造奇迹

在任何一个团队中，德才兼备的人才都备受青睐。所谓德才兼备，不仅要有高尚的品德，也要有较强的工作能力，而重中之重是忠诚可靠。忠于职守、忠于团队或企业，这样的员工才会获得被委以重任的机会，跟随企业成长和进步。

忠诚态度，员工的无形资本

以前，一位马耳他王子领着军队在野地里宿营，一天晚上他看到自己的一个仆人紧紧地抱着他的一双拖鞋睡觉，他上去试图把那双拖鞋拽出来，却把仆人惊醒了。这件事给这位王子留下了很深的印象，他对小事都如此小心的人一定很忠诚，可以委以重任。所以他便把那个仆人升为自己的贴身侍卫，结果证明这位王子的判断是正确的。那个仆人很快升到了事务处，又一步一步当上了马耳他的军队司令，最后他的美名传遍了整个西印度群岛。这就是忠诚的报酬。

忠诚的人在工作中主动、责任心强并会细致周到地体察老板的意图。不忠诚的人，会以一种玩世不恭的态度对待工作，投机取巧、懒散怠惰，只有老板在身边的时候装装样子。

一位成功学家说："如果你是忠诚的，你就会成功。"所以，忠诚是一种力量，一个对公司忠诚的人，实际上不是纯粹忠于一个公司，而是忠于人类的幸福。健全的品格使他具有容易成功的素质。正如托马斯·杰斐逊所说：成功之人就是敢作敢当的人。如果你由衷相信自己的品格，确定自己是个诚实可信、和善、谨慎的人，内心就会产生出非凡的勇气，而无惧他人对你的看法。

忠诚的人在组织中的任何一个地方都能发挥自己的力量，因为他不以此作为寻求回报的筹码。海伦斯在一家大型贸易公司上班，他曾经做过统计员、簿记员、收账员、折扣计算员、簿记主任、出纳员、收银员等，但是他在每一个岗位上都兢兢业业。对于他的这种被频繁地更换工种，有的人认为太不公平，因为这使他不能精确掌握一门技能。但是他说："虽然这种不稳定有一定的危害，但是却从中学到了很多，只要我想做好，我就能做好。而且这些岗位都是互通的，如果能在一个岗位上学到自己所需的一切知识和经验当然很好，但大多数情况下需要经常变换自己的工作环境。”可见，忠诚的人是以什么样的态度对待自己的工作的。

一个忠诚的人十分难得，一个既忠诚又有能力的人更是难求。忠诚的人无论能力大小，老板都会给予重用，这样的人走到哪里都有条条大路向他们敞开。相反，能力再强，如果缺乏忠诚，也往往被人拒之门外。毕竟在人生事业中，需要用智慧来做出决策的大事很少，需要用行动来落实的小事甚多。少数人需要智慧加勤奋，而多数人却要靠忠诚和勤奋。

所以，你可以不选择某个公司作为自己的忠诚主体和职业舞台，但是，一旦你选择了一个公司来发展自己的职业生涯，就必须专心致志地投入到工作中去。你必须明确这样一个观点：只有扎扎实实做好本职工作，才能谈职业发展和事业追求。

李阳是一家软件公司的工程师，由于某些原因他离开了待了五年的公司，准备进入一家新的实力更加雄厚的公司继续从事软件开发工作。由于新公司与原公司业务相关，新公司经理要求他透露一些他主持的原公司开发项目的情况，但李阳马上回绝了这个要求。理由很简单：“尽管我离开了原来的公司，但我没有权利背叛它，现在和以后都是如此。”第一次面试就这样不欢而散。出人意料的是，就在李阳准备寻找新的公司时，却收到了直接录用的通知，上面清楚地写着：你被录用了。因你的能力与才干，还有我们最需要的——忠诚。

当然，在当今这样一个竞争激烈的年代，谋求个人利益以及自我价值的实现是天经地义的事。但是，这并不表示你可以以任何方式践踏公司的利益，丢失自己的原则。遗憾的是很多人没有意识到自我实现与忠诚并不是相互对立的关系。许多人以玩世不恭的态度对待工作，他们频繁跳槽，觉得自己工作是在出卖劳动力；他们蔑视敬业精神，嘲讽忠诚，将其视为老板麻醉下属的手段。这种思想势必造成他们职业心态的无法拓展而最终一事无成。

人都是有感情的，如果你忠诚地对待你的老板，他也会真诚地对待你；当你的职业精神增加一分，别人对你的尊敬也会增加一分。不管你的能力如何，只要你真正表现出对公司足够的忠诚，你就能赢得老板的信赖。老板也会乐意在你身上投资，给你培训的机会，提高你的技能，因为他认为你是值得他信赖和培养的。而那些三心二意，只想着个人得失的员工，就算他的能力无人能及，老板也不会委以重任的。忠诚于公司、忠诚于老板，实际上就是忠诚于自己。以忠诚的态度对待自己的工作和老板，你的前途才会一片光明。

忠诚是一种责任，忠诚是一种义务，忠诚是一种操守，忠诚还是一种品格。

任何人都有责任去信守和维护忠诚，这是对自己所爱的人和所坚持的信念最大的保护。丧失忠诚，就是对责任最大的伤害，也是对自己品行和操守最大的亵渎。

因此，无论面对怎样的诱惑，都必须坚守自己的忠诚。否则，当你昧着良知出卖了一切的时候，也出卖了自己。

王义是一家公司的业务部副经理，刚刚上任不久。他年轻能干，毕业短短两年就能够有这样的业绩也算是表现不俗了。然而半年之后，他却悄悄离开了公司，没有人知道他为什么离开。

王义在离开公司之后，找到了他原来关系不错的同事方华。在酒吧里，王义喝得烂醉，他对方华说：“知道我为什么离开吗？我非常喜欢这份工作，但是我犯了一个错误，我为了获得一点儿小利，失去了作为公司职员最重要的东西。虽然总经理没有追究我的责任，也没有公开我的事情，算是对我的宽容，但我真的很后悔，你千万别犯我这样的低级错误，不值得啊！”

方华尽管听得不甚明白，但是他知道这一定和钱有关。后来，方华知道了，王义在担任业务部副经理时，曾经收过一笔款子，业务部经理说可以不下账了：“没事儿，大家都这么干，你还年轻，以后多学着点儿。”王义虽然觉得这么做不妥，但是他也没拒绝，半推半就地拿了10000元。当然，业务部经理拿到的更多。没多久，业务部经理就辞职了。后来，总经理发现了这件事，王义就不能在公司待下去了。

方华看着王义落寞的神情，知道王义一定很后悔，但是有些东西失去了是很难弥补回来的。王义失去的是对公司的忠诚，他还能奢望公司再相信他吗？

阿尔伯特·哈伯德说过：“如果能捏得起来，一盎司忠诚胜于一磅智慧。”（16盎司＝1磅）意思是说，忠诚比智慧更加珍贵。

比尔·盖茨曾发出过这样的感叹：“这个社会不缺乏有能力有智慧的人，缺的是既有能力又忠诚的人。相比而言，员工的忠诚对于一个企业来说更重要，因为智慧和能力并不代表一个人的品质，对企业来说，忠诚比智慧更有价值。”忠诚是胜于智慧的职业品质，是一个员工立身做人的根本准则！

面对利益的诱惑，脆弱的人性就会断裂、扭曲。忠诚却是无声的宣言，它有时表现得极为隐性，所以有人说：“忠诚是血液里流出来的秉性。”对一些人来说，它是不变的信条，是一种职业良心，或是处世为人的原则；但对有些人来说，则是浅薄的游戏，是在脚底下任意蹂躏的人性之花。

职场呼唤忠诚，不具备忠诚的品质，自然难以在职场立足。反过来说，也有一些人天生就是具备忠诚的秉性，并且待之以珍宝，他们自然就成了职场中竞相争取的“大红人”。

格兰特的公司马上就要破产了，同事们都选择了离开，只有格兰特依然固守在自己的职位。老板约翰都感到不好意思，他也劝格兰特离开："格兰特，赶快为自己找一份工作吧，公司这次是真的不行了，别把自己的前途耽误了。"但格兰特却并不这么认为，他觉得只要公司还在，就应该坚守自己的岗位。这样，直到公司彻底倒闭，办公室被查封，格兰特才告别约翰，开始为找到自己的下一份工作奔波。

当他到失业中心报道时，负责人告诉他，已经有一份工作等他去赴任了。原来，公司老板约翰被他的忠诚所感动，提前在失业中心为格兰特填报了简历，替他物色工作。恰巧此时有家大公司招聘一名主管，约翰将格兰特的事告诉他们，这样忠诚的员工让他们大受感动，决定省去面试环节，直接录用。

格兰特的忠诚得到了回报，他的工资也从每周 100 美元上升到每周 1000 美元。

忠诚是员工的无形资本。一个忠诚的员工，会给人一种踏实而值得信赖的感觉，更能博得老板的信任，因此，他们能得到更多的机会，并在工作中展示自己的能力，这无疑对个人职业生涯的发展大有裨益。反之，如果一个员工失去了忠诚，就等于失去了发展的资本，他的一切成就也就无从谈起。因此可以说，放弃忠诚就是放弃了成功。

诚实守信，赢得他人信任

梭子鱼、虾、天鹅，它们三个是很好的朋友，有一天它们在一起玩的时候突然看见路边有一辆车，车上有很多好吃的东西。于是就想将车子从路上拖下来，三个家伙开始一起努力将沉重的车子往路下面拖。但是，即便它们使出了浑身力气，还是没有将车子拖下来，甚至车子还是一动不动地停在路上。它们越来越想不通为什么会出现这样的情况，明明大家都很努力，都很使劲，但是车子为什么就是一动不动呢？最后，还是梭子鱼说话了："我们没有拖动车子，最重要的就是我们没有团结起来，天鹅使劲往天上提，虾是一步步往后拖，而我则是朝着池塘的方向拖。我们大家使劲的方向不一致，所以，车子就会一动不动地待在原地。"

听了梭子鱼的话之后大家都觉得有道理，于是想出了一个很好的办法，大家一起使劲，将车子拖到路边。说出这个主意的时候，大家都很赞成，但是在行动的时候却还是像刚开始那样，各自往各自的方向使劲，最终的结果还是车子一动不动地待在原地。这时，天鹅说话了："这次大家还是没有做到团结，明明说好了向同一个方向使劲的，为什么还是会出现这样的情况呢？"大家议论开了："就是有些家伙不讲诚信，明明说好了的事，非要往自己那边挪，这样说一套、做一套当然不能挪动车子。"大家吸取教训之后，开始在诚实的基础上往同一个地方使劲，很快，车子就顺利地被它们从路上拖下来了。

从这则寓言故事中，我们可以看出：梭子鱼、虾和天鹅要想从车子上获得好吃的东西，唯一的办法就是在诚信的基础上，三个人同心协力，将车子从路上拖下来。也因此，我们明白了，唯有彼此信赖对方，才能在实现团队利益的同时，实现个人的利益。

同理，作为一名员工，想要在职场竞争中实现自己的人生价值，唯一的选择就是在团队中恪守诚信原则。只有学会了诚信，才能实现团队的凝聚力，才能塑造强大的团队，从而成就一番事业，让个人和团队达到共赢；反之，若人人没有诚信，那么团队就像一盘散沙，无法进行合作。那么，个人利益和团体利益就会化为泡影。

为了谋求一个有诚信的好员工，一家外国公司别出心裁，他们要求每个求职者都要经过一个特别的考试。过程是这样的：当面试者各方面均合格后，主考官就要开始这个特别的考试。主考官会问面试者："能阅读吗?""能，先生。""你能读一下这一段吗?"主考官把一张报纸放在面试者的面前。"可以，先生。"

"你能答应我一刻不停顿地朗读吗?""可以，先生。""那么你是向我允诺了?""是的。""很好，跟我来。"主考官把面试者带到一间特殊的办公室，把报纸送到面试者手上，阅读刚一开始，主考官就放出六只可爱的狗，小狗在面试者的脚边又闹又叫。一般情况下，面试者会经受不住诱惑要看看美丽的小狗，由于视线离开阅读材料，他忘记了自己的角色，停顿了，当然他也就失去了这次机会。就这样，主考官打发了 70 多个面试者。但是，有个青年却根本没看那些美丽的小狗，而一口气读完了被要求的报纸。这家公司的老板问他："你在读报纸的时候没有注意到你脚边的小狗吗?"青年回答道："不，先生，我注意到了。"

"那么，为什么你不看一看它们?"

"因为我已经向您允诺过我要不停顿地读完这一段。"

"你总是遵守诺言吗?"

"的确是，我总是努力地去做，先生。"

老板在办公室里走着，突然高兴地说道："你就是我要的人。明早八点钟来上班。我相信你大有前途。"

诚信是团队合作的基石、是团队精神的黏合剂，而团队又是员工获得成功的载体。因此，在团队合作中，唯有坚守诚信的活动原则，才能让自己和团队达到共赢!

1836 年，林肯通过考试当上了律师。当律师以后，由于他精通法律，口才很好，在当地很有声望。很多人都来找他帮忙打官司。但是他为当事人辩护有一个条件，就是当事人必须是正义的一方。许多穷人没有钱付给他劳务费，但是只要告诉林肯："我是正义的，请你帮我讨回公道。"林肯就会免费为他辩护。一次，一个很有钱的人请林肯为他辩护。林肯听了那个客户的陈述，发现那个人是在诬陷好人，于是就说："很抱歉，我不能替您辩护，因为您的行为是非正义的。"那个人说："林肯先生，我就是想请您帮我打这场不正义的官司，只要我胜诉，您要多少酬劳都可以。"林肯严肃地说："只要使用一点点法庭辩护的技巧，您的案子很容易胜诉，但是案子本身是不公平的。假如我接了您的案子，当我站在法官面前讲话的时候，我会对自己说：'林肯，你在撒谎。'谎话只有在丢掉良心的时候，才能大声地说出口。我不能丢掉良心，也不可能讲出谎话。所以，请您另请高明，我没有能力为您效劳。"那个人听了，什么也没说，默默地离开了林肯的办公室。正因为诚实正直，林肯才为自己赢得了良好的声誉，受到了美国人民的爱戴。

一家跨国公司正在招聘新员工，来参加面试的人非常多，经过层层筛选，有 9 名年轻人从中脱颖而出。可以说，这 9 个人都是百里挑一的优秀人才，老总对此特别满意。但是，公司只能录用 3 个人。因此，在最后的一次考试中，老总给他们出了一道题：把这 9 个人随意地分成 3 组，第一组的 3 个成员去调查本市婴儿用品市场；第二组中的 3 个人去调查妇女用品市场；第三组中的 3 个人去调查老年人的用品市场。

在他们出发之前，老总对他们 9 个人说："我们现在招聘的人是用来开发市场的，因此，我要考察一下你们对市场的观察力，希望你们每一个人都能够全力以赴。为了避免你们盲目开展调查，我已经让秘书准备了一份相关行业的资料，你们可以先到秘书那里去领一下。

两天之后，这 9 个人都回来了。老总看过他们交上来的调查报告，直接走到第三小组的 3 个人面前，和他们一一握手，然后说道："恭喜你们，你们通过了考察，被公司录取了！"

听到这个结果，其他的 6 个人都疑惑地看着老总。老总微微一笑，解释道:“我让你们每个小组去调查一个问题,但是每个小组中你们的问题又是不一样的。比如说,你们调查婴儿用品市场的那一组,你们三个人中,一个是过去、一个是现在,还有一个是将来。但是,你们6个人都不相信对方,怕在这次竞争中失败,以至于各顾各的事情,根本没有想到小组内的其他成员。而第三组的3个人,他们则是在彼此信赖的前提下,相互参考了对方的资料,从而补充了自己报告中的不足。因此,他们3个人交给我的报告最完善、最完美!”

在职场上,这样的事情屡见不鲜。如果人人都能像第三个小组的3个人一样,以诚相待、相互合作,那么就一定能够弥补自身的不足,就能漂亮地完成上司交给自己的任务,达到个人和团体共赢的局面;相反,如果大家都像其他的6个人,不相信对方,恐怕让他们在竞争中取胜,最终只会导致大家一同失败。

职场上没有完美的个人,只有完美的团队。在团队中,唯有相信对方、以诚相待,用诚信塑造团队精神,才能够达到互助合作的地步,从而在整个团队的努力下,实现个人和集体的共赢。

一天小猴与小鹿一同在河边散步,同时看到河对岸有一棵桃树,上面结了好几个大桃子,两个小家伙不约而同地说:“我们有桃子吃了。”说着便一起朝桃树走去,但是走着走着,小猴心里犯起了嘀咕,心想:就那么几个桃子还不够我自己吃的呢。于是,它赶忙对小鹿说道:“那棵桃树是我先看到了,所以桃子理应全归我。”说完便要过河去摘桃子,可是由于小猴个子太矮,走到河中间时差点被水浪给冲走了,幸好慌乱之中它抓住了一块礁石才没有丢掉性命。可怜的小猴只能眼巴巴地看着桃子却不敢再下水去摘桃子。

而与此同时小鹿心想:“哼,既然你不讲信用,我干嘛要和你一起分享。”于是,小鹿顺利来到了桃树下,但小鹿不会爬树,所以也摘不到树上的桃子，只能眼巴巴地看着桃子流口水。就在这个时候河边的柳树开口说："如果你们能改掉自私的毛病，团结起来不就能吃到树上的桃子了吗？"

听完柳树的话，小猴和小鹿都觉得非常有道理，于是两人便摒弃成见，决定携手合作，摘的桃子平分。后来小猴在小鹿的帮助下顺利过了河，然后爬上桃树，摘下桃子，高高兴兴地回家了。

小猴子和小鹿就好比是一个团队中的不同成员，如果人人存有私心，不能够以诚相待，最终只能使双方都得不到自己想要的东西。两个人唯有相信对方、同心协力，才能都得到自己想要的东西。

懂得忠诚，服从是前途的指路牌

对员工来说，有很多因素影响着自己对企业的感受，决定着自己对工作、对企业的忠诚度，如薪水、培训、发展机会、家庭和工作的平衡、公平、同事关系等等。其中最重要的是，你要从内心去接受自己的企业，这也是上司最希望看到的结果。下面这个看门的老人或许能给我们以启迪。

罗宾斯博士去巴黎参加研讨会，开会的地点不在他下榻的饭店。他仔细看了一遍地图，发觉自己仍然不知道该如何前往会场所在的五星级饭店，于是他便走到大厅的服务台，请教当班的服务人员。

这位身穿燕尾服、头戴高帽的服务人员，是位五六十岁的老先生，脸上有着法国人少有的灿烂笑容，他仪态优雅地摊开地图，仔细写下路径指示，并带罗宾斯走到门口，对着马路仔细讲解前往会场的方向。

他的热忱及笑容让人如沐春风，他的服务态度彻底改变了罗宾斯原来觉得"法式服务"冷漠的看法。

在罗宾斯致谢道别之际，他微笑有礼地回应道："不客气，祝你顺利地找到会场。”接着他补充了一句：“我相信你一定会满意那家饭店的服务，因为那里的服务员是我的徒弟。”

“太棒了！”罗宾斯笑了起来，“没想到你还有徒弟！”

老先生脸上的笑容更加灿烂了，“是啊，25 年了，我在这个岗位上已经工作了 25 年，培养出无数的徒弟，而且，我敢保证我的徒弟每一个都是优秀的。”他的言语中流露出发自内心的骄傲。

“什么？都 25 年了，你一直站在旅馆的大门口啊？”罗宾斯不禁停下脚步，向他请教乐此不疲的秘密。

“我的工作是如此重要，许多外国观光游客就因为我而对巴黎有了好感。”他说，“所以我私下里认为，自己真正的职业，其实是——巴黎市公关局长！”他眨了眨眼，爽朗地说道。

罗宾斯被深深地震撼了，他从老人平静朴实的言语中感受到了一种不同寻常的力量，一个人对工作忠诚到这种地步，他怎么可能不忠诚于自己的企业呢？

一家著名公司的人力资源部经理说：“当我看到应聘者的简历上写着一连串的工作经历，而且是在短短的时间内，我的第一感觉就是他的工作换得太频繁了。在这份简历中，我看不到他的忠诚，一个忠诚的人是不会如此频繁跳槽的。”

美国专家通过对几十名成功者的研究发现，在决定事业成功的诸多因素中，一个人能力的大小中，知识占 20%，技能占 40%，态度占 40%，而 100% 的忠诚是你获得上述成功因素的唯一途径。

一个企业的制度、核心价值观、企业文化与精神等，通常在一个内心充满忠诚的员工身上得到最大限度地体现。一个忠诚的员工会对自己的公司充满自豪与尊敬，在与他人的说话中会自觉不自觉地流露出这种认同，比如，在华为，每个员工都会为它的“民族骄傲”而骄傲。

只有我们真正忠于公司，把它当作我们的家，当成我们生存与发展的平台，发自内心地爱它、尊重它、认同它的价值，才算是真正的忠诚，同时也才称得上是真正的自我认同和自我敬重。

小王在单位里的表现很出色，各方面综合素质和能力都受到了同事们的肯定，但是由于没有处理好与上司的关系，经常与上司闹矛盾，甚至顶撞上司，结果与很多本来属于自己的机会失之交臂，升职加薪更是无望。但是，小王却是一个坚持己见、个性独立的人，完全不顾上司的感受和想法，只是站在自己立场上想问题，也从未想到要改变自己对上司的态度和自己的行事风格。因此，到这家单位两年多了，自己的前途依然渺茫，除非领导更换，否则自己将没有出头之日。为此，他心里非常气愤，也后悔自己一开始就没有和领导把关系处理好，不然凭自己的本事一定可以做出一番成绩。

案例中的小王由于自己的个性使然，使得自己无法与上司建立融洽的关系，这对于他的个人发展无疑是十分不利的。上司决定下属的升迁去留，因此，很多人都明白与上司搞好关系的重要性，但不是每个人都懂得如何与上司沟通。

自己的领导和老板常常会给人这样一种印象：令人畏惧、难以理喻、无所不在、无所不能。对于你必须听命于他的那个人，你可能已经形成了这样的印象，因此，似乎与老板或是上司打交道就比较困难。的确，对你而言，你的老板与社会上的其他人是不一样的，就你和老板的关系而言，有一些基本原则和事项必须考虑。

“服从是军人的天职”这句话在职场一样好用，应改为“服从是员工的天职”。普通员工要尊重老板，恭敬、服从老板的指挥，这是最为重要的，因为老板决定着员工的去留、升职和加薪。一个社会内的商业机构就如一个微型商业帝国，老板俨然就是这个商业帝国的皇帝，他拥有了整个天下，在本商业机构内拥有至高无上的权力，如果你觉得比老板聪明，不听令于老板，而是自行其是，那么肯定不久将会从他的商业版图中消失。一个再有本事的下属，如果被老板发现是一个自作主张、不诚心效力、搞不清宾主关系的人，别说是升职加薪，恐怕连现在的职位也不保。企业的员工要得到老板或是领导的宠信，一定要诚心效力，并要记住："老板永远是正确的。"那些自以为聪明的员工，爱自作主张的下属，老板或是上司会感觉管不住，这样不仅对自己是一种威胁，对公司也是一种威胁，因为搞不好哪天他就会把业务秘密泄露出去。因此，老板看重员工的才能，但更需要员工值得他信任。为此，要获得老板的信任和赏识，不仅要找机会表现自己的才能，同时也要抓住机会向老板或是上司表现自己的忠心，对领导以及对公司的忠心。有的时候，去巴结一下领导或是老板，给他们说一些奉承话也是必要的，很多老板和领导之所以喜欢下属的奉承，喜欢巴结，是因为这是员工表明对自己忠心的一种方式。

总之，要巧妙抓住让老板或上司赏识的技巧。你可能是个上进的员工，你总比同事早一步完成工作，有时候你想得比你上司还仔细周到，但你却屡屡得不到提拔，看着身边同事一个个加薪升职，而你的上司却似乎没有注意到你的才能。虽然，自己的工作能力是获得老板和上司赏识的基础，但是要真正使老板或上司器重你，还需要一些恰当的表现技巧。

（1）做好本职工作。

（2）不管你有多么不满意目前的状况，都不要在公司和同事面前表现出来。

（3）偶尔的抱怨可能成为你日后升迁的绊脚石。

（4）不在其位不谋其政。

（5）兢兢业业做好你的本职工作。

（6）事实才是最有力的证明。

（7）争取面对面的机会。

你的上司早已被大量的电话和电子邮件淹没，所以，不要老是通过表面资料和他沟通，要尽可能找机会与他面对面交流。

（8）在他面前称赞同事。

在上司或老板面前自吹自擂似乎不大恰当，但赞美同事倒是会为你留下好印象，下次你的上司在评估部属的时候，一定很乐意听听你的意见，而你的同事也会心怀感激，为你多多美言。

（9）会议中最早或最后发表意见往往令人印象深刻，所以别放过这个自我表现的最佳时机。

（10）配合他的作息时间。

如果你老板或上司总是一大早准时出现在办公室，你也务必让自己养成早到晚退的习惯，配合他的作息时间，可以制造更多和他不期而遇的机会，给老板或上司留下良好印象。

（11）与老板保持一定距离。

在职场上，下属与老板无论如何也是工作关系，亲密程度不可能像家人一样。所以，下属履行身份职务时，始终应该跟老板保持一定的距离。老板也许会在心情愉快的时候，跟属下开几句玩笑。或者在下班之际，跟下属结伴去消遣一下，态度上可能会显得较为亲近和随便。如果下属因此而忘记了自己的身份，很容易出现无上无下的情况，一下子会引起老板的反感甚至翻脸，并不是说上司喜怒无常，而是下属要随时记住自己的身份，说话做事要有分寸。老板很多时候有表示民主、表示随和的倾向，这是他本分的事，一个整天紧绷着脸的老板是留不住员工的。让自己与员工之间的距离接近，这除了显示自己没有架子外，还可以令下属消除惧怕心理，遇到什么问题，愿意找老板坦诚交换意见，老板也因此能及时了解下属的心理动向。当身为老板尽他本分对下属格外亲切时，下属也不要忘记履行身份职责，始终应跟老板保持一个应有的距离。这个距离是自己向老板致最高敬意的表示。可以肯定地说，一个观念上没有等级之分的下属，是始终不会成为老板的心腹的。

忠诚是一种竞争力

中国有一句俗话说“一次不忠，百次不用”，说的正是这个道理。去研究那些成功的、被人信赖和敬仰的人，我们往往可以发现他们都具有忠诚的美德。他们的这种修养使你可以在不同的环境中，感染周围的人，所以，他们在任何地方都是重量级的人物。

不幸的是，当今的职场，员工的忠诚变得越来越稀缺。许多员工为了满足自己的需要，不顾企业利益频繁跳槽，如果说这种现象是由于公司待遇的问题，那也情有可原。但是，我们却发现，在管理机制良好的公司，跳槽现象也频繁发生，员工同样也不安分。员工对于“忠诚”二字似乎很无所谓的样子，这种现象实在是让人难以理解。在有些企业人们甚至对那些忠诚的员工嗤之以鼻，认为对公司的忠诚简直就是极其愚蠢的行为。这种心态更加助长了不忠诚的行为。其实，作为职业人，应该培养自己的忠诚。因为，忠诚才有凝聚力，如果所有的人都不忠诚，那么整个团队也就失去了战斗力，一旦市场的激烈竞争开始后，整个团队的员工都只能成为落后的挨打者。

忠诚是竞争力，忠诚的员工在自己的工作岗位上踏踏实实地做自己该做的事，而不会这山望着那山高。因为他们知道心稳定下来，人才会有创造力，才会创造出更大的价值。在一个组织中，人们需要相互合作，而信任是相互合作的前提条件，没有信任的合作是不可能成功的。信任的基础是什么？那就是彼此之间的忠诚。只有忠诚于同一个目标，忠诚于同一个主体，信任才不会轻易破裂，才可能更稳固。

付出多少，就得到多少，这是一个基本的社会规则。当你无法投入忠诚时，你自然不会有很好的回报。其实公司给员工的回报，并不单单表现在工资等物质利益上，如果狭隘地看待自己的工作回报就会让人的心胸变得狭窄，而不会一如既往地付出，也就会失去更多。

一个有职业道德的人，心里要有一条准则，可为与不可为。面对利益的诱惑，脆弱的人性就会断裂、扭曲。忠诚是无声的诺言，它价值千金，无物可抵，它有时表现得极为隐性，但却有着不可估量的价值。

忠诚是公司发展的基石。公司要发展，首先应该自身安定，而公司安定与否，人心是第一位的。员工之间的互信合作只有达到高度的默契，让公司形成一个同心向上的整体，这个公司才有可能向外扩展，逐渐占领市场的每一个角落。因此，忠诚最直接地影响了一个公司的凝聚力。但现在很多人对忠诚有一种误解，认为因为自己忠诚于公司，公司就应该给予更多的机会，这显然不能称为正确的思维模式。如果在职场中，想赢取上司的钟爱、信任与重用，视自己为心腹或得力助手，同时也可分享上司的成功果实，那就需要你不存私心的忠诚，而不是斤斤计较于回报的“忠诚”。

一个员工最大的价值在于忠诚，忠诚的员工才会有责任感，才会踏踏实实地工作，才会有竞争力、创造力，组织才会有凝聚力。忠诚不在于空喊口号，而在于真实的行动。所以，不要妄想你可以得到多少回报，你的一举一动都会被看在眼里，如果你确实忠实于自己的公司，你必将被委以重任。如果你没有以忠实为代价，那你必然会被淘汰。因为任何人都不是傻子，你的老板就更不是。

一个不忠诚的士兵如果在战场上遇到困难，往往会违背统帅的指挥而独立行动。同样，如果员工对企业不忠诚，就会处处为自己的利益着想而不顾企业的整体利益。对企业或公司不忠诚的员工，通常会有如下表现：遇到困难往后退，犯了错误不承认，看见便宜就想捡，别人晋升就眼红，一天到晚想跳槽……

试想一下，假如公司里的多数员工都是骑驴找马的不忠诚者，公司还会有理想的效益和发展壮大的可能吗？没有哪个公司的老板是傻子，他们提拔员工的一个重要标准，就是看员工是否忠诚。一个不忠诚的员工，是不可能得到老板或上司提拔的。

李华在一家大公司供职，他能说会道，才华出众，所以很快就被提拔为技术部经理。他认为，更好的前途正在等着他。

有一天，一位外商请李华喝酒。席间，外商说："最近我的公司和你们公司正在谈一个合作项目，如果你能把你手头的技术资料提供给我一份，这将使我们公司在谈判中占据主动。"

"什么，你是说，让我做泄露机密的事？"李华皱着眉说。

外商小声说："这事儿只有你知我知，不会影响你。"说着，将5万美元的支票递给李华，李华心动了。

结果，在谈判中，李华的公司损失很大。事后，公司查明真相，不仅辞退了李华，而且将他送上了法庭。

真是赔了夫人又折兵，本可大展宏图的李华不但失去了工作，而且面临着失去自由的境况。再说，对于这样的人，以后还有哪个公司敢聘他呢？

事实就是这样，在晋升之路上，往往一招出错就会导致满盘皆输。对于一个缺乏忠诚的员工，老板自有他处理的办法。

任何公司或企业都会要求员工最大程度地投入到工作中去创造效益。其实，这不仅是一种行为准则，更是每个员工应具备的职业道德。可以说，拥有了忠诚的美德，你的生命就会充满色彩和光芒。

一个员工，如果对自己的公司没有忠诚之心，就不能全身心地投入到工作中去，当然也不会自觉地维护公司的利益，时刻为公司着想。同时，员工与公司之间的“不忠诚”是互相的，你对公司不忠诚，公司同样也会对你不忠诚。既忠诚又有能力的员工，这种人不管到哪里都是老板喜欢的人，都能找到自己的位置；而那些三心二意，只想着个人得失的员工，就算他的能力无人能及，老板也不会委以重任的。

现实中，很多员工工作一不如意就跳槽，人际关系不行也跳槽，看到可以多赚几个钱的工作还跳槽，甚至没有任何原因也跳槽。在这些员工的眼里，下一个工作肯定比现在的好，一切问题都能以跳槽的方式解决。某些员工甚至将跳槽看成是一种时尚和追求，美其名曰“体验生活”。而同时，老板们也会看到，这种以跳槽为工作的员工，他们缺乏一颗忠心，没有努力积极的工作精神，碰到困难就退缩，遇到麻烦绕开走。对于这样的员工，老板还会提拔他们以期望为公司创造效益吗？答案当然是否定的。

在工作中，那些失去目标的员工，往往对工作变得漠不关心，从而使工作变得乏味，使生活失去意义。同样那些只有一些小目标的员工，在实现目标之后都会无所事事。对于一个员工来说，如果你只是随波逐流或只是做简单的事，而没有事先预想你要达到的目标，你就不会达到你想要的高效率。你今天的所作所为都会对你的明天造成影响。

在职场之中，对于那些没有远大目标，永远都原地踏步的员工，老板们不是永远也不会提拔他们，就是干脆炒他们的鱿鱼。

有一年，一群意气风发的天之骄子从美国哈佛大学毕业了，他们即将开始穿越各自的玉米地（指每个人面对的未来，果实累累，又布满大大小小的陷阱）。他们的智力、学历、环境条件都相差无几。临出校门，哈佛对他们进行了一次关于人生目标的调查。结果是这样的：

27% 的人，没有目标；

60% 的人，目标模糊；

10% 的人，有清晰但比较短期的目标；

3% 的人，有清晰而长远的目标。

以后的 25 年，他们穿越玉米地。

25 年后，哈佛再次对这群学生进行了跟踪调查。结果是这样的：

3% 的人，25 年间他们朝着一个方向不懈努力，几乎都成为社会各界的成功之士，其中不乏行业领袖、社会精英；

10% 的人，他们的短期目标不断实现，成为各个领域中的专业人士，大都生活在社会的中上层；

60% 的人，他们安稳地生活与工作，但都没有什么特别的成绩，几乎都生活在社会的中下层；

剩下 27% 的人，他们的生活没有目标，过得很不如意，并且常常在埋怨他人、抱怨社会、抱怨这个“不肯给他们机会”的世界。

其实，他们之间的差别仅仅在于 25 年前，他们中的一些人知道为什么要穿越玉米地，而另外一些人则不清楚或不很清楚。

一个员工虽然永远不可能达到完美无缺，但是在不断追求新目标的时候，他的力量和自己的要求也就会越来越高，其人生价值也就会随之提升。这正是老板们青睐“自动自发”的员工的主要原因——他们能创造更高的效益。

员工必须树立终身学习的观念。既要学习专业知识，也要不断拓宽自己的知识面，一些看似无关的知识往往会对未来发展起到巨大作用。那些没有使命感和远大目标的员工非常容易满足，只要每月拿到应得的薪水、不被老板解雇，就万事大吉，一切顺其自然，根本不会去继续深造和学习，这样的员工永远没有晋升的机会。

坚决服从，但要拒绝盲从

职业人必须要以服从为第一要义，没有服从观念，就不能在职场中立足。每一位员工都必须服从上司的安排，就如同每一个军人都必须服从上司的指挥一样。大到一个国家、军队，小到一个企业、部门，其成败很大程度上取决于是否彻底贯彻了服从观念。

在一个高效的企业里你会发现服从观念早已深入人心。每一个员工都不会置企业利益于不顾，只为自己的利益考虑，各干各的，不服从组织调配。他们的服从意识让他们在自己的岗位上创造了最好的业绩，为整个企业的发展做出了自己的贡献。一个优秀的员工必须要有服从意识，因为任何一个组织都必须要有严格把关的人来领导和协调各个部门、各个岗位上的工作。上司的地位、责任使他有权发号施令，同时上司的权威和他以整体利益为出发点的战略高度不允许部属抗令而行。如果下属不能无条件地服从上司的命令，那么整个组织在达成共同目标时，则可能产生障碍；反之，则能发挥出超强的执行能力，整个团队也就达到了优化组合并能取得不可估量的成果。

当然，人无完人，上司的决策也有错误的时候，但是，作为一个普通的员工也好或者说一个管理者也好，你很难断定决策是对的还是错的，因为很多东西在没有最终答案之前无法确定它是对是错。当你认为他的做法错误的时候，不要与你的上司对着干，或者不服从调配。你可以大胆地说出你的想法，让你的上司明白，作为下属的你不是在刻板地执行他的命令，你一直都在斟酌考虑，考虑怎样做才能更好地维护公司的利益和他的利益。但是，无论你在公司的职位有多高，只要你身为公司的员工，你就要谨记一点：你是来协助上司完成经营决策的，而不是制订决策的。所以，上司的决定，哪怕不尽如人意，甚至与你的意见完全相反，当你的建议无效时，你也应该完全放弃自己的意见，全心全力去执行上司的决定。在执行时，如果发现这项决策的确是错误的，尽可能把错误造成的损失降到最低限度，这才是你应有的态度。

麦克阿瑟不服从上级指令可是历来有名的。在 20 世纪 20 年代末 30 年代初的经济危机期间，一些退伍军人及其家属到华盛顿请愿，要求政府发放现金津贴。当时任陆军参谋长的麦克阿瑟到示威现场阻拦，在任总统胡佛指示麦克阿瑟不要动用军队对付示威者，麦克阿瑟对总统的指示不予理睬，用军队驱散了示威的人群。

第二次世界大战结束后，杜鲁门总统尽管对麦克阿瑟印象不佳，但还是委以重任。麦克阿瑟成为日本的绝对统治者，他对日本的政治、经济进行了力度非常大的改革，使日本基本上消除了军国主义、法西斯主义，走上了社会经济迅速发展的道路。但麦克阿瑟在没有经过华盛顿批准的情况下，擅自将驻日美军削减一半。麦克阿瑟的举动实属目中无人，杜鲁门大为恼火。战争结束后，杜鲁门两次邀请麦克阿瑟回国参加庆典，都被麦克阿瑟以“日本形势复杂困难”为由回绝。

1951 年 4 月 11 日，杜鲁门总统下令撤销了麦克阿瑟的一切职务。最让麦克阿瑟尴尬的是，他是在新闻广播中获悉自己被撤职的。这一消息实在太突然了，没有丝毫思想准备的麦克阿瑟听到后，面部表情一下子呆滞了。他万万没有想到，功勋卓著的他，会被总统在战场上撤销一切职务。

杜鲁门总统在解除麦克阿瑟将军职务时说，他之所以终止麦克阿瑟将军的政治生涯，既不是由于麦克阿瑟将军同他意见不一致，也不是由于麦克阿瑟将军对他本人进行人身攻击，而是由于麦克阿瑟将军不尊重总统的办公厅，这是绝对不能容忍的。麦克阿瑟最后被撤职，就是因为他不服从上级。

可见，任何人都没有理由不服从组织的决定，也许你功勋卓著，也许你才华横溢，但当你成为组织中的一员时，你首先要做的就是服从。否则，你就将失去展示自己才华的舞台。因为，组织需要的不是你一个人的表演，而是全体成员配合默契的大型表演。

保险公司的一位朋友想请董事长写一封介绍信，以便结识各企业高级经营人员，开展保险业务。当他说明来意后，董事长没好气地反问："什么？你想要求我作介绍保险对象这种玩意儿吗？"这个朋友听后，并没有惊慌失措，也没有顺着董事长说他正是想请他介绍保险对象这种"玩意儿"，而是平静地说："董事长一直教育我们说保险是正当事业，我们应该为这项事业努力奋斗，请您能予以支持。"董事长从他不卑不亢的话语中欣赏到他遇事不盲从的优点，认为他是一个尽职的干才，于是决定重用他。

记住：服从比什么都重要，但服从不是盲从，我们还要抱着对老板负责的态度去执行。在服从的时候要对公司的整体利益和领导个人负责，也就是说只服从老板明智的指示。要知道老板也是会犯错误的。假如你只是一味地服从而不知道其中的负责，那么你将是一个跟屁虫，永远没有主见。你要把握好这样的一个尺度，才能在老板跟前站稳脚跟。

盲从者给人遵守纪律、乐于服从的印象。但在许多情况下，这种服从给人的感觉便是难当重任，不能创造性地工作，不能独当一面地成为上级的得力助手。所以，下级要想使自己成为一个对上级有用、甚至无法离开的人，就要尽量避免这种软弱的表现。

诚然，盲从在某种意义上可以明哲保身，也有一些老板喜欢"跟屁虫"似的人物，但从长远看，这绝不是什么进取之道，这样的员工很难有所发展。

能够替老板解决问题，老板才不会忽视你。盲从，老板说什么就是什么，不分青红皂白，不加分析的“拿来主义”，没有反对意见，或者即使有也不敢提出来，你的想法不为人所知，你的才干也就无法充分发挥。

靠盲从“混饭吃”人人可为，老板又何必非用你不可呢？尤其在竞争激烈的公司，老板更需要听到不同的声音，以便博采众家之长战胜对手。

20 世纪 70 年代末 80 年代初关于真理标准的讨论就是很好的例子。当时有很多的人坚持“两个凡是”，一切以毛泽东的思想和语录为标准。可是事实上检验真理的唯一标准就是实践。假如不经过这次讨论，我想中国的今天肯定是别的样子。该坚持的坚持，哪怕最后老板压根就不听你的意见。

在服从的时候，在尊重老板权威的时候还要注意对老板负责。唯有长时间如此你才能得到老板的信任，使老板委你以重任，让你独当一面。假如你只是不动脑子，一味接受指示、一味地执行，不分对错，将会事倍功半，虽会得到一时的赞赏和鼓励，却永远只是一个不起眼的员工。

忠诚并不是绝对服从。我的忠告是：当老板向你下达任务时，你应该学会分析辨别，哪些是必须执行的，哪些是要坚决拒绝的，然后去做正确的事，这样才不会犯错误，影响自己的前途。

没有借口，忠诚是成功的捷径

忠诚是中华民族的传统美德，也是每一个人安身立命之本。一位哲人曾经说过：“一个民族的振兴需要忠诚的美德作为基石。”不仅如此，忠诚同样也是每个人应该具有的基本素质。尤其是对于职场人士来说，忠诚显得尤为重要。这是因为，从某种意义上说忠诚就是对于一种职业的尊重，就是承担某一责任时表现出来的敬业精神。

通常而言，忠诚的员工是最受老板青睐的。从某种程度上来讲，一点点忠诚更胜于更多的能力和智慧。只有忠诚的人，才会对自己的工作负责。

晓雯是一家房地产公司的打字员，在这家公司里，晓雯算不上优秀，各方面的条件都不算太好，长得不算漂亮，学历也不是很高。但是她对工作很负责，对公司很忠诚，从不给自己寻找偷懒的借口。

后来，公司的经营出现了问题，就连员工的工资都难以保障。这时同事们都纷纷跳槽了，老板也渐渐消沉。此时的晓雯不但没有因此而离开公司，还在公司最需要她的时候提醒老板。

公司并没有垮掉，公司还有一个公寓的项目在手上，并将自己加班赶出来的策划案拿给老板看。在接下来的日子里晓雯就成了这个公寓项目的负责人，也正是这个项目帮助公司实现了重新振作。就这样，晓雯凭借着自己的能力以及对公司的忠诚，当上了副总经理。

当同事们都因为公司的窘况纷纷跳槽离开的时候，晓雯完全有借口离开。但是，她不仅没有这样做，反而留下来和公司一起渡过难关，这才是真正的忠诚。忠诚就是在公司需要自己之时，不找借口离开，继续坚守岗位；忠诚是员工在公司立足的重要因素，是员工最宝贵的财富，能够赢得老板的信任与坦诚。对待工作，没有任何借口地将它做好，再没有什么比这更能诠释“忠诚”二字的了。只要具备忠诚的品质，就能赢得未来。

但是职场上总是有这样一些人，他们明知道忠诚是自身应该具备的基本素质，忠诚就是不给自己找任何借口，但是却让自己习惯于找借口，甚至成了制造借口的专家；不论遇到什么问题都会给自己找出一堆借口，将责任推得一干二净。这样做只会让自己被借口牵着走，不停地为自己的行为找借口，即使做了错事，也不会意识到。其实，这类喜欢为自己找借口的员工，会给别人留下喜欢撒谎的坏印象，因而不会受到欢迎。这样不但会影响到自己的工作进度，还会影响到自己的职业前景。

张华是某公司的业务员，在工作中，业绩很好，深得上司的信任。但是有一次，自己的一个客户和公司竞争对手签了合同，这给公司造成了一定的损失。之后，他向上司解释自己会失去这笔业务的原因：自己在去谈业务的途中因为脚伤发作，所以比对方晚去了半个多小时，因此丢掉了这次机会。上司也知道张华的脚有问题，也就原谅了他。

但是，以后每当公司里的业务有难度或者是张华不愿意去的时候，他就会说自己的脚伤又发作了。他认为，反正脚是长在自己身上的，是否发作别人也不可能知道。

关于张华的脚，公司的员工都知道是在一次出差时出车祸造成的，这个伤对他并没有太大的影响。但是，张华就是利用自己的脚伤给自己不去跑业务制造借口。

但是，在碰到比较简单的工作时他又会去上司面前请求，希望得到这样的机会。碰到不好做的业务时总是说自己的脚伤又发作了。总之，张华脚伤的发作情况是能够受自己控制的——遇到简单的工作就不会发作，而一旦工作比较复杂，就会发作。即使他现在做的都是简单的工作，但是其工作业绩却远远不如以前。最终，张华被解雇了。

即使借口再怎么合情合理，都会影响工作效率，因为你将自己的大部分时间花在了找借口上面。找借口在刚开始或许能带给人一定的好处，但是这种好处是以牺牲自己的信誉换来的，而且这种好处只是一时的，不会长期保持。

在工作中找借口的人，不会有成功的人生，只有那些将找借口的时间运用到工作中、以忠诚的态度对待自己工作的人，才会成为最终的成功者。总之，忠诚就是没有任何借口地努力完成工作任务。

用人的前提是育人。栽培员工，使其成为有用之人，既是老板应该肩负的责任，又是培养骨干的重大途径。平时老板或上司应该多培养员工，有朝一日，他会给你带来意想不到的巨大利益。

新入职场的人，在工作中要多争取学习的机会。无论什么样的公司，老板或上司都需要忠诚的助手。如果说想在公司出人头地，尽快晋升，能够得到上司或老板的信任，忠诚是一条捷径。

培养一个能弥补老板或上司弱点的管理者，成为老板的左膀右臂。成为老板右臂的时候，要考虑他们之间的互补关系。

无论多小的公司，老板都是一城之主，有绝对的发言权。老板和助手要想长期保持良好的合作关系是比较困难的。有很多这样的例子：在用人之际，或助手帮公司创造一定利益的时候，老板会到处宣扬他找的人是多么优秀和可靠，可是遇到某件事后，又贬低说那人不行，只是靠工资吃饭而已，同时助手也到处说老板是多么苛刻，不近人情。双方之间可能存在误会，这样对双方的形象都有损害。

由此可见，能成为老板右臂的人，必须与老板的性格相投。好多人没有被人使唤或命令的体验，总以为老子天下第一,一点点小事动不动就发脾气，认为别人没有把他放在眼里，自以为应由他做主的事，如果没有经他允许就格外生气。因此，作为老板右臂的助手，必须是能理解老板感情变化的人，而老板也能在某种程度上加以自控，相互让步，才能很好地配合。

培养一个能发挥老板长处的人为左膀。成为老板左膀的第一条件是，能辅佐老板开拓经营最得意的领域。作为老板右臂的人应弥补老板的短处，而成为老板左膀的人应辅佐老板发挥最大的长处，或能暂时代理老板的工作。老板应将日常业务工作尽量委托给他干，自己腾出时间考虑公司将来的发展。

左膀和右臂的作用正好相反，两人之间的关系如搞不好，则难以合作。合作得不好，反而会制造麻烦。因此，成为老板左膀的人，他的人品和性格相当重要。如果作为左膀者认为右臂比自己强就加以排斥，就不好相处了。成为老板左膀者应保持谦虚的态度，支持右臂者的工作，事情就好办了。

对候选干部，老板应该亲自下达特命事项。通过下达特别的工作和任务，就能了解候选干部的潜力。经过一些工作和任务，老板或上司发现：开始认为没有什么了不起的人，后来却崭露头角。相反，有些原来认为很优秀的人经过几次考验以后，又觉得没有想象的那样优秀。也就是说，老板对候选干部的任用应该慎重。

通过执行特命事项，肯定会出现有潜力、崭露头角的人。这样的人，哪怕只发现一个，也是很有好处的。如向他们下达特命事项，该人与老板的交流机会自然会多一些。通过这样的相互交流，该人在老板的影响下，会不知不觉地成长起来。在育人方面最重要的是人格的影响力。这种影响力越大，育人的成功率就越高。

放任自流地等待自然成长是不会成功的。有了相应的土壤，但不施肥也是不行的。尤其对候选干部，必须有这样的设想。让候选干部明确目标，然后通过自己的努力和充分利用公司提供的各种机会成熟起来。

挑选化身的第一标准就是忠诚。老板的化身，就职务而言，是公司担任要职的人。选拔化身的标准是什么呢？根据各个公司不同的情况和老板不同的想法，各有不同。但作为一般标准，多数都会把忠诚放在首位。

某公司同时培养了两个人作为老板的接班人，让他们互相竞争。A 年轻，头脑敏捷，认为他是下任老板的呼声很高，他本人也意识到了这一点，因而不时流露出自己是下任老板的言行。B 的头脑并不那么敏捷，可人很忠厚，他总是维护 A 的利益，从他平时的微妙言行中，可以看出他也认为下任老板就是 A。但出乎意料的是，老板挑选的接班人不 A，而是 B。

原来，在选择A还是B上，老板费尽了心机，他认为如果选择A，企业会大踏步地实行经营改革，也许会发生意想不到的变化。但如果遭到失败，结果也是惨痛的。如选择B，他为人稳重，企业不会有很大的发展，但也不会因为经营失败而带来惨痛的结果。

老板决定这件事时十分苦恼，但最后决定选择B，由此看来忠诚是这位老板十分重视的原则。

现代企业中，刚入职场的人都急于表现自己，往往事情发展得不尽如人意，其实很简单，每个老板和上司在考察一个员工能力的时候，不是单一的某一项，而是综合素质。应该说一年左右是一个比较关键的日子，入职一年后如果新员工还没有升职的迹象，就要考虑自己的日常工作有哪些地方做得不够。坚信只要忠实于自己的岗位，忠诚于自己的公司，升职加薪是迟早的事情。

如今，企业在招聘员工的时候，第一看重的不是能力，而是个人的忠诚度。企业的用人要求是：忠诚第一，能力第二。能力是可以通过培养获得的，而要改变一个人的品行，十分困难。因此，将忠诚作为企业用人的一个衡量标准，是被广泛认可的。

第 03 章
工匠精神——向价值型员工进化

工匠平静、安适、充实、愉悦、幸福，活在当下，强在内心。优秀的员工内心沉静、专注职业要求，并且持续精进自己、迈向卓越。在团队中成为被需要、被尊重、众望所归的赢家，一定要从当下的事情做起，凭借专业素养、卓越能力成为充满魅力的骨干型人才。

发自内心地热爱自己的选择

犹太人贝格特供职于一家金融担保公司，在三年的工作中，他赢得了“难不倒”的美誉。

他有自己的一套工作准则，那就是——今日事今日毕。他处理每一件事都细致周到，并保证它们在第一时间高品质地完成。

凭着自己对工作的热爱和付出的努力，贝格特晋升为本部门的小组领导。由于他总能认真倾听同事的想法，了解部下所关心的事情，并领导他的部门出色地完成每一项任务，贝格特的小组赢得了好评，成为全公司公认的可以委以重任的团队。

与此相反，三楼有一个运营部门，人数众多，绩效却不理想，他们与贝格特的团队形成了鲜明的对比，因此成为大家批评的焦点。为了能让公司有一个全面的改观，老板决定提升贝格特为三楼的业务经理。几个星期后，贝格特慎重而又很不情愿地接受了提升，虽然公司对他接手三楼寄予厚望，但是他却是硬着头皮接受了这份工作。工作的开展自然十分艰难，但是，贝格特迅速调整心态，把对这份工作的厌恶转变成了热爱。同时，他的这种积极的情绪深深地影响了员工，在这种精神的支持和鼓舞下，贝格特所在的部门迅速改变，并最终成为公司的典范。

奎尔是一家汽车修理厂的修理工，从进厂的第一天起，他就开始喋喋不休地抱怨：“修理这活太脏了，瞧瞧我身上弄的。”“真累呀，我简直要讨厌死这份工作了。”“凭我的本事，做修理这活太丢人了！”

每天，奎尔都是在抱怨和不满的情绪中度过。他认为自己在受煎熬，在像奴隶一样做苦力，因此，奎尔每时每刻都窥视着师父的眼神、举动，稍有空隙，他便偷懒耍滑，应付手中的工作。

几年过去了，与奎尔一同进厂的三个工友，各自凭着自己的手艺，或另谋高就，或被公司送进大学进修了，独有奎尔，仍旧在抱怨声中，做他蔑视的修理工。

现在有很多年轻的朋友，因为诸如报酬不好、环境不好、公司不好、上司不好之类的理由而缺乏工作的热情，总会说诸如“我不给他干了”之类的话，可是，他们恰恰忘了，自己到底是为谁在工作?

如果你认为每天是在为老板打工，那么你就大错特错！抱着这种心态工作，你永远不会成长和发展，也将永无“出头之日”，更谈不上干一番事业!

生活中，一些年轻人原本拥有丰富的知识、非凡的能力，却由于他们不断地抱怨，常常面临如何找到下一份工作的难题。这样的年轻人随处可见，终因“我不过是在为企业打工”的观念而自毁前程。这样的工作观念，让无数年轻人错失了人生中宝贵的机会。

小王是一家贸易公司的销售人员。刚进公司时，小王浑身充满了干劲，总是积极主动地为公司做更多的事情。但是，随着他与老板接触时间的增多，他渐渐发现老板太苛刻了，根本不值得他如此勤奋地为公司工作。同时，身边的同事也劝他说：“工作嘛，又不是为自己，说得过去就行了，干嘛那么拼命!”小王认为同事说得很有道理，便改变了以往的工作态度，常常花费很多精力来逃避工作，却不愿花相同的精力来努力完成工作，每天“做一天和尚撞一天钟”。结果，等到公司年终总结时，小王不仅没有得到梦寐以求的升迁和奖励，还被公司以工作态度不端正为由辞退。

我们不得不承认，我们没有意识到在为企业工作的同时，也在为自己工作。人生离不开工作，工作不仅能赚到养家糊口的薪水，同时工作中遇到的困难能锻炼我们的意志，新的任务能够开阔我们的视野，与同事的合作能够培养我们的人格，与客户的交流能够训练我们的品格。从某种意义上说，工作是为了自己.

有位美国大公司的常务副总裁学的专业是企业管理，可他的第一份工作只是一个仓库保管员。在工作当中，他主动以货物的流通为切入口，通过各种货物的流通程序，查找流通过程中的问题和不足，积极主动地上交分析报告，主动提出种种合理化建议。他把公司的问题当作自己的问题去解决。10 年间，他从保管员做到了副总裁，掌握着 100 亿美元的资金。

我们其实不是在为环境工作，更不是在为上司工作，也许我们是为了薪水而工作，但绝非现在的薪水，而是将来的薪水。倘若现在不积极努力，又怎能期望在将来获取更多的薪水呢？现在的付出一定会在将来的结果中体现。

美国著名出版商乔治 · 齐兹 12 岁时，便到费城一家书店当营业员，他工作勤奋，而且常常积极主动地做一些分外的工作。他说："我并不仅仅只做我分内的工作，而是努力去做我力所能及的一切工作，并且是一心一意地去做。我想让老板承认，我是一个比他想象中更加有用的人，只有这样，我才能够得到我想要的。"

因此可以说，我们每个人都是在为自己工作，每一份付出和努力，都必将得到超值的回报。

拥有一项过硬的专业能力

"频繁跳槽"在很多职场新人身上普遍存在，只要稍微觉得不如意，他们就会选择跳槽。

尽管在职场中跳槽也很正常，但如果是频繁、盲目地跳槽，那就会越跳越糟，尤其是对大学毕业生来说，频繁跳槽的结果是光在那里适应新环境了，该学的一点都没学到，最多也就学了点皮毛。于是，时间浪费掉了，能力却一点没有增长。

与其这样，还不如就在现有的岗位上“跳高”：沉下心来，把该学的都学会了。随着自己能力的不断提高，更大的发展也摆在面前了。

在《青年文摘》上，曾经刊登过一篇王磊写的《年轻人，你在职场第几层?》的文章，文中这样写道：

高宁在一家电脑公司工作，刚开始做的是库房管理员，负责搬卸货物，清点库房。因为工作枯燥，不到半个月，他就坚持不下去了，想要离开。经理看他比较机灵，于是执意挽留他，并对他说了这样一番话：职场就好比是高楼，大家按照工作能力由低到高的顺序，分别站在不同的楼层里。而职场里的人分为人力，人手，人才，人物。

所谓人力，只需要你在工作中肯卖力气就足够了；而人手，则需要你熟悉掌握工作，能应付突发事件；人才则需要你头脑灵活，能够在工作中提出创造性的方案；而人物就需要八面玲珑，用自己特有的方式为公司做出比较大的贡献。

看高宁听得很认真，经理又说道：“年轻人，你在职场第几层？每个公司就是一座大厦，你如果只是不停地在各个大厦之间穿梭，而不是努力提高自己的本领，那你永远都只能在最下面的一层。”这番话对高宁来说犹如当头棒喝。从那以后，高宁就像变了个人似的，开始努力工作。

每天卸完货，他不再像以前那样有时间就在屋里看手机小说，而是在库房仔细清点产品，把各种产品的型号、数量、出货量、入货量都牢牢记在心里。这样一来，由于对库房的产品非常熟悉，取货时间大大节省。来库房取货的工人们都对高宁的办事效率赞不绝口。很快，他的表现就传到了经理耳朵里，不久，他就将高宁调到办公室里，专门负责管理公司产品的保管和运输。这样一来，高宁就从最初的“人力”变为了“人手”。

到了办公室之后，高宁比以往更努力地工作。慢慢地，他发现公司业务量比较大，经常有客户自己来公司找保修人员维修电脑，有时几个客户一起过来，人手往往就不够。于是，他下决心自学有关电脑维修知识，并且利用休息时间帮着保修部门的同事修理电脑。时间一长，高宁不仅成了保修部门最受欢迎的人，而且自己也练就了过硬的维修电脑的本领。没人要求他去维修，也没人要求他去学习维修知识，但高宁却主动做了，而且做得很出色，正因为一般人做不到而他做到了，他自然就成为“人才”。

后来，一个偶然的机会，他发现研究生对笔记本电脑的需求比较大，于是向经理建议挖掘这个市场，并且做出了不俗的成绩。公司的高层意识到他是个人才，于是便将他调去做市场开发。在短短一年的时间里，高宁就成了公司里的销售明星，让大家佩服不已的人物。不久之后，经理被任命为集团的副总，高宁也被他推荐到了副经理的位置。就这样，高宁很快就从最初最不起眼的库房管理员，变成了公司不可或缺的“人物”。

高宁的经历对许多身在职场的人来说都很有借鉴意义，谁都希望自己是“人物”，但这并不是想要就能有的，必须有一个过程，刚开始时，没能力、没经验、没资历，从第一个层次也就是“人力”做起是很正常的。起点低并不可怕，关键是如何迅速提升，尽快缩短从“人力”到“人手”，从“人才”到“人物”的过程。

故事的主人公为我们提供了一个很好的“岗位跳高”的榜样，如果不愿意在职场最底层待着，那么唯一的办法就是不断学习和提升自己的能力，当你的贡献越大的时候，职场最高层的位置才有可能真正属于你。

季清是某电讯公司的副总裁，进入电信业之前是一家合资银行的首席代表，几乎对电信业一无所知。“刚开始的时候，跟客户开会、谈判还好，因为之前会做很多准备。可是一到大家一起用餐的时候，我就忐忑不安，因为即使闲聊，也一定会聊到行业内的情况，而我几乎找不到话题。”季清坦诚地说，“没有别的办法，只有拼命恶补。每天看书和上网查资料直到深夜，跟行业有关的报刊本本不落，甚至跟人家开玩笑说‘邮电报是我的党报’。”出门时季清也总会随身带本专业书，碰到堵车时就拿出来读。慢慢的，她就进入“角色”，能发表独到的见解了。

“刚进入一个新的行业，别人在走，而你一定要大步跑。追上了才能从容，才能变着花样走后面的路。”季清这样说道。

十多年的积累，季清直到今天也不敢有一丝放松，现在她已经做到一个大区销售经理了。季清现在更要求自己多去看其他行业客户的业内信息，为的是能让客户感觉到“你不光在卖给他东西，他还能从你这里获得启发和灵感”“我喜欢学习，所有新鲜的东西我都不觉得枯燥”。

季清说：“任何时刻都要有提高专业知识的意识，自己多下工夫也是一样的，‘忙’绝对不是理由。”季清说，追上了才能从容，只有使自己变得专业才能拉开追逐的距离。

只有专家型员工才是赢家，只有内行才能发展。研究表明，专家型员工的成功率远远高于通才。经济社会的发展对人才提出了更高的要求，要得到用人单位的垂青，必须要有过硬的本领，真正拥有“绝活”。那些文化水平低、无技能，只能从事重体力劳动或简单劳动的人，已不能满足社会分工越来越细的要求，更不能满足现代企业对科技、知识型人才的要求。而专家型员工，虽然知识并不全面，但由于对某一领域的深入研究，使得他们在企业的发展中至关重要，即使是高学历人才也无法替代。

曼斯是德国一家工厂的普通技术人员。有一次，工厂的电机突然坏了，全厂停电，一大帮技术人员围着电机急得团团转，就是找不出毛病，他们使出浑身解数仍未能解决问题。正当厂长打算另请高明时，曼斯毛遂自荐。

曼斯个子矮小，满脸胡子，穿着沾满油渍的工作服。他对厂长说：

“可不可以让我试试?”

许多人都瞧不起他。厂长也质问道:“你几天能修好?”

曼斯想了想,说:“三天时间吧。”当问他用什么工具时,他说只用一把小铁锤、一支粉笔就行了。

白天,他围着电机转悠,这儿看看,那儿敲敲;晚上,他就睡在电机房。到了第三天,人们见他还不拆电机,不禁怀疑起来,他的同事让他别打肿脸充胖子了。

一位跟他最要好的朋友对他说:“修不了就赶快撤手吧!”

可是他笑着说:“别急,今晚就可见分晓。”

当天晚上,曼斯让人们搬来梯子,他爬到电机顶上,用粉笔在一处地方画了一个圈,说:“此处烧坏线圈18圈。”

技术人员半信半疑地拆开一看,果然如此,电机很快就修好了,并恢复了正常运行。

那位和曼斯要好的朋友问他为什么会如此神奇,曼斯认真地答道:“除了认真掌握专业知识以外,没有别的好办法。”

曼斯的职务虽然很低,但他能精确地找出电机的毛病,啃下工作中的硬骨头,这与他超强的专业能力是分不开的。业务能力是解决问题的关键,在如今激烈的职场竞争中,只有拥有一项过硬的专业能力,你才能轻松地解决问题,只有业务素质过硬,你才能在自己的岗位上创造奇迹!

默默耕耘,赢得进阶机会

某职员是一家连锁餐饮集团公司的普通营业员,平时工作非常努力,常常被评为最佳店员。有一次,一家闹市区的连锁店里突然发生了一起意外事件,一位食客在进餐时突然倒地,四肢抽搐,口吐白沫,众人一时惊慌失措，纷纷怀疑这是食品中毒，甚至有人拿出电话通知报社和电视台。

在这关键时刻，她镇定自若，一方面指挥其他店员打急救电话，一方面竭力安抚顾客，保证不是食物中毒，整个公司从来没有出现过类似事件，但很多人还是不相信，不断用手指抠挖嗓子眼，想吐出食物。这时，还是她挺身而出。她告诉大家，食物绝对没有毒，并冒险当场吃下很多饭菜。为了防止谣言扩散，她还请求大家等待急救车的到来，由医生评判。这样，大家情绪才稳定下来。不久，急救车过来了，经验丰富的医生告诉大家，顾客实际上是典型的“癫痫”发作，不过凑巧赶在这样一个场合，大家尽可放心。

电视台和报社来到后，她将事件的来龙去脉解释清楚，并详细介绍了公司的卫生措施，坏事变好事，让一场负面报道变成了正面报道。她的勇敢和机智避免了一场虚惊向灾难的演化，受到公司领导的高度赞扬，不久就升任店长。

对于一般人而言，遇到类似情况也许会躲得老远，更无从谈起主动担当。这位员工所做的正好证明了她的勇气和魄力。其实，主动担当重任、为公司的发展承担风险的同时也会为自己赢得发展的机遇。因此，不要在关键时刻逃避问题，你的态度和勇气永远都是你成为优秀员工的立足点。

“企业只有先盘活人，才能盘活资产，而盘活人的关键就在于铸就职业化员工。”这是海尔集团总裁张瑞敏说过的一句名言。

职业化最重要的体现就在于责任心，它是职业化最根本的保障。

任何单位要培养一个人，首先都会综合评估一下：这个人到底值不值得培养？会不会费半天劲，人没培养出来，反倒给单位造成损失。所以在职场要想获得发展，赢得一个值得单位培养的印象很重要。即使你一时做不出轰轰烈烈的成绩，但是，只要你能赢得这样一个印象，你也同样能拥有在本单位获得发展和成功的钥匙。那么，如何才能做到这一点呢？

（一）做好身边小事，机会自然走近

很多员工初来乍到都有做“大事”情结，总想一出场就万众瞩目，至于小事情，根本看不上，不屑去做。

但刚入职场，哪会有多少大事情给你去做？其实，做好了小事情，自然就会有机会。

我们不妨看看新东方董事长俞敏洪对刚毕业的大学生说过的一段话：

“比如说你大学毕业，到新东方来做打扫卫生的工作。你把分配给你的两个厕所打扫得比其他人都干净，在我心中我就觉得你这个人了不起，我就可能会你给一个新的安排，比如说给你四个厕所打扫；如果你把四个厕所打扫得都很干净，我也许会让你管新东方所有打扫厕所的人。如果新东方所有的厕所因为你的存在都很干净，会给我留下一个多好的印象！

第一，你的工作质量达到出乎意料的标准，另外，你的管理能力这么好，你又有大学的背景，下一步就会进一步提升，比如说提升为新东方后勤部门主任，再提升为新东方的后勤总监，这样就进入了新东方高管的层面。如果你把后勤系统、物流系统，整得干干净净，我就可能会把新东方的后勤行政系统都交给你的，说不定我哪天翘辫子了，新东方以后就都是你的了。总裁就是这么当出来的。”

这段话值得所有的大学毕业生好好琢磨。很多时候，单位安排你做一些小事，如扫厕所，目的并不是为了锻炼你的能力，而是要从你做事的过程中观察你工作的心态，了解你有没有培养的潜质，能不能真正担当重任。然而，很多大学毕业生并不明白这个道理，总觉得单位是在故意刁难自己，结果，机会到了眼前却没有发现。

（二）聪明的金子，会懂得如何主动发光

我们都知道这样一句话：是金子，到哪里都会发光。这固然没错，但我们可以想想：同样的金子，被埋在几十米深的地下还是放在人来人往、非常醒目的地方，被人发现的概率是不是完全不一样？是马上就发光，还是等到十年二十年后再发光，命运是不是大不相同？

所以，要做金子没错，但更要做“聪明的”金子，懂得如何主动发光。也就是说，不要总是被动地等待领导和同事来发现自己，有能力和特长，不要羞于展示，越早让别人看到你的潜能，才能越早发光。

（三）在经受考验中获得肯定与信任

任何单位，在提拔和重用一个人前，都会有所顾虑，怕把不合适的人放在了不合适的位置上，所以只有对那些能经受住考验的人，才有可能委以重任。

国际著名影星张曼玉出道不久，被推荐到成龙的影片《警察故事》中担任女主角。但刚拍了第一场戏，成龙就很不满意，觉得她的表演和剧情格格不入。于是他开始给张曼玉说戏，但反复说了好几次，张曼玉的表演还是不到位。忍无可忍的成龙忍不住发了火，还说了一些难听的话，甚至考虑了是不是要换人。这让本来感觉良好的张曼玉非常难过，眼泪直在眼眶里打转。但这也激起了她骨子里不服输的倔强劲，于是一遍遍拍下去，第一场戏拍了三十多次才通过。

成龙那番毫不留情的话，让她意识到了自己表演方面的不足。从那以后，成龙再跟她说戏，她都听得非常认真，不懂就主动虚心请教，对于一些镜头还提出自己独到的想法，每一个镜头，她都尽可能做到完美。不仅如此，为了达到最好的效果，一些危险的动作她坚持自己亲自做。比如有

一场戏，需要女主角从几十级的楼梯上摔下来，这样的动作就算对于专业武打演员来说都有一定难度，导演提出用替身，但她却一定坚持自己演。她的这些表现得到了大家的认同，而凭借《警察故事》中的出色表演，她为自己之后在演艺圈的发展打下了很好的基础。

我们可以想象一下，假如因为成龙的一番批评，她就受不了，怎么说也改不过来，那这个角色可能最终就会白白让给别人，更别说有后来的发展。一个人能够承受考验的程度往往和他担当重任的程度是成正比的，如果有点小考验就受不了，就打退堂鼓，那谁敢把重任交给他去做?

（四）在反思和总结中让自己更加“抢眼”

不管从事什么工作，都要懂得不断反思和总结：哪些是自己缺少的?哪些是需要改进的?怎么做才能更适合领导的风格和要求?

成功的人，总是在不断总结和反思。海伦·布朗是世界最畅销的女性杂志之一 *Cosmopolitan* 的国际版主编。她曾经为想得到迅速晋升的员工总结了几点职业守则，其中有这样几条：

1. 学会在苦差事中潜水

大多数年轻人应该经历一番辛苦烦琐、单调乏味的工作：为日理万机的老板跑跑腿、整理他（她）的通讯录什么的。对别人来说，这可能根本就谈不上是什么职业，但你必须把现在的工作当成你漫漫求索之旅的重要起点。

2. 做个“YES”型人

任何有助于老板的事，尽管有时感觉好像要你的命，也要坚决执行。你不用管它是不是庸人才干的，只管去做!

你想开创美好的未来，挣很多的钱，办法只有一个——拓展自身，比如帮帮办公室里其他女同事，即使那个对你颐指气使的悍妇也不能怠慢。

3．只管做

我有一位助手，一听说我需要7磅重的哑铃、棕灰色的眼线笔和花肥，不声不响，一溜烟功夫就奔商店购置齐全了，当然COSMO国际集团根本不会因为她延误几分钟就陷入危机。她就是这么个有眼力见儿的人，处理起重要公务来，还要快呢！正因为她这个高效率的鬼精灵，我已经100%地依赖她了——这就是那种你应该努力去做的雇员：绝对可靠，迅速高效地处理任何事情，不分大小。

对于一个管理者来说，这样总结的好处显而易见，首先能让别人从中学习和借鉴有用的经验，同时，也能理清自己的思路，让自己明白最需要什么样的人才，并在培养的时候就有了目标和方向感。

对于员工来说，多反思和总结，就能找到自己的不足，给自己的成长找到方向，遇到问题多从自己身上找原因，从最需要改进的地方下工夫。

有始有终，杜绝有头无尾

其实在我们身边，很多人都经常感叹：工作很忙，也很乱，一点头绪都没有，特别是在进入一个新的工作岗位或者刚进行一个新项目的时候，这种情况就更加明显。很多人就是因为“一团糟”的工作状态，使得最终没能将工作做彻底，出现失败的结果。

在工作中，许多人之所以无法将工作做彻底，并不是因为他们能力不够、热情不足，而是因为他们缺乏一种像邓婕那样的坚持不懈的精神。

邓婕出生于一个演员世家，她的父母都是演员，从小受父母的耳濡目染，她对艺术也产生了浓厚的兴趣。1973年，她考上了四川省川剧学校，经过5年的学习之后，于1978年被分配到四川省川剧院。

1983年底，《红楼梦》剧组在全国招募演员。当剧组到达成都之后，天生对表演感兴趣的邓婕也萌生了演电视的念头。所以她和当时在剧团也对表演充满了兴趣的同宿舍的一个女孩相约到剧组进行了试镜，她们俩都很幸运地被剧组选中了。但是跟邓婕一起同去的女孩子因为遭遇到了来自家庭和剧团的共同阻挠后，被迫放弃了。

虽然邓婕在这个过程中没有遭遇到家庭的阻挠，但是同样遭遇到了剧团，特别是团长的反对。不过邓婕有和自己的同伴不一样的想法，她不想做一个“有头无尾”的人，更何况她认为这是自己在事业上取得新突破的机会，所以她三番五次地跑到团长家里求团长给自己这一次机会，还说如果自己要是最后没能通过剧组的终审的话，那自己以后就老老实实地待在剧团演戏。团长经不住她的软磨硬泡，终于答应放人，邓婕成功了。

拍摄这样一部大戏，而且还是在全国范围内进行角色的甄选，所以剧组里自然是美女如云，那么邓婕该如何胜出呢？很多人都劝邓婕死了这条心，要想在那样的竞争环境中胜出是绝对不可能的事情。可是邓婕还是觉得自己既然下定这个决心了，就应该坚持到底，不能半途而废，半途而废不是邓婕的风格。

在对邓婕的形象、身高、气质等条件进行一番权衡之后，她和老师都为该怎么给自己定位犯了难。如果演贾府小姐的话，自己又不够温柔；可是如果演丫鬟的话，自己又显得太过大气，到时候恐怕会压过小姐的风头……那么该演谁呢？剧本里面是不是有一个女性形象是符合自己的呢？要知道，如果找不到合适的角色，自己只能遭到淘汰，也只能做一个“有头无尾”的人了。

经过反复琢磨，邓婕和老师最终将目标定位在了尤三姐这个角色上，虽然这个角色在剧中的戏份不多，但是就目前的情况来看，这是最佳的选择。所以邓婕最终决定就用“尤三姐”这个角色拍片去参加竞选。

凭着出色的表演，邓婕很快通过了导演的初审，进了《红楼梦》剧组学习班，为了能真正被导演选中，成为《红楼梦》剧组里的一名演员，邓婕非常刻苦地学习。上天没有辜负邓婕，一个偶然的机会，总导演王扶林一看到邓婕所送选的尤三姐的录像带，他就被片中演员所表现出来的大气所折服了，他不禁脱口而出说“这个演员可以演凤姐”。总导演的一句话奠定了邓婕在《红楼梦》中的地位。虽然在这个过程当中，邓婕遭遇到了各方面的压力和竞争，但是邓婕始终告诉自己一句话：全力以赴，不要有头无尾。

好事总是多磨，就在邓婕对凤姐的角色志在必得的时候，突然半路杀出了个程咬金，剧组来了一个各方面条件都很突出的东北女孩儿，导演和制片人对这个东北女孩儿都十分看好。于是制片主任便抽了个机会绕着弯儿地问了一下邓婕的意见：“如果不演王熙凤的话，你是愿意演平儿还是探春呢？”

虽然先前对自己充满了信心，但是现在大敌当前，而且制片主任又突如其来地对自己提问，这让邓婕在心里也稍稍有点儿乱了阵脚，但是邓婕很快就让自己镇定了下来，她在内心告诉自己：“不能轻易改变自己的初衷，不能让自己做事有头无尾。”于是她斩钉截铁地回答说：“对其他的角色我想都没想过，现在我的感觉全都上来了，下不去了，我觉得我要演的角色就是王熙凤了。”

最终，剧组因为邓婕的执着和自信，在最终定角的时候，他们把信任票投给了邓婕，选定由她出演王熙凤。而邓婕也真的没有辜负大家对她的期望，也没有辜负自己的豪言壮语，她只是在恰到好处的一颦一笑、一怒一骂、一举手一投足间，就把一个刀子嘴豆腐心、泼辣精明的王熙凤演得深入人心，成为影视剧史上的经典角色之一。

邓婕通过饰演王熙凤这一角色，无疑让自己获得了巨大的成功，不仅实现了最初她希望让自己的事业有新突破的愿望，同时，通过对王熙凤这个角色的成功塑造，还使得她一举拿下了“金鹰”“飞天”两项大奖。而她这些成绩的取得，与她在工作的过程中始终坚持自己的初衷，告诫自己要做事就是要有始有终是分不开的。

那么在日常工作中，要如何做呢?

（一）作好整体规划

为什么很多人的事情做到一半甚至十之八九的时候才发现做不下去、最终不得不半途而废呢?很简单，他们在事前没有做好一个整体的规划，没有对可能遇到的问题、困难给予足够的预见，以至于当这些问题真正降临的时候手足无措。

（二）不要对自己的目标产生怀疑

既然你确定了你的目标，就应该毫不犹豫、勇往直前。可遗憾的是，很多人做事时往往虎头蛇尾、有始无终，在整个过程中也是东拼西凑、草草了事，他们经常对自己的目标容易产生怀疑，相应的自己的行动也经常处于犹豫不决的状态之中。虽然在工作开始之初，会让自己满怀激情地做下去，但做到一半时便会觉得另一件事情可能更有前途。所以时而信心百倍，时而又低落沮丧。这种人也许能短时间取得一些成就，但是，从长远来看，最终一定还是失败者。在世界上，没有一个遇事迟疑不决、优柔寡断的人能够获得真正的成功。

（三）不能缺少恒心和毅力

开始一件事情，需要的是决心与热诚；而完成一份工作，需要的却是恒心与毅力。缺少热诚，事情无法启动；只有热忱而无恒心与毅力，工作不能完成。如果不想让自己成为众人所嘲笑的“有头无尾”先生，就需要像邓婕争取自己的演出机会那样，保持坚持的品质，善于利用精力，不将它分散到毫无价值的事情上去。

第 04 章

责任胜于能力——尽职尽责才能成就卓越

当你拥有第一份工作的时候，你正在体现你生命的价值；当你做好一份工作的时候，你正在使你的生命升华。只有懂得工作不仅是为企业，更是为自己的人，才能真正懂得工作是多么快乐，生命是多么有意义。尽职尽责，是优秀员工永恒的使命。

拥有责任心，铸就职业化

如果你走进拉丁美洲，你能看到的每5台电脑中，就有一台是由一位名叫玛丽亚·艾伦娜·伊瓦尼斯的女士销售的；在非洲，你每看到的12台电脑中，便有一台电脑也是由她销售的。她在20世纪90年代成为《公司》杂志所评选的“最伟大的推销员”之一。

在20世纪80年代，那个人们还很少见到女工程师的年代，她在3个星期中，旋风般地穿行于厄瓜多尔、智利、秘鲁和阿根廷。在这些国家，她游说各个政府部门、公司使用她的产品。而在1991年，她仅仅带了一份产品目录和一张地图就乘飞机到达了非洲肯尼亚首都内罗毕，开始她在非洲的冒险。可以说在我们这个时代很难找到像她那样做事积极主动的人。她是全美国最有价值的员工之一，她身上洋溢着激情和活力，她不断挑战那些别人望而却步的艰难任务。她总是对别人说：“如果别人告诉你，那是不可能做到的，你一定要注意，也许这就是你脱颖而出的机会。”正是这种精神，使她成为南美和非洲电脑生意当之无愧的女王。

然而，就是这样一个人，当你找到与她共过事的同伴或者找到她曾经的上司、邻居询问她的情况时，也许你会大吃一惊。因为，她周围的人都这么评价她：“她是个十分谦逊的人，并不喜欢夸夸其谈，她喜欢倾听别人”“更多的时候，她是在保持沉默，但是她的行动总是非常迅速而且积极”“虽然她工作努力，业绩非凡，但是她从来没有过一丝骄傲的表现，在工作中对待大家总是彬彬有礼”“她很尊重上司”……

既勇于担当责任，又能保持谦逊谨慎的品质，把这两种看似矛盾的品质结合于一身，才是最理想的员工，才是企业最需要的德才兼备的员工。作为一名员工，如果你想成为受领导器重的人，你就必须以满腔的热忱对待领导安排的任何一项工作，而不是跟领导讨价还价。你应该知道，对于领导而言，他们需要的绝不是那种跟他讨价还价的下属，而是工作积极主动，勇挑重担的员工。

无论是能力、方法，只有在拥有一流责任心的前提下，才能得到最大的提升。

很多人都认为，能力是职场发展的根本。其实并不完全是这样，还有一样东西比能力更重要，那就是责任心。

我们在职场中经常会看到这样一类人，他们有能力不假，但他们的能力运用是有前提条件的：对自己有好处、有利益的时候才用，否则就不用，能躲就躲，能推就推。这样的人在职场上，很难得到重用。而有责任心的人则不一样，即使开始能力差一点，但因为一心只想把事情做好，那么自然就会想尽办法学习和提升。最后，能力上去了，而境界也摆在那里，这样的人，发展的前景可想而知。所以，责任心，任何时候都是职业化的灵魂。

有了责任心，就不会找任何借口，只要是与工作有关的事，都是自己该尽力去做的事，甚至把不可能的事变成可能。在《移动周刊》上，曾经刊登过一篇题为《飞跃客户心中的喜马拉雅》的文章，身为中国移动湖南分公司客服部工作人员的作者写了这样一段亲身经历：

一天，她接到一个电话，当她像往常一样询问对方需要什么帮助时，电话那边却没有声音。过了好一会，对方突然低声说："喂，我和女朋友要分手了。"如果一般人接到这样的电话，多半会想：这也太可笑了，你和女朋友分手怎么把电话打到这来了？这又不是心理咨询热线！甚至会想，对方该不是精神上有什么问题吧？可能直接就会把电话挂了。但她却没有这样做，而是小心地问对方："先生，这和我们移动公司有什么关系吗？"

谁知一听她这么问，对方的情绪立即激动起来了：“怎么会没关系？都是因为你们移动，害得我和女朋友总是吵架，现在都要分手了，我再也不相信你们移动了！”还没等她反应过来，对方就“砰”的一声把电话挂断了。这下她可真是一头雾水，到底是怎么回事？可能很多人接到这样的电话，听完也就拉倒了，甚至将它当作一个骚扰电话处理了。但她却想，听对方的语气不像有意找碴，可能真的是遇到什么问题了。

她下决心把事情弄清楚，于是查找了来电记录，发现对方当天拨打了5次客服的电话，每次都不到一分钟。这样看来，客户可能是认为客服不会帮他解决问题，所以他只是通过拨打10086来宣泄他的不满。

因为不想让客户放弃对公司的信任，她决定了解一下到底发生了什么事情，于是拨通了对方的手机，然而，她刚刚说了声“您好，我是10086的客服代表……”对方就大声喊道：“我心情不好，你莫来吵我，跟你们移动公司没什么好讲的！烦躁！”然后又是“砰”的一声把电话挂断了。遇到这种情况，很多人都会觉得很委屈：我出于一片好心，才打了这个电话，他却一点也不领情，简直太让人生气了，算了，我也懒得管了。但她却并没有这样做，第二天又拨通了对方的电话。在她热心而耐心的引导下，对方终于向她讲述了事情的原因。

原来，那位客户住的地方比较偏远，手机信号不好，电话老是接不到。久而久之，他在外地工作的女朋友就疑心他瞒着自己交了别的女朋友。

前几天，他给女朋友打电话，好不容易打通了，两人正准备好好聊聊，谁知手机这时却串了线，出现了另外一个女孩的声音。这样一来，他的女朋友就更加坚信自己的怀疑，吵着要分手，他怎么解释都听不进去。因为满腔的委屈说不出来，他把怒火都发泄到了移动公司身上，所以才有了开始的那一幕。

原来是这么回事，于是她决定帮助这个客户。放下电话，她就拨通了客户女朋友的电话，经过反复的说明和解释，客户的女朋友终于相信了那只是一场误会，并表示不再赌气了。等她把这个消息告诉客户时，客户高兴得不知道说什么好，就在客户不停说着谢谢的那一刹那，她觉得非常高兴，因为自己勇敢地飞跃了客户心中的喜马拉雅。

相信看了这个真实的案例，很多人心中都有很深的感触。因为心中有一份“不让任何一个客户失去对公司信任”的责任，所以不管对方不理解也好、有怨言也罢，她都能心平气和地接受，并且在一次次努力下，弄清问题的原因，并找到解决的方法。其实，她不仅飞跃了客户心中的喜马拉雅，也飞跃了自己心中的喜马拉雅。

只要有责任心，那么就没有解决不了的问题，没有找不到的方法。

我们曾出版《执行重在到位》一书，书中有一个核心观点——“100-1=0”。这个核心观点，其实表达的是这样一个内涵：“小心1%的疏忽毁掉99%的努力”。很多时候，即使前面做了100分的努力，但如果疏忽其中任何一个环节，那么再多努力也可能是白费。

在工作中，我们要常常警惕诸如“这样就可以了”“用不着那么仔细，不会有问题”“这点小事不可能出错”的念头，因为魔鬼往往就存在于细节当中。如果没有高度的责任心，一个细小的疏漏就可能引起严重的后果。不要觉得这是危言耸听，我们不妨看看一件轰动全国的事件。

几年前，多家媒体纷纷报道了这样一则新闻：《头等舱机票20元卖出300张，东航操作失误担损失》。事情的经过是这样的：2010年1月18日，东航官方网站登出一则特价信息：南昌至厦门头等舱票价只要20元，经济舱10元。此外，东航从南昌起飞至上海、厦门、北京、昆明等多个航线的航班也都大打折扣，出现了0.2折的惊人价格，很快，300余张机票卖出去了。

这可真是太奇怪了，谁都知道春运时的票是最紧张的，折扣也是最少的，这样的价格，简直就是“天上掉馅饼”，怎么可能呢？后来经过核查，原来是一名工作人员把机票价格输入错了，经过一定的折扣计算，就出现了如此离奇的超低价格机票。就因为工作人员一个小小的疏忽，300 多张特价机票导致东航损失高达 21 万元人民币。看了这样的案例，我们还会觉得小疏忽、小细节无关大碍、没什么了不起吗？如果心中不绷紧“责任”这根弦，那么总会出现各种意想不到的问题。

有一位员工谈到了自己这样一段经历：他在一家企业从事外贸工作，从工作的第一天起，他就抱着很大的热情，尽量把每一件事情做好。但尽管如此，没过多久，他还是因为疏忽出了差错。那天是周末，他赶在下班前去银行将一笔钱汇到香港，审核之后，银行依照程序办理了这笔业务。本以为没事了，没想到星期一上班的时候，他被老总叫过去，狠狠挨了一通批，因为他把账号写错了，结果款没有及时汇出去。自己明明检查过了，怎么会错了？原来，当时账号是香港方面通过短信发给他的，结果他在抄写的时候，最后一个数字正好换行，而他误以为写完了，没有继续翻下去，因此漏掉了最后一个数字。

这样一来，因为资金没有及时到位，给公司带来了一定的损失。为了吸取这个教训，他把那张写错账号的付款单贴在了很醒目的地方，时时提醒自己：责任重千斤。

的确是这样，一个小小的失误，带来的可能是无法想象的后果。只有把责任放在最重要的位置，那么，才有可能把工作中的失误减到最低。

本职工作，尽心尽力

工作中，由于每个人分工不同，每个人在每个阶段的工作可能也不尽相同。所以我们所设定的目标也是可大可小。虽然目标有大小之分，但是不论大小我们都应该对它有一个明确的认识，必须清楚地知道自己工作的目的和预期的结果是什么。因为我们只有明确目标之后，才有可能把工作做得更彻底，更完美。我们的目标绝不能只是一个模糊的概念，至少对我们自己来说，它应该是一个清楚的信念。英国有句谚语："没有目标的生活，犹如没有舵的船。"就是说，目标对于人而言，就像目的地对于行驶中的汽车，灯塔对于航行中的巨轮。有了目标，我们才能安全、快速地到达心中的天堂。而没有目标的人，就好像漂浮在水上的浮萍，随着风儿和水流漂来漂去，就算再努力也没有归处。

《训俗遗规》中也说："志不立，天下无可成之事。虽百工技艺，未有不本于志者。"这句话是说，大志不树立，天下就没有可成功的事，即使是各种工匠技艺，也没有不是靠志气才学成的。没有目标，就只能飘荡放纵，随波逐流。想要成为一个优秀的员工，我们首先要明确自己的工作目标，这样我们才能术业有专攻，朝着自己的目标而前进。而我们的工作目标，要顺应职业规划的方向，就好像我们盆栽里的小辣椒，我们栽种它的目的是为自己增添些可以观赏的风景，还是希望在做饭时能够增加饭菜的色香味。只有明确了这些，才不会把它用在错误的地方，浪费自己的精力。

这是一个在美国故事书中经常出现的故事：

有一位母亲和两个女儿，母女三人相依为命，过着简朴而平静的生活。后来，母亲不幸病倒，家里的经济状况开始恶化起来。这时候，大女儿珍妮决定出去找工作，以维持家庭生计。

她听说离家不远的地方有一片森林，里面充满着幸运。她决定去碰碰运气。如人们传说的那样，一切都很幸运。当她在森林中迷失方向、饥寒交迫的时候，抬眼一看，不知不觉之中她已经来到一间小屋的门前。

一跨进门，她吃惊地缩回了脚步，因为她看到了杯盘狼藉、满地灰尘的场面。珍妮是一个喜欢干净的姑娘，等她的手一暖和过来，她就开始整理房子。她洗了盘子，整理了床，擦了地。

过一会儿，门开了，进来 12 个她从没见过的小矮人。他们对屋里焕然一新的环境十分惊讶。小女孩告诉他们，这一切都是她做的。她妈妈病了，她出来找工作，想在这里歇歇脚。小矮人们非常感激。他们告诉她，他们的仙女保姆去度假了。由于她不在，房子变得又脏又乱。现在他们需要一个临时保姆。

小女孩高兴极了，她马上表示愿意当他们的临时保姆。工作生涯开始了。第二天，她早早地起床，给主人们做早餐，打扫屋子，准备晚餐，手脚勤快，工作又认真。

第三天、第四天也是如此。

到了第五天的时候，她透过厨房的窗子看到了美丽的森林风景。“对了，自从来到这里，我还没有见过白天森林的景色。出去看看吧。”小女孩对自己说道。

一切都是那么新奇。她在外面玩了整整两个小时。回到屋里的时候，太阳已经快落山了。她急急忙忙地跑过去整理床铺，洗盘子，准备晚饭。还有一件重要的事情——打扫地毯和地毯下面的灰尘：但由于时间太短，她决定不打扫地毯下面的灰尘了。“反正地毯下面没人看得见，有点灰尘也没有关系。”

一切都非常顺利，小矮人回来后，并没有发现什么。又过了一天，珍妮又跑出去玩，又没有打扫地毯下的灰尘。“我每周清理一次灰尘就可以了。”珍妮对自己说道。

又过了 5 天，小矮人们也没有说些什么。用过晚餐，他们聚在一起打扑克。其中有一位小矮人丢了一张牌，他们到处寻找都没有找到。这个时候有一位小矮人开玩笑地说：“说不定那张牌钻到地毯下面去了。”

很不幸的是，居然有人相信他的话，他们揭开了地毯，看见了灰尘满地的地板。

结局如你所料，幸运之神不再眷顾珍妮，她丢掉了这份工作，离开森林，开始寻找下一份工作。在深深的懊悔中，她开始明白：就算机会垂青，工作机遇降临身边，也要付出责任心，百分之百地完成自己的工作。

敢于承认失败，绝不找借口

在工作中，每个人都不可能将事情做得完美无缺，难免会出现差错或者是纰漏而导致失败。但是在面对失败的时候，很多人不是去寻找造成失败的原因，而是给自己找出各种各样的借口，他们认为，承担失败是一件不光彩的事情。

仔细观察那些在事业上获得成功的人，我们不难发现，在他们的身上都存在着一个共同的特点，那就是面对自己所做的事情的结果，他们都愿意承担自己的责任，哪怕是极小的责任。因为他们都知道找借口只会于事无补，不如承担责任找原因，这样就可以避免再犯同样的错误。

要想让自己获得成功，就要学会给“原因”和“借口”分分家，因为即使为自己找到了一个完美的借口让自己逃脱了责任，可是借口再完美也不能使结果发生改变，而且久而久之，一旦自己养成了遇事就找借口而不是分析造成失败或者是错误的原因的习惯，就会让自己离成功越来越远。

获得美国职业篮球协会（NBA）最佳新秀奖的杰森·基德就曾经历了这样的一个过程。

小时候，父亲常常带他去打保龄球。他打得不好，为此，他总是找各种理由。有一天，当他再一次为自己打得不好找借口的时候，父亲毫不客气地打断了他："别再找借口了。你打得不好，是因为你不练习，又不愿意总结方法。假如你好好做，你就不会这样讲了。"

这句话给了他极大的震动，此后，一发现自己的缺点，他便想尽办法纠正。不管是打保龄球还是后来打篮球，他都要求自己做到两点：第一，比别人投入更多的时间和精力去练习；第二，时刻总结经验教训，找出最好的方法提升自己。也正因为这两点，他成了全美最优秀的球员之一。

香港著名喜剧明星黄子华在成名之前，也曾经在"借口"与"原因"之间徘徊了很长一段时间。

黄子华于 1960 年出生于香港一个普通的家庭，在他很小的时候，父母因为感情不和而离异，后来母亲再嫁，他跟着母亲随继父生活。

因为是重组的家庭，家庭环境比较复杂，黄子华跟继父的关系不是太融洽。因为缺乏关爱，黄子华染上了小偷小摸的恶习，后来有一次偷东西被继父发现了，继父给了他三个耳光，那次他的耳朵差点被打聋。

随着年龄的增长，没有享受到家庭温暖的他对人生有种特别的脆弱感，对事物的反应也特别敏感，这使得他对世态的炎凉有种更深刻的体验。因为他长时间沉浸在这种悲观的心态之中，使得他后来在加拿大念大学的时候曾一度患上抑郁症，在他的眼中，所看到的一切东西都是负面的。

大学毕业回到香港后，黄子华参加了香港无线电视举办的"全能司仪大赛"而进入演艺圈，但是他在演艺圈的发展并不顺利。他先后做过电视台的制作助理、资料收集员，也在香港各电台做过幕后和 DJ，加入香港话剧团演小角色，也曾参与多部电视剧和电影的拍摄，但是他在里面也只是担任一些跑龙套的工作，好不容易有了一个小角色，演的还是一个性无能，被导演骂更是常事。

童年经历坎坷，大学期间不幸患上抑郁症，现在自己的事业又连遭不顺，这让黄子华陷入了人生的最低谷。他早已失去了当初进入演艺圈时的那股冲劲，他对自己的未来越来越失望。他将自己目前所遭受到的不幸，都归咎于命运对自己的不公，认为是上天在故意捉弄自己，但是他却从来没有仔细去思考一下为什么自己在剧组不能引起导演的重视。

就在他即将放弃自己梦想的时候，一次偶然的机会他看到了一篇文章，文章里有一句话让黄子华至今难忘，那里面说："遭遇挫折不要紧，但是千万不要让自己养成找借口的习惯，而是要懂得去寻找失败的原因，这样成功就会离你越来越近。"

黄子华似乎忽然之间顿悟了：对啊，自己现在事业虽然遭受了挫折，但是自己以前从没想过为什么会遭受挫折，自己只是一味地将它归咎于命运的不公，但是命运也是掌握在自己手中的啊。

想到这里，黄子华的心豁然开朗，他下定决心要让"借口"和"原因"彻底分家，要想实现自己的演员梦，就要改变以前"不找原因只找借口"的习惯。于是他先对自己以前的工作作了一个简短的总结，分析了自己在以前的工作中为什么没能成功：首先，自己太急功冒进，总想一步就能登天，演上主角；其次，对于自己的工作没有一个清晰的目标，自己以前从事的工作杂乱无章，什么都做，什么都不精；再次，对于自身能力认识不清，自己具有一定的喜剧天赋，而以前的角色人物性格跟自己有很大的反差。

找到了事业发展的瓶颈之后，他又重新拾起了对未来的信心。他决定采取以退为进的方式，充分发挥自己的喜剧天分来逐步实现自己的演员梦。但到底采取一种什么样的表演方式呢？在对香港的市场进行调查之后，他决定将国外的“Stand Up Comedy”引进香港，这是一种与中国的相声极其相似的表演方式，就是一个人站在没有任何布景和摆设的舞台上讲笑话，他给它取名“栋笃笑”。

确定了自己努力的方向后，他改变了以前到处出击的工作方式，潜下心来花了 9 个月的时间创作了一个剧本。1990 年 8 月 30 日晚，在文化中心，黄子华开了生平第一场“栋笃笑”——《娱乐圈血肉史》。整场戏历时一个半小时，因为表演方式新颖，全场就他一个人在台上独白，而且还能搞笑兼讽刺地把每个入场的观众都哄得哭笑难分，这场用以告别的“栋笃笑”终于让人们发现了黄子华的喜剧才华，从此他的“栋笃笑”长盛不衰。后来他凭借《男亲女爱》一炮而红，再以后，他又和蔡少芬合演了《栋笃神探》，成为香港耳熟能详的喜剧明星。

通过给“原因”和“借口”分家的经历，黄子华终于实现了自己的演员梦，而且他所独创的“栋笃笑”表演方式，不仅帮助自己实现了梦想，也填补了香港演艺市场上的一个空白。但是如果当初他在面临失意的时候，只是一味地给自己找借口，而不去寻找原因，那么香港的喜剧明星位置上也许就没有他的一席之地了。

在工作中，我们要把工作做彻底，就要像黄子华一样，学会给“原因”和“借口”分分家，发挥自己最大的潜能，仔细分析造成失败的原因，而不是去浪费时间寻找借口。因为不论是失败了还是做错了，再妙的借口对于工作本身都是没有丝毫用处的。

让尽心尽责成为一种习惯

现代职场中，工作越来越程序化，一项工作的完成需要多个部门的配合，只要有一个人对工作稍有敷衍，就有可能导致整项工作的失败；只要有一丁点儿的不负责，就可能造成一场惨剧。

我们先来看一个例子：

克里是一位火车后车厢的刹车员，因为他聪明、和善、常常面带微笑而受到乘客们的欢迎。一天晚上，一场暴风雪不期而至，火车晚点了。克里抱怨着，这场暴风雪不得不使他在寒冷的冬夜里加班。就在他考虑用什么样的办法才能逃掉夜间的加班时，另一个车厢里的列车长和工程师对这场暴风雪警惕了起来。

这时，两个车站间，有一列火车发动机的汽缸盖被风吹掉了，不得不临时停车，而另外一辆快速车又不得不绕道，几分钟后要从这一条铁轨上驶来。列车长赶紧跑过来，命令克里拿着红灯到后面去。克里心想，后车厢还有一名工程师和助理刹车员在那儿守着，便笑着对列车长说："不用那么急，后面有人在守着，等我拿上外套就去了。"列车长一脸严肃地说："一分钟也不能等，那列火车马上就要来了。"

克里微笑着说："好吧。"列车长又匆匆忙忙地向前部的发动机房跑去了。但是，克里没有立刻就走，他认为后车厢里有一位工程师和一名助理刹车员在那儿替他看着这项工作，自己又何必冒着严寒和危险，那么快跑到后车厢去。他停下来喝了几口酒，驱了驱寒气，这才吹着口哨，慢悠悠地向后车厢走去。

克里刚走到离车厢十来米的地方，就发现工程师和那位助理刹车员根本不在里面，他们已经被列车长调到前面的车厢去处理另一个问题了。他加快速度向前跑去，但是，一切都晚了。在这可怕的时刻，那辆快速列车的车头撞到了克里所在的这列火车上，受伤乘客的嘶喊声，与蒸汽泄漏的嗞嗞声混在了一起。

后来，当人们去找克里时，他已经消失了。第二天，人们在一个谷仓中发现了他。此时，他已经疯了，在不停地叫喊着："啊，我本应该……"他被送回了家，随后又被关进了精神病院。

克里为他的失职付出了沉重的代价，但是即便是如此沉重的代价，也无法挽回事情的结局，他用他的经历给我们上了严肃的一课。

也许有人会说克里的工作是一个很特殊的工作，像我们就做一些简单工作的人没有必要过分认真，过得去就行了，事实并非如此。不论你职位的高低，也不论你工作的大小，你都必须尽心尽责地去将它做好，因为尽心尽责是把工作做彻底的前提。

如果在你的工作中没有了职责和理想，你的生活就会变得毫无意义。所以，不管你从事什么样的工作，平凡的也好，令人羡慕的也好，都应该尽心尽力，力求把它做到最好。

无论做什么工作，我们都要沉下心来，脚踏实地地去做。一个人把时间花在什么地方，就会在什么地方看到成绩，这是一个非常简单实在的道理。工作虽然累，虽然没有达到你理想中的状态，但是如果你认真地、尽职尽责地去做，工作也会给你带来无限的乐趣，带来成功的契机。

中国新生代演技派的代表人物何冰，就是凭着对工作尽心尽责的态度，终于迎来了给自己带来希望的雨季。

1991 年，何冰从中央戏剧学院毕业之后，被分配到北京人民艺术剧院。当时的人艺在很多学表演的人心中堪比皇家大剧院，很多人做梦都想着能进人艺，而何冰没有费吹灰之力就进去了，他当时就想着将来自己一定要在里面大展宏图一番。

但结果却事与愿违。他本想进入了人艺，说什么也会有许多角色给自己演的，但结果却没有，刚去的前 4 年时间，他天天都是坐在冷板凳上，唯一演过的一个角色就是在话剧《李白》里面演了一个跑龙套的，里面他就有一句台词，一声从台下到台上的"报——"，除此之外，再无其他。

4 年，1460 天的时间，对一个以表演为职业的人来说，每天就干等着，这绝对是一种难以忍受的折磨，换了任何一个人，都极有可能改行了。但是何冰却没有，他说自己生来就是为了演戏的，自己就是为了演戏而活着的。

剧组没有给自己安排角色，他就利用这段时间自己琢磨角色、琢磨人、琢磨书。因为自己既然选择了表演这条路，就要将这条路走到底，就要让自己的表演达到最佳状态。而要想让自己达到最佳状态，在舞台上能准确地传达出自己所要演绎的角色的情绪，就必须做足前期功课。虽然自己现在还没有上台的机会，但这一天总归是会来的，自己不能因为缺少演出的机会就忽视了自己作为演员的职责。

不知道这种坐冷板凳的日子到底还要持续多久，何冰对于不可预知的未来，有时候也会觉得苦恼，但即便如此，他依旧牢记自己的演员身份，琢磨书、戏、人。觉得有点倦了的时候，他就跑去看戏，去观察台上的老演员们的表演技巧，然后自己回家后再加以整理，作为自己的知识储备。

在人艺待了 4 年后，1995 年，何冰的机会终于来了。当时话剧《鸟人》的导演林兆华给了他一个小人物黄毛的角色，这个角色在剧中只有 7 分钟的戏，但是凭着自己先前所做的准备工作，他将这个角色演得活灵活现，赢得了观众的满堂喝彩。

因为这一次的出色表演，何冰的演技得到了大家的认可，他赢得了更多的演出机会，观众对于他在戏剧中的精彩表现更是过目不忘。1998 年，他因为出演《雨过天晴》中的某男和 2003 年出演《赵氏孤儿》中的程婴，先后两次获得中国戏剧表演的最高奖梅花奖。

何冰说做演员是他从小的梦想，现在他的梦想终于实现了。我想他之所以取得现在的成绩，有一个很重要的原因就在于他面对自己的工作尽心尽责，发挥自己最大的努力，力求把自己的工作做到最好。在职场中没有捷径可走，你要想做好工作，就必须尽心尽责、踏踏实实地付出百分之百的努力。

在职场中，有很多人本来是具有很出众的能力的，但却因为不具备尽心尽责的工作精神，不能把工作做彻底，结果使自己逐渐走向平庸。还有一些人，虽然刚开始时在工作中没有什么出色的表现，但他们总是想尽一切办法，尽心尽责地把自己的工作做到位，结果，这些人最后在事业上取得了一定的成就。就像何冰一样，虽然当初在人艺是一个毫不起眼的人，但是他靠着对演员这一职业的热爱，尽自己最大的努力做好有关表演方面的一切工作，然后等待一个合适的机会，厚积薄发，终于获得了成功。

我们常说："习惯成自然"，而习惯好，命才好。好的生活习惯，会受益终生；不好的生活习惯，会阻碍你事业的前进，影响你正常的生活，所以我们应该重视习惯，并且努力培养自己好的习惯。让责任感成为一种生活习惯，是你事业成功的重要条件，也是生活的必需。

责任感不是一种口号，是在负责任的过程中，你应该做什么、怎么去做、做了以后的结果，这些都是你必须考虑的问题。比如你违章操作而引发的生产事故不仅是你一个人的问题，而是将会伤害到别人生命安全的大事！所以，责任感的核心，就是在违章操作的后果来临时，你必须要承担由此引起的法律责任，必须要吞下自己酿成的苦果。

所以，我们做每一件事前，都要问问自己：违章的后果是什么？这个后果会伤害到什么人？我能否承担得起这个责任？

也许对于我们来说，生活中的一次失误可以改正，但生产中的一次失误却很有可能丧命。可遗憾的是，许多人还没有将责任感当成一种习惯，却习惯于蛮干，有的则在事故发生后擅长于推卸责任。

责任不是虚幻的，责任就在我们身边。有了良好的责任意识才会有良好的生活习惯，要想不伤害自己，不伤害别人，也不被别人伤害就必须要形成一种习惯。

一个班里有个孩子，专门负责关门窗和灯。每逢学生到多功能教室上课时，他总是要等所有同学走了以后，才关好电灯和门，最后一个离开教室。下午放学，他也不忘关好窗户，拉上窗帘，关掉电灯。走的时候，还反复叮嘱做清洁的同学，关好门。这样的工作，他一直默默地坚持做了很久。起初，他刚刚主动承担这个任务后，老师表扬过他。可是后来，一切都是习惯成自然了，老师就再也没在班上表扬他的这种行为。然而，这个孩子并没有因为没有得到表扬而停止他的行为。后来，他考上了大学、走入了社会、进入了企业。因为责任感在他这里成为一种习惯，他从一个普通的员工做起，短短几年的时间，他已经成为公司的副总裁。

当责任感成为习惯时，一个人的人生轨迹便明确、清晰地显露出来。当回顾往事时，工作、生活、学习的过程绝不会昏沉，每一段的人生片段，都可以无愧于心。

一个有责任感的人能把简单、枯燥、琐碎的工作日复一日、年复一年地干好而不出差错。因此，一个人能否胜任自己的工作，首先应看他是否具备责任感。工作意味着责任，工作呼唤责任，一个有责任感的人才会给别人信任感，才会真正奉献于社会。

在现实生活中，有很多方法都可以培养我们内心的责任感，例如注意工作中的细节就有助于责任感的养成。一个书店的营业员能经常擦拭书架上的灰尘，一家公交公司的司机能让自己的车天天保持整洁，这些做法渐渐地就会习惯成自然。

当责任感成为一种习惯，成为一个人的生活态度，我们就会自然而然地担负起责任，而不是刻意地去做。当一个人自然而然地做一件事情时，当然不会觉得麻烦，更不会觉得劳累。当你意识到责任在召唤你的时候，你就会随时为责任而放弃一切，而且你不会觉得这种放弃有多么艰难。

当责任感成为你的工作态度时，工作对于你自身的意义就不仅仅是赚钱那么简单，你也就不会因为公司的规定而觉得自己的自由受到了羁绊，更不会做出损害公司利益的事。

尽职先尽责，只有让责任感成为习惯，时刻用高度的“责任感”来鞭策自我，充实自我，提高自我，才能干好工作。让责任感成为习惯，你会发现责任感如水一样充盈着你的行为，指引着你前进的正确方向，鞭策着你想尽办法去完成每一项任务，做好每一项工作。

第 05 章 经营者意识——优秀的员工以公司为家

优秀的员工懂得像老板一样思考，不只把工作看作谋生的手段。具备经营者意识，你就能以公司为家，时时刻刻周全、缜密地思索工作的各个细节，将事情做到极致，在提升个人业绩的基础上，让企业变得更伟大。

想当领导，首先做个好员工

善治人者能自治，善为人者能自为；最好的领导者就是最好的被领导者；卓越的领导不是天生而成，在我们当个成功的领导者之前，先学做个称职的员工！

1860年，林肯作为美国共和党的候选人参加总统竞选。他独身一人四处演说，每次都是自己买票乘车。

林肯的对手是民主党人、大富翁道格拉斯。道格拉斯租有专用竞选列车，带领乐队同行，车上还配有大炮，每到一站，鸣炮32响。他财大气粗，演讲时不时炫耀自己的显赫身世和雄厚的资本。

林肯在演说时，有人也请他介绍家里的情况。林肯说："我有一位妻子，三个儿子，都是无价之宝。此外，还租有一间办公室，室内有桌子一张、椅子三把，墙角有大书柜一个，柜子里的书都值得大家一读。我实在没有什么可以依靠的，唯一可以依靠的就是你们。"

林肯发自内心的演讲，赢得了千百万美国人的心，他终于当选为总统。

"人之相识，贵在相知；人之相知，贵在知心"，作为领导者，如果总是把自己的内心世界封闭起来，员工永远不知你在想些什么，听不到一句心里话，那么他同谁也交不上朋友。只有向员工敞开心扉，把心交给员工，同员工心心相印，无话不说，员工才能亲近你，与你交心。领导者应当把本单位面临的形势、工作上的打算、遇到的困难和自己的苦衷，诚恳、坦率地告诉员工，让大家帮助出主意、想办法。如此工作会做得更好。

当你的下级为他个人的问题向你求教时，这说明他信任你、敬重你，显然表明你们之间关系很好。不管你的下级要与你谈什么问题，请不要打断他的谈话或把他打发走，虽然对你来讲，这些问题未必重要，甚至是微不足道的，但也不要置若罔闻，因为它们对你的下级来说无疑是最重要的。

假如一个员工今天气色不好，你就要问问他有什么不舒服。如果他请假去照料生病的妻子，那么当他来上班时，就要问问他妻子康复了没有。倘若发现他今天走路一瘸一拐，你就要问问他怎么回事，还要过问一下他女儿在学校的成绩如何。这样做固然不难，然而在日常生活中，你会惊奇地发现，这种小小的关心会使你的上下级关系迥然不同。赢得好人缘并不需要你花很大的精力，但是常常有相反的经验教训。甚至一个聪明的领导者也会完全忽视这种小小的关心。不要认为一个优秀的领导者就必须衣冠楚楚、外表惊人，这些对你的员工来说并不重要。他们想知道的是他们的上司是否认识到他们的重要性，他们在本企业中是否有一定的地位。

一位名家曾经说过，在大企业林立的社会中，最大的问题就是人们感到他们个人已被完全遗忘了，他们感到自己微不足道。此时就需要一个好的领导者发挥作用，他应使他的职工确信他们是企业的重要因素。当他们或他们的家属生病时，他寄予同情，关心他们的问题，与他们推心置腹。生产自动化要求一个大企业的领导人比以往任何时候都要特别照顾员工生活。

很多人都有这种感觉，当我们在做自己喜欢做的事情的时候，很少感到疲倦。例如周末的时候你到河边去钓鱼，坐了整整 10 个小时，但是你一点都不觉得累，为什么？因为钓鱼是你的兴趣所在，从中你享受到了快乐。

每个人可能都有过这样的经历：如果你从事着自己不喜欢的工作，不要说工作 8 个小时，可能工作 1 个小时你心里早就盼望着下班了。其实产生疲倦的主要原因，是对生活厌倦，是对某种工作感到厌烦。可以说，这种心理上的疲倦感往往比肉体上的体力消耗更让人难以承受。

因此，只有像喜欢钓鱼一样喜爱你的工作，你才能热爱你的工作并做好你的工作。在钓鱼的过程中你能得到乐趣，在工作中你也同样能得到乐趣。

有一位心理学家曾经做过这样一个实验：他把 18 名学生分成甲乙两个小组，每组 9 人，让甲组的学生从事他们感兴趣的工作，乙组的学生从事他们不感兴趣的工作。没过多长时间，情况就不同了，从事自己不感兴趣工作的乙组同学就开始出现小动作，再一会就抱怨头痛、背痛，而甲组学生正干得起劲呢！

这个实验证明：人们的疲倦感往往不是工作本身造成的，而是因为对自己从事的工作不够热爱，因而产生了乏味、焦虑的感觉，这种感觉消磨了人对工作的活力和干劲。

竭尽全力，积极进取是职业精神的核心。是否竭尽全力，是否积极进取，就能表现出你是否热爱工作。

一个人无论从事何种职业，都应该竭尽全力，追求不断进步。这不仅是工作原则，也是人生原则。一旦我们领悟了全力以赴地工作能消除工作疲劳这一秘密，那我们也就掌握了打开成功之门的钥匙。

有一个年轻人去拜访多年未见的老师。老师见到年轻人很高兴，就询问他的近况。

老师的询问，引发了这个年轻人一肚子的委屈。年轻人说：“我对现在做的工作一点都不感兴趣，而且工作与我学的专业也不相符，整天无所事事，工资也很低，只能维持基本的生活。”

老师吃惊地问：“既然工资很低，你应该努力工作增加自己的收入呀！”

“我没有什么事情可做，又找不到更好的发展机会。”年轻人无可奈何地说。

“其实并没有人束缚你，你不过是被自己的思想束缚住了，明明知道现在的位置不适合自己，为什么不去学习其他的知识，努力改变自己呢？”老师劝告年轻人。

年轻人沉默了一会说：“我运气不好，什么样的好运都不会降临到我头上的。”

“你天天在梦想好运，而你却不知道机遇都被那些勤奋和跑在最前面的人抢走了，你永远躲在阴影里走不出来，哪里还会有什么好运？好运都是给有准备的人准备的。”老师郑重其事地说，“一个没有进取心的人，永远不会得到成功的机会。”

如果一个人把时间都用在了抱怨和牢骚上，根本就不会想用行动改变现实的境况。对于他们来说，不是没有机会，而是缺少进取心。当别人都在为事业和前途奔波时，自己只是茫然地虚度光阴，根本没有想到去跳出误区，结果只会在失落中徘徊。

从今天起，以饱满的激情全心全意地热爱你的工作吧，让工作成为你的乐趣，你的前途将充满光明。

尊重同事，谦虚是做事之本

1914 年，托马斯 · 沃森创办了闻名于世的 IBM 公司。他看到当时有些企业内部风气不良，许多资历老的员工欺压新来者，新老员工之间结下仇怨，职工内部很不团结。为了避免由于内部不团结而造成生产损失的情况在 IBM 公司里发生，托马斯 · 沃森提出了“必须尊重每一个人”的宗旨。

托马斯认为，尊重人就要讲公平，只有平等对待，互相尊重，才能形成团结友爱的氛围。因此，沃森叫人专门制订了工作礼节的自我检查手册，人手一册，随时对照检查。为检查职工是否遵守必要的礼节，他在各个基层中，任命1或2名任期为1年的“礼节委员”。

另一方面IBM公司的管理人员对公司里任何员工都必须尊重，同时也希望每一位员工尊重顾客，即使对待同行竞争对象也应同等对待。

在IBM公司里，每间办公室、每张桌子上都没有任何头衔字样，洗手间也没有写着什么主管使用，停车场也没有为主管预留位置，也没有主管专用餐厅。IBM公司有这样一个非常民主的环境，每个人都同样受人尊敬。

尊重是一门学问，懂得尊重别人，就是尊重自己。尊重别人，是一种理解、一种美德、一种潇洒、一种坦诚。因此，我们要尊重一切人，哪怕他不如你！因为，只有这样我们才能赢得别人的尊重。

一天，一位40多岁的中年女人领着一个小男孩走进美国著名企业“巨象集团”总部大厦楼下的花园，在一张长椅上坐下来。她不停地在跟男孩说着什么，似乎很生气的样子。不远处有一位头发花白的老人正在修剪灌木。

忽然，中年女人从随身提包里拉出一团白花花的卫生纸，一甩手将它抛到老人刚修剪过的灌木上面。老人诧异地转过头朝中年女人看了一眼，中年女人满不在乎地看着他。老人什么话也没有说，走过去拿起那团卫生纸，把它扔进了一旁装垃圾的筐子里。

过了一会儿，中年女人又拉出一团卫生纸扔了过来。老人再次走过去把那团卫生纸拾起来扔到筐子里，然后回到原处继续工作。可是，老人刚拿起剪刀，第三团卫生纸又落在了他眼前的灌木上……就这样，老人一连捡了那中年女人扔过来的六七团纸，但他始终没有因此露出不满和厌烦的神色。

“你看见了吧!”中年女人指了指修剪灌木的老人对男孩大声说道:“我希望你明白,你如果现在不好好上学,将来就跟他一样没出息,只能做这些卑微低贱的工作!”

老人听见后放下剪刀走过来,和颜悦色地对中年女人说:“夫人,这里是集团的私家花园,按规定只有集团员工才能进来。”

“那当然,我是‘巨象集团’所属的一家公司的部门经理,就在这座大厦里工作!”中年女人高傲地说道,同时掏出一张证件朝老人晃了晃。

“我能借你的手机用一下吗?”老人沉默了一会儿说。

中年女人极不情愿地把手机递给老人,同时又不失时机地开导儿子:“你看这些穷人,这么大年纪了连手机也买不起。你今后一定要努力啊!”

老人打完电话后把手机还给了妇人。很快一名男子匆匆走过来,恭恭敬敬地站在老人面前。老人对来人说:“我现在提议免去这位女士在‘巨象集团’的职务!”“是,我立刻按您的指示去办!”那人连声应道。

老人吩咐完后径直朝小男孩走去,他伸手抚摸了一下男孩的头,意味深长地说:“我希望你明白,在这世界上最重要的是要学会尊重每一个人……”说完,老人撇下三人缓缓而去。中年女人被眼前骤然发生的事情惊呆了。她认识那个男子,他是“巨象集团”主管任免各级员工的一个高级职员。“你……你怎么会对这个老园丁那么尊敬呢?”她大惑不解地问。

“你说什么?老园丁?他是集团总裁詹姆斯先生!”中年女人一下子瘫坐在长椅上。

一位作家曾经说过,被别人尊重是一种幸福,能够尊重别人则是更大的幸福,所以我们要无时无刻记住尊重别人。也许他正处在一个我们不能想象的高度。

小雷是一个博士生,毕业后分配到一家研究所里,在单位里他的学历是最高的，因此，他有一种目中无人的心理。有一天，他到单位后面的小池塘去钓鱼，刚好被正副所长夹在中间，他们也在钓鱼。

“听说他们也就是本科生学历，有啥好聊的呢?”这么想着，他只是朝两人微微点了点头。

没多久，正所长放下钓竿，伸伸懒腰，噌噌从水面上如飞似的跑到对面上厕所去了。

小雷眼睛瞪得都快掉下来了，心想：“水上漂？不会吧？这可是一个池塘啊！”

正所长回来的时候，同样也是从水上漂回来的。

“怎么回事?”小雷刚才没去打招呼，现在又不好意思去问，自己是博士生啊！放不下架子！

过了一阵，副所长也站起来，走了几步，也迈步漂过水面上厕所了。

这下小雷差点晕倒：“不会吧，莫非到了一个江湖高手集中的地方?”

过了一会儿，小雷也需要去厕所，但是，这个池塘两边有围墙，要到对面厕所非得绕10分钟的路，而回单位又太远，怎么办?

小雷又不愿意去问两位所长，憋了半天后，于是也起身往水里跨，心想：“我就不信他们能过的水面，我一个博士生不能过！”

只听“扑通”一声，小雷栽到了水里。

两位所长赶紧将他拉了出来，他们惊讶地问：“你为什么要下水?”

小雷反问道：“为什么你们可以走过去，而我掉水里了呢?”

两位所长相视一笑，正所长告诉他说：“这池塘里有两排木桩子，由于这两天下雨涨水，桩子在水面下，我们都知道这桩子的位置，所以可以踩着桩子过去，你不知道其中的原因，为什么不问别人呢?”

此时，小雷黯然无语了。

我们生活在这个世界上，人人都需要别人的尊重和认可，当我们主动尊重别人的时候，他们也会同样的对待我们，所以一定要谨记尊重别人，谦虚才是做事之本。

默契配合，让潜能在合作中释放

在一个团队里，每个成员都不可避免地要和不同性格的其他成员打交道。团队成员中，有的性格直爽，有的含蓄沉稳……如何在工作中与各种性格的团队成员默契配合，是每个团队成员都必须考虑的问题。一名优秀的员工应该懂得如何与不同性格的成员通过互补和协作共同完成任务。

2005 年 10 月 12 日，由费俊龙和聂海胜担任航天员的“神舟六号”飞船在巨大的轰鸣声中射向太空，并于 2005 年 10 月 17 日凌晨 4 时 33 分在内蒙古四子王旗中部草原成功着陆。对此，世人无不称赞他们俩是举世无双的组合。我国第一位进入太空的航天员杨利伟曾向媒体这样透露：“神六”飞行，不比“神五”飞行。“神五”飞行只有一名“乘客”，不存在分工和配合的问题；但“神六”的飞行则是由两人小组完成，所以既要考虑他们的专业技术能力搭配，还要兼顾个人性格、心理稳定性的搭配以及双方良好的心理相容性。

在“神六”的飞行中，费俊龙和聂海胜分别担任指挥长和操作手。在升空过程中，指挥长将根据自己面前的一张操作程序表，指挥操作手用一根操作棒进行各项操作。因为穿着航天服，两名航天员能通过话筒与地面指挥控制人员直接对话，但两名航天员之间不能直接对话，只能彼此用手势交流，因此，两名航天员之间的默契配合至关重要。

在进行航天员挑选的时候，指挥中心便考虑到性格的互补问题，因为飞船上两个人的工作是有分工的，需要默契配合。同时，两个人在训练成绩上也要能够互补，并且愿意同对方一起执行任务。在三组候补梯队里，费俊龙和聂海胜不约而同地把对方作为了首选。

费俊龙说，聂海胜最大的特点就是沉稳和扎实。而聂海胜则称，费俊龙在工作上是一个非常严谨的人，无论干什么事情、做什么工作，都想得比较细，做之前也会进行充分的准备，对训练中的每一个环节、每一个动作，都考虑得很细，使整个训练程序能完整、顺利地走下去。

费俊龙和聂海胜两个人性格不同，但他们能相互容纳对方，取长补短，默契配合，这是他们能顺利完成航天任务的关键之一。

事实上，不只是航天员需要性格互补，默契配合，做其他工作也一样。不管你从事的工作是伟大还是卑微，是复杂还是简单，都需要团队成员支持，都需要具备团队意识与合作态度。因此，在工作中，我们不应过分关注团队成员在性格上是否与自己相似，而要把精力放在怎样去做，才能与性格不同的团队成员形成互补。

搜狐体育栏目的记者问曾在 2004 年雅典奥运会获得过网球双打冠军的孙甜甜："作为网球的女双，你和李婷不光在技术方面需要互补，在性格上也需要互补吗?"孙甜甜回答："是的，我们两人不仅在球技上是互补的，性格上也是互补的，因为在性格上互补，我们才能在打球上互补。"

然而，在一些公司里，我们却经常看到这样的现象：当上司把一项任务交给两个平时在工作上都能独当一面的员工时，效果却很糟糕。有时甚至根本完成不了任务，即使完成了任务，在向上司汇报时，他们也有可能会抢功劳，向上司表明自己在完成这项任务时是如何如何努力，而自己的搭档则是如何低能；有时甚至任务还没完成，搭档之间已成为"仇人"。

为什么会出现这种现象呢？答案很简单，他们没有一种团队责任感，没有协作精神，不能互相包容，从而无法齐心协力地共同完成任务。

由此可见，是否懂得与不同性格的团队成员默契配合，是衡量一个人是否具备团队精神和责任感的重要标准。

精诚合作、集思广益是人类最了不起的能耐，它不仅可以创造奇迹，开辟前所未有的新天地，也能激发人类最大潜能，即使面对人生再大的挑战都不足惧。

米歇尔是一位青年演员，刚刚在电视上崭露头角。他英俊潇洒，很有天赋，演技也很好，开始时扮演小配角，现在已成为主要角色。从职业上看，他需要有人为他包装和宣传以扩大名声。因此，他需要一个公共关系公司为他在各种报纸杂志上刊登他的照片和有关他的文章，增加他的知名度。

不过，要建立这样的公司，米歇尔拿不出那么多钱来聘用高级雇员以及其他开销等。偶然的一次机会，他遇上了莉莎。

莉莎在纽约一家公关公司工作，但到目前为止，一些比较出名的演员、歌手、夜总会的表演者不愿意同她合作，她的生意主要是靠一些小买卖和零售商店。两人一拍即合，联合干了起来。米歇尔成为她的代理人，而她则为他提供出头露面所需要的经费。

他们的合作达到了最佳境界，米歇尔是一名英俊的演员，并正在时下的电视剧中出现，莉莎便让一些较有影响的报纸和杂志把眼睛盯在他身上。这样一来，她自己也变得出名了，并很快为一些有名望的人提供了社交娱乐服务，他们付给她很高的报酬。而米歇尔，不仅不必为自己的知名度花大笔的钱，而且随着名声的增长，也使自己在业务活动中处于一种更有利的地位。

米歇尔需要求助于莉莎，获得为自己做宣传的费用；莉莎为了在她的业务中吸引名人，需要米歇尔作为自己的代理人。通过他们的合作，他们互相满足了对方的需要。这个原则，你同样可运用于日常工作中。

你的能力需要证明，别人也是如此。大家一起合作，便能让彼此的能力都得到发挥，何乐而不为呢?

卡尔文是美国友邦保险的一名业务人员。在卡尔文的工作中，曾有一段时间公司的业务量相对上个月有所下降。业务量下降，就意味着公司的效益有所下降，更直接地说，应该是员工的薪水有所下降。而正在此时，业务部门的主管又因为某种原因辞职了，而一时部门主管的职位还没有合适的人选。

面对这种形势，业务人员感到很没有干劲，每天工作也不够积极，拉保单也缺乏热情。卡尔文看到这种情况后觉得，如果再这样下去，不仅员工会成为一盘散沙，公司的效益更会受到极大的影响。于是卡尔文自告奋勇地与业务部门的同事们进行交流，和同事们一起分析利害关系，并想方设法鼓励同事振作精神，努力工作。

卡尔文对他的同事们说："我们既然是友邦的员工，就不应该因为目前状况不尽如人意而一蹶不振，更不能因为没有主管的领导而成为一盘散沙。我们应该相信，只要我们努力，就一定可以提高业绩。而且，公司也一定会尽快给我们安排一名合适的上司。"

在他的鼓励下，大家的积极性被调动起来了。从那后，业务人员每天又能如以前一般积极热情地工作了，甚至比以前更努力，而且包括卡尔文在内的员工业绩量也有了明显的上升。

经理知道这件事后，对卡尔文的领导能力大为欣赏，而且卡尔文的业绩水平一直都很高，与同事相处也非常融洽，同事们有什么事都喜欢找卡尔文商量。基于此，不久以后，卡尔文收到了被提升为业务部主管的通知。

像卡尔文这样的经历在商业界并不少见。为什么他能够得以晋升为管理层，是因为首先他具有领导团队的能力，在任何社会或组织中要升到领导位置并非易事，只有那些准备充分的人才能获得领导岗位，然后稳步前进达到顶峰。

公元前450年，古希腊历史学家希罗多德来到埃及。在奥博斯城的鳄鱼神庙，他发现大理石水池中的鳄鱼，在饱食后常张着大嘴，听凭一种灰色的小鸟在那里啄食剔牙。这位历史学家感到非常惊讶，他在自己的著作中写道："所有的鸟兽都避开凶残的鳄鱼，只有这种小鸟能同鳄鱼友好相处，鳄鱼从不伤害这种小鸟，因为它需要小鸟的帮助。鳄鱼离水上岸后，张开大嘴，让这种小鸟飞到它的嘴里去吃水蛭等小动物，这使鳄鱼感到很舒服。"

这种灰色的小鸟叫"燕千鸟"，又称"鳄鱼鸟"或"牙签鸟"，它在鳄鱼的"血盆大口"中寻觅水蛭、苍蝇和食物残屑；有时候，燕千鸟干脆在鳄鱼栖居地宿营，好像在为鳄鱼站岗放哨，一有风吹草动，它们便一哄而散，使鳄鱼猛醒过来，做好准备。

在鳄鱼身上，这种小鸟的价值得到了最大限度的发挥。否则，它只是一种到处觅食的小鸟而已，不可能得到人类的关注。而鳄鱼，在为小鸟提供食物的同时，也使得自己的口腔得到了清洁。真是一种双赢的局面。

在与别人的合作中，充分发挥自己的潜能，不仅可以给整个团队带来收益，也会使自身的价值得到证明。

服从是工作的第一要义

生活中没有谁一辈子不会挨骂，工作中同样如此，没有谁可以保证自己不会被人骂，尤其是被领导骂。有些人被领导骂过之后觉得自己脸上无光，于是产生对立情绪，对领导的话不再听从，于是，搞得领导更加气愤难当，最后只有下逐客令。想想这样的结局对谁有利？工作中，最让领导恼火的就是他的话被你当成了"耳旁风"。如果你总是我行我素，觉得领导批评错了，势必会影响自己在公司里的地位。接受批评能体现对领导的尊重，对团队的服从，是一个人优秀素质的体现。

当然，公开场合受到不公正的批评、错误的指责，会给自己心理造成被动。但你可以一方面私下耐心做些解释，另一方面，用行动证明自己，或者可找一两次机会表白一下，但要点到为止。不要过于追求弄清是非曲直，不然会让人们感到你心胸狭窄，经不起任何误解。更不要顶撞领导，否则，那就是在表明你拒不服从的态度。

小李是做电视剪辑工作的，刚到公司，需要学习的东西很多，他经常被分派许多任务，忙得昏天黑地。一次，为了完成任务，他有半个月的时间不出房间，到最后交工的时候还被老板训得狗血喷头。慢慢地，他有些不愿意工作了，对于老板的命令不能百分百地服从，即使接下来，抵触情绪也很高，他总认为老板是针对他个人，好像不喜欢他。其实，像小李这样的员工不在少数，他们往往因为一时的辛苦，就对自己的工作有所怀疑，加上老板有时会对自己出言不逊，就对老板产生抵触情绪，认为老板是故意找碴，这种思维是造成情绪对立的原因之一。其实，有一点经验的人都知道，这样做的直接后果就是自己受伤害。

聪明的老板会给员工公平的待遇，而员工也会以自己的服从予以回报。如果你是老板，一定会希望员工能和自己一样，将公司当成自己的家，更加努力，更加勤奋，更加积极主动。因此，当你的老板给你发出命令时，你应该学会从老板的角度出发，接受他的命令，接受他的批评，而不要产生对立情绪，因为，你的对立只会对自己不利。

老板要想成就自己的事业，需要员工的配合，同时员工要想成就自己的事业，也需要老板的支持。因此，老板和员工是一个相互协作的关系，而不是对立关系。

如果你觉得老板对你不够公正，首先要冷静几分钟，想一想“他为什么这样做?”如果你过于情绪化，或者一向对上司有成见，可能会和他大吵一架，而这样只会使情况更糟。要始终坚持“对事不对人”的态度，了解他的真实想法，顺应他的思路，冷静、客观地提出要求。不要感慨自己的遭遇，不要认为老板是针对你个人。你不能获得上司的赏识，肯定是某一方面出现了差错，你应该学会积极地检讨，检讨一下你自己的工作态度和工作成绩，如果的确不出色，那么你应该利用老板给你挑错的机会，充分认识自己的错误，从挫折感中走出来，而不是对抗老板，拒绝服从。

为了公司的利益，每个老板只会保留那些最佳的职员，而那些没有对立情绪的人绝对是其中之一。同样，为了自己的利益，每个员工都应该意识到自己与公司的利益是一致的，而不是对立的，并且全力以赴工作。只有这样，才能获得老板的信任，并最终改变自己的状态。

如果你在工作中被老板批评，最好的消除办法就是积极与老板沟通。与老板沟通的过程就是解决问题的过程。不要太在意老板对你的评价，他们也是有缺陷的普通人，也可能因为太主观而无法对你做出客观的判断，这个时候你应该学会自我肯定。只要你竭尽所能，做到问心无愧，你的能力一定会得到提高，你的经验一定会丰富起来，最主要的是，你的心胸就会变得更加开阔。

在一个公司里，老板和员工的关系和谐统一，这个公司才是朝气蓬勃的，富有潜力的，才是不断发展进步的。因此，一个优秀的员工，应该学会服从，而不是对立，即使老板总是对你不满意，即使老板总是给你分派最重的活，老是对你批评指正，也不要产生对立情绪，因为，老板之所以对你这样是因为他看重你，当老板对你没有任何要求时，那就表明他对你不再抱任何希望，也就是他要放弃你的前兆了。要知道，有失必有得，你何不抓住机会提升自己?

作为下属，对领导服从是排第一位的。下级服从上级是上下级开展工作、保持正常工作关系的首要条件，是彼此融洽相处的一种默契，也是领导观察和评价自己下属的一个尺度。

在很多地方，人们都会看到一些没有纪律观念，服从意识差的人。他们要么是身无所长，进取心不强，对领导的命令满不在乎；要么就是觉得自己怀才不遇，恃才傲物，看不起领导。记住“满招损，谦受益”。下属越是感叹自己怀才不遇，世无伯乐，越是阻断了展现自己才能的机会和道路。这样的下属还不如那些本身才能不如自己，但肯服从领导命令，通过服从来进行摸索，从而展现自己才华的人。

服从也存在是否善于服从、善于表现的问题。同样是服从领导，但是每个人在领导心目中的位置却大大不同。

下属应该以服从为第一要义，但在具体的服从过程中则要在以下几个方面进行表现:

（一）配合有明显缺陷的领导

当今社会是一个科学技术飞速发展的时代，有的领导由于工作比较早，文化基础并不是很好，专业知识也不是很精通。这样的领导或多或少在那些高学历的下属面前有一点点的自卑，所以他们对下属对自己的反映、评价都很敏感。在给下属下达命令的时候，领导总是非常谨慎。服从这样领导的命令，就应该借鉴领导多年的管理经验，用智慧和才干来弥补领导在专业知识上的不足，主动献计献策，既积极配合领导的工作，表现出对领导的尊重与支持，同时又能施展自己的才华，成为领导的左膀右臂。这样，领导不但会记住你，而且会感激你。

（二）在服从中显示才智

在公司中，那些才华出众、精通专业技巧的“专家型”下属总是受到领导额外的礼遇。很多时候，一项工作的执行与成功程度往往取决于下属服从与否。如果你也是一位有才华的人，也想在工作中发挥自己的聪明才智，在刚入公司的时候就应该认真执行领导交代的任务，巧妙地弥补领导的不足，在服从中显示自己的不凡。这样，你很快就会成为领导倚重的对象。

（三）勇于接下棘手任务

在平时的工作中，领导也会碰到很多麻烦事，例如下属之间的争吵，难办的工作，影响领导自己的人际关系的事情……他自己也会很矛盾，而其他下属又不愿意去承担，这个时候你就要勇敢站出来承担。

在关键时刻，主动站出来，服从领导的安排，为领导解燃眉之急，领导会大为感激，会上表扬、私下感激肯定都不在话下。可见，关键时刻服从一次，比平时服从 10 次还能打动领导，会给领导留下深刻印象。

领导可能能力有限，可能处事不够圆滑，也可能有诸多小毛病，但无论如何，都必须做到以服从领导为第一要义。

耐心专注做事，拒绝三心二意

很多职场中人之所以没能把工作做彻底，很大一部分原因就在于他们做事情时不够专注，他们在工作的时候老是三心二意，虽然人在工作岗位，但心早已不知道飞离了多远。

一个人在工作时，如果注意力分散，不是在考虑手头的工作，而是想着其他的事情，或同时在做其他的事情，工作效率就会大打折扣。以专注的态度对待自己的工作，是实现把工作做彻底的基本前提。即使是一个能力很高的人，如果他在工作的时候不能对自己的工作做到专注，那他也将很难把工作做好。而且也没有哪个老板会喜欢做事三心二意的员工。

在工作中做到专注，一次做好一件事，也是每个成功人士获得成功的秘诀。著名的青年演员孙俪，便是靠着专注的品质，一步步地走向了今天的成功。

孙俪在成为演员之前，曾经是一名部队的文艺兵。在她当兵第一年，她就幸运地赶上了 8 年一次的全军会演，并获得了舞蹈表演一等奖，荣立三等功；第二年，她作为领舞参加中央电视台的双拥文艺晚会，受到了江泽民同志的接见，同年她被评为“优秀士兵”。第三年，她又参加了全国群星奖舞蹈大赛，获金奖，并荣获二等功。

3 年之后，在孙俪 18 岁的那年，她退伍了，虽然在部队的时候可以称得上是“战功赫赫”，但是退伍之后她就什么也不是了，她一下子从一名军人成为一名待业青年，自己的未来该何去何从？她陷入了迷茫之中。

后来她忽然想起了自己在参军第二年的一次表演经历，那次是为正在拍摄《情深深雨濛濛》的赵薇进行伴舞，但是等到片子出来之后，她发现摄影师的镜头只是无情地从她和战友们的脸上一滑而过。跳完舞后，她和战友们远远地站着，看如众星捧月的赵薇拍戏、化妆。就在刹那间，孙俪的脑中突然闪过一个念头：有一天，我也要和赵薇一样。

为了实现让自己成为像赵薇一样的演员的梦想，退伍后的孙俪开始为了自己的梦想而努力。如何才能让自己进入影视圈呢？没有门路也没有关系的孙俪决定从参加选秀节目开始，这在当时来说，对她是一种最为直接，也最为有效的方式。于是她报名参加了新加坡的“才华横溢新秀选拔赛”，在比赛过程中她一路过关斩将，一口气拿下了比赛的亚军和智慧大奖。

当时新加坡最大的一家电视台想与她签约，与她一同参加比赛的其他几个女孩子都签了约，当合约书推到她面前时，她却迟疑了：新加坡只是一个弹丸大小的国家，自己在这个舞台上能得到多少东西呢？能实现自己当初的梦想吗？在得到了否定的答案的时候，她觉得还不如回到国内重新寻找机会。

于是孙俪两手空空地准备回上海，那天不知道为什么飞机竟然晚点了近3个小时，百无聊赖的她便随手买了一本《玉观音》打发时间。谁知刚翻开书没多久，她就被书中的主人公安心所吸引住了，她的心情跟着安心的脚步也在跌宕起伏，她想着如果这部小说要拍成电视剧，自己一定能将安心演好，演得出彩。

谁知道刚下飞机，她就接到了海润公司的签约电话，这时候她才知道，自己真的被选为《玉观音》的女主角，将要饰演安心，而这个角色，后来赵薇也正好在电影版的《玉观音》中进行了饰演。她终于实现了自己当初想要成为和赵薇一样的演员的梦想。

孙俪在被选定为饰演安心的人选的时候，才19岁，除了有在部队三年的舞蹈演员的经历外，她没有丝毫的表演经验，这样的自己能够胜任这个角色吗？孙俪对于自己即将到来的表演还是有点不自信，不仅她自己对自己有所怀疑，外界对她的质疑声音也是一浪高过一浪。

这些质疑的声音也不是毫无道理的，因为对于纷繁复杂的世情，孙俪没有过多的体会。但是孙俪很快就重新建立了自信，她想，安心立过二等功，我也立过二等功；安心是O型血，我也是O型血；安心做到的，为什么我就做不到？只要自己专注于这个角色，努力用功，就一定能够把她演好！

在心中暗下了决心的孙俪，抛开了一切思心杂念，开始了一步一步地努力：因为自己是南方人，普通话说得不是太标准，于是她便请中戏的老师指导自己念台词；自己没有学过表演，无法准确把握对角色的演绎，于是她就把对角色所有的想法和困惑写在本子上，然后再一个一个地慢慢琢磨，直到自己理解透彻了为止。

除此之外，为了能让自己更加贴近角色本身，她还根据角色的要求去体验生活：安心是一名警察，孙俪便穿上警服扎进警察堆里体验生活，学习跟舞台相比更加生活化的形体，学跆拳道，学开车；安心除了警察的身份外，她还做过杂工，所以在跆拳道班下课后，孙俪又主动打扫卫生。为了体会安心做母亲的感觉，她跑到医院妇产科体验生活，被人误认为19岁的她怀孕了，但是为了更好地演好安心这个角色，她也忍受着这样的尴尬。

外围的工夫做够了，但是孙俪还是对自己不够放心，她担心自己不能很好地理解安心这个人物，于是她又买了一大堆的《玉观音》，送给亲友们阅读，让大家看完之后告诉她他们心目中的安心是什么样的，然后她再对这个角色进行重新整理。她的付出和努力没有白费，经过这段戏前的准备过程，安心的形象一下就无比立体地出现在了她的眼前，她对自己在剧中的表演有把握了。

这部戏在播出之后，观众对于孙俪所饰演的安心给予了极大的肯定，她也因此由一个毫无表演经验的新人成为人人皆知的大众偶像，也让年纪轻轻的她跻身于四小花旦的行列。

现在的孙俪早已脱离了当初的稚嫩和青涩，成长为一个集偶像与实力于一身的著名演员。但她从来不关注自己现在的身份，每次接戏，她仍然如当初饰演安心一样，认真地做好每一部戏的前期准备工作。

工作时是否专注，已成为衡量一个人的最重要的职业品质。如果上班时满脑子想着私事和一些与工作无关的事，那么，再简单的工作也不会干好。

在工作中，如何才能让自己做到专注呢？

（一）专注于眼前的工作

汲取成功人士一次做好一件事的理念，当你在工作中集中精力、专注于眼前工作时，就会发现自己获益匪浅。

盖尔克是西门子中国区第一任销售总经理，为德国西门子公司的电器产品占领中国市场立下了汗马功劳。盖尔克告诉别人说：“从我在西门子工作起，就始终告诫自己，工作要专心致志，一次只做好一件事。近20年来我一直坚持这个信念，在西门子的市场部、产品销售部都工作过，如果说取得了一点成绩，这就是其中的原因。”因此，盖尔克在工作中，能够做到每次集中精力在同一件事上，使自己不被其他的事情干扰，这是他工作取得很大成效的主要原因。

相反，如果你在工作过程中定不下心来，就不能集中精力把事情做好，往往是欲速则不达，任何事情也办不成。

（二）全心全意地工作

无论做什么工作，都要能沉下心来，脚踏实地、全心全意地去做。一个人把时间花在什么地方，就会在那里看到成绩，只要你的努力是持之以恒的，这是非常简单却又实在的道理。可是，许多员工还是三天打鱼，两天晒网，这样是永远也不会看见成就的。工作虽然累，但是如果你认真地、全心全意地去做，工作就会将你带进成功的天堂。

第 06 章

团队角色——融入团队是自我成长的基础

在许多时候，团队精神是唯一可以与敌手对峙的法宝。输了团队精神就输了胜利的成果。要保存自己的实力就要以团队利益为上。

认同团队，积极融入团队中

有一天，五根手指聚在一起，讨论谁是真正的老大。

大拇指骄傲地率先发言："五根手指中，我排第一而且最粗大，人类在称赞最好或是表现杰出的时候，都是竖起拇指，所以老大非我莫属。"

食指不以为然，急着辩解："我才是老大，要知道夹菜时，没有我支撑着，根本夹不了菜，只有我才能让人类大快朵颐。另外，人类在指示方向时，必须靠我。"

中指不屑一顾地说："五指中我最修长，犹如鹤立鸡群，而且我居最中间的位置，大家众星捧月，这不就是老大的证明吗？"

无名指不甘示弱，理直气壮道："三位也未免太自大了，世上最珍贵的珠宝，只有戴在我身上才能相得益彰，因此，我才配称老大。"

小指在一旁，只是静默不语。

四个指头惊异地一起问道："喂，怎么不谈谈你的看法，难道你不想当老大？"

"各位都有显赫的地位，我人微言轻，只是当人类在合十礼拜或打躬作揖时，我才最靠近真理与对方。不过，如果我们彼此分开，其威力又表现在哪儿呢？别人之所以怕我们，是因为我们五位一体，不可分割啊！"

大雁迁徙时往往排成"人"字形或"一"字形，前面大雁的飞行可以掀起一股向上的气流，从而减少了后面大雁的空气阻力，当领头雁飞累了的时候就会发出信息，队列中的另一只强壮的大雁就会自觉地飞上去替补，有人甚至做过这样的试验：用枪射杀第一只大雁后，队形依然会保持原状不变，动物学家们的试验表明，大雁长距离结队飞行的速度是单只大雁飞行速度的 1.73 倍。正是这样一种善于奉献、团结合作的精神，使得大雁能够冬去春来，长途迁徙数千里；一滴水很快就会干枯，它只有投入到大海的怀抱，才能永久地存在。同理，个体也只有和团队结为一体，才能获得无穷的力量。只有团队成长了，我们个人才可能有发展的空间。锅里有才可能碗里有，大河没有水了小溪是不可能会有水的。因此，美国著名管理大师彼得·圣吉说："不管你个人多么强大，你的成就多么辉煌，你只有保持你与他人之间的合作关系，这一切才会有现实意义。"

建元公司为了训练员工的协作精神做过这样一个实验：他们把员工分成了两个队，来解决队伍中的一个队员不幸食物中毒事件。解药被放在一个假设的"池塘"的中间，但是"池塘"里有一只凶猛异常的鳄鱼，人是绝对不可能进入"池塘"的，而取解药唯一的工具是一段很长的绳子。于是两个队分别展开了行动。

"把绳子折叠成两根，队员们两边拉直，直接用绳子去夹住杯子！"有人提议，"可是绳子这么长，拉不直呀，说不定还会把药给打翻了！看来还是要人进去！"

听到有队员提议让人进去，教练又给大家发难了："这'池塘'里的沼气很重，为了防止拿药的人的眼睛不被熏坏！必须给他蒙上黑布！"

时间已过了一半。有人建设："把两根绳子平行，一个人坐一根，手再扶一根，两边用力拉直"。可是试了好几次，坐在绳子上的人都不能平衡。"干脆把绳子叠成三条平行线，人趴在上面过去拿应该能行。"受到刚才的办法的启发，队员们很快想到了这个办法。可是谁上呢？一个自称以前练过体操的女孩站了出来，在外面实验了两次以后，她顺利拿到"解药"，一队一举成功。15分钟以后，二队也拿到了"解药"。

体验完毕，每一个队员都发表了他们对此次体验的感受和意见：

一队认为：个人的力量是渺小的，只有团队的力量才能获得成功，没有整个团队成员的努力，我们绝对取不了"解药"。把合适的人放到合适的位置上去。让力气大的都去拉绳子，身材合适又有技能的人去拿“解药”。

二队认为：在实验中要有所突破。我们是用一个人坐在绳子上取到“解药”的，原来我们也认为不行，但是摸索熟练后还是成功了。这说明个人目标和组织目标一致是成功的重要原因。我们都有拿到“解药”的共同心愿，这也是组织的目标，所以我们会朝着共同的方向努力。

最后两个队一致认为：通过这次的活动，大家都深刻地体会到，企业的发展最终靠的是全体人员积极性、主动性、创造性的发挥，每个人充分展现自己的想法，贡献自己的力量，是团队目标实现的保证。

一个企业的发展不是某一个人的事，而是全体成员的事。每个人都建立团队意识，积极地融入团队中，为共同的目标而努力，是企业发展的要求也是个人实现自身价值的途径。

在登山过程中，登山队员之间以绳索相连，一旦其中一个人失足，其他运动员必须全力相救，否则，整个团队都无法继续前进。一个上千人的汽车装配厂，只要其中一组人不干工作，其产品就无法出厂。

美国劳工部的一份报告指出：团队合作是一种劳动技能，应该在学校里受到更多的重视。不管对个人在工作上的成功，还是对美国企业与国内外对手竞争的胜利，这项新技能的传授都是很有必要的。的确如此，例如探索宇宙新奥秘需要天文学家、物理学家和电脑程序编写专家的合作；微生物学家、肿瘤学家和化学家的团队揭开了神秘的癌症之谜；诺贝尔奖越来越频繁地授予某个团队；学术论文是由多个研究者合写的……

如今，我们所面临的问题越来越复杂也越来越多。对于一个组织来说，在一个行业里增加收益、提升客户满意度、取得最高效率，这些都需要广泛的合作做保障。

所以，作为公司的一员，只有把自己融入整个公司之中，凭借整个团队的力量，才能把自己所不能完成的棘手问题解决好。当你来到一个新的公司，你的上司很可能会分配给你一个难以完成的工作。上司这样做的目的就是要考察你的合作精神，他要知道的是你是否善于合作、善于沟通。如果你不言不语，一个人费劲地摸索，最后的结果只能是“死路”一条。明智且能获得成功的捷径就是充分利用团队的力量。没有完美的个人，只有完美的团队。传说佛祖释迦牟尼曾问他的弟子：“一滴水怎样才能不干涸？”弟子们面面相觑，没有人回答得出来。释迦牟尼说：“把它放到大海里去。”

个人再完美，也就是一滴水；一个高效的团队才是大海。

个人与团体的关系就如小溪与大海的关系，只有把无数个人的力量凝聚在一起时，才能迸发出海一般难以抵挡的力量。因此，个人的发展离不开团队的发展，个人的追求只有与团队的追求紧密结合起来，并树立与团队风雨同舟的信念，才能和团队一起得到真正的发展。

在知识经济时代，单打独斗已经成了最愚蠢的选择，竞争已不再是单独的个体之间的斗争，而是团队与团队之间的竞争、组织与组织之间的竞争，许许多多困难的克服和挫折的平复，都不能仅凭一个人的勇敢和力量，而必须依靠整个团队去实现。

所以，作为团队一分子的我们必须要明白，“没有完美的个人，只有完美的团队。”2004年雅典奥运会上中国女排的冠军争夺赛就是明证。奥运会女排比赛开始之前，意大利排协技术专家卡尔罗 · 里西先生在观看中国女排训练后很肯定地认为，中国女排在奥运会上的关键人物是身高1.97米的赵蕊蕊。她的发挥将决定中国女排在奥运会上的最终成绩。不幸的是，在中国女排参加的第一场奥运会比赛中，第一主力赵蕊蕊因腿伤复发，无法上场了。外界都感叹中国女排的网上“长城”坍塌，实力大减，没有了赵蕊蕊的中国女排不再有夺冠的实力。

当时的中国女排确实也很困难，她们只好一场场去拼，在小组赛中，中国队还输给了古巴队，在当时的情况下，很多行家都不看好中国女排夺冠。

但是中国女排因为有决不服输的精神，在历经了艰难的打拼之后还是杀进了决赛，在与俄罗斯女排争夺冠军的决赛中，身高仅 1.82 米的张越红一记重扣穿越了 2.04 米的加莫娃的头顶，砸在地板上，宣告这场历时 2 小时 19 分钟、出现过 50 次平局的巅峰对决的结束。经过了漫长的、艰辛的 20 年以后，中国女排再次摘得奥运会金牌。

那么，中国女排凭什么在奥运会上一一战胜了那些世界强队，凭什么在决赛中反败为胜战胜世界顶尖球队俄罗斯队？陈忠和在赛后接受采访时深情地说：“我们没有绝对的实力去战胜对手，只能靠团队精神，靠拼搏精神去赢得胜利。用两个字来概括队员们能够反败为胜的原因，那就是忘我。”

摒弃个人主义，坚持团队合作

我们都知道这样一句名言：“走自己的路，让别人说去吧！”

这句话十分豪迈，但要一分为二地去理解：如果自己是对的，这样做当然没错。但对于很多人来说，因为懂的本来就不多，认识和经验也很有限，所以更好的做法是“走自己的路，也听听别人怎么说”。

我们先来看一个净雅餐厅员工的故事。

毕业后不久，李家鹏进入净雅工作，并担任了主管。很快，他就参加了单位为培养人才而设立的“考研直通车”活动。

刚参加培训不久，李家鹏身上就表现出了很多大学毕业生普遍存在的问题：浮躁、思考问题比较偏激、做事没有标准、对企业的管理模式不认可等等。最后，在定岗测评中，他被降级为服务员，同时考研资格也被取消。

当时，李家鹏的心情可想而知：委屈、失望、低落、觉得不被理解、不公平……情绪一直在他心里翻腾。和他一起被降级的还有 5 人，其中两个在降级后第四天就决定离职不做了。

李家鹏也有过犹豫，也想过自己是否还适合在这里继续做下去。但他又想：走到今天这一步，难道自己就没有值得反思的地方吗？细想一下，自己以前思考和做事方式的确存在问题。

于是，他很快调整了心态，在接下来的培训中，他表现得很积极，并且积极学习服务技能。当李家鹏服务员测评合格后，单位为了再次测评他的表现，以便让他重新获得考研直通车的资格，故意在没有告诉他原因的情况下，通知他暂时不上岗，看他会如何表现。

但对于这样的安排，他并没有抱怨，反而主动做事，包括将教学部所有老师的教案都整改了一遍，还帮助老师编写教材，并且利用假期，为大家组织精彩的篮球赛。

因为表现出色，他最终获得了自己最喜欢的职位——企管中心主管，并且重新获得了考研资格。而在 6 个被降级的人当中，李家鹏是唯一留下来的一个。

我们可以想想，假如李家鹏在降级后依然固执地坚持自己的想法，认为自己就是对的，是单位在压制自己，不从自己身上找原因，听不进别人的意见，就不可能获得更好的发展机会。

是啊，何必把自己的那一点东西看得那么重呢？你认为对的，其实未必就对，你认为好的，其实未必就好。

著名媒体大王凯西在其自传《凯西来了》一书中，讲述了这样一段亲身经历：

在一次董事会上，她精心准备了一个报告，从内容到发挥，她都觉得很不错。可没想到，会后，她却被上司狠狠批评了一通，说她的报告语言太夸张、强调太过火。凯西一听很生气，心想：为了这个报告，自己没少下工夫，自己觉得很好的东西，怎么在他眼里就那么多毛病呢？

但等上司走后，她问自己，是不是还要坚持自己的想法，上司的话是不是对？“他是出于真心为我好，才给我指出错误，而且他的经验比我多，我应该听他的话。”

的确，就算是做报告，也要分不同的场合、分不同的对象，话应该说到什么份上，什么该说，什么不该说，都要把握分寸，毕竟这不是私人的聚会和谈话，想说什么就说什么。董事会是很严肃高效解决问题的地方，慷慨激昂地做报告很不适合。明白了这一点，在以后的会议上，凯西就改变了做报告的方式。

其实，在职场中，个人的观点和看法并不那么重要，和团队、和整体保持一致才是最重要的根本。

把自己看得越重的人，越不能接纳别人的东西，在职场中走得也越累。如果能够打开心扉，多听听别人怎么说，心中没有芥蒂地去改进，那么，反倒会很轻松，飞得也就能够越高。

一个团队里，具有专业素质的人非常关键。但是一个团队的运作，需要的是各种类型的人才，如何搭配各类人才，是团队管理要解决的重大问题。

分工有利于提高效率，但分工会使得团队成员知识单一化。在一个团队里，不能够让核心技术掌握在一个人手里。应通过科学的体制和方法对核心知识进行管理。

通过对团队的有效管理，团队的目标终将实现。

《西游记》里孙悟空的故事可以说是家喻户晓，其实孙悟空的故事，可以说是一个由个人奋斗失败后转向团队成功，最终实现个人价值的经典案例。

孙悟空成长的故事，告诉我们这样一个道理：当我们学会了做人后，自然就会懂得如何与人为善，懂得如何建立一种互相帮助的人际关系。所谓“心生则种种魔生，心灭则种种魔灭”，反观自己，所有的困难都源于我们的性格和观念。战胜困难的过程，就是战胜自我的过程，就是融入团队的过程，也就是生命成长的过程。

团队的成长是一个艰难的过程，因为组成团队的每一分子都是人，而做人似乎从来就不是一件容易办到的事。人们之所以喜欢看《西游记》，多半是因为里面有一个神通广大的孙悟空。在21世纪的今天重读这部文学名著，你会发现孙悟空身上闪烁着的那种历久弥新的个性和魅力。在花果山占山为王的孙悟空精力充沛，意志坚决，行动果敢，酷好变化，干劲十足，愈挫愈勇，俨然是一个天生的创业者。而在去西天取经的路上，他也表现出了一个团队成员的优秀特质，目标明确，行动迅速，无惧困难，总是能够找到有效的解决方法。

“如果我是孙悟空，那该有多好！”也许每个人心中都曾经这样幻想过。一双火眼金睛，可以识破每一张面具下包藏着的祸心。七十二般变化，可以让自己随心所欲地去寻找解决各种困难的有效办法。一个筋斗十万八千里，行动迅速、统御全局。一条如意金箍棒，无敌力量、无人能挡。

然而，人们在为孙悟空欢呼雀跃的同时，又不得不思考另一个方面的问题：孙悟空为什么跳不出如来佛的手掌心？为什么要让他去保护那个弱不禁风的唐僧？为什么要让他承受“紧箍咒”的折磨？许多人认为，命运对孙悟空太不公平了。然而，要是没有西天取经这样一个团队，孙悟空个人再强大也只能被压在五行山下。

在有一年洪水暴虐的时候，聚在堤坝上的人们凝望侧后方凶猛的波涛，突然有人惊呼："看，那是什么?"一个像人头的黑点顺着波浪漂了过来，大家发现那是"蚁球"。

一位老者说："蚂蚁这东西，很有灵性。1969 年发大水，我也见过一个蚁球，有篮球那么大。洪水到来时，蚂蚁迅速抱成团，随波逐流。蚁球外层的蚂蚁，有些会被波浪打落水中。但只要蚁球能靠岸，或能碰到一个大的漂流物，蚂蚁就得救了。"过了不长时间，蚁球靠岸了，蚁群像靠岸登陆舰上的战士，一层一层地打开，迅速而井然有序地一排排冲上堤岸。岸边的水中留下一团不小的蚁球。那是蚁球里层的英勇牺牲者。它们再也爬不上岸了，但它们的尸体仍紧紧地抱在一起，那么平静、那么悲壮……

中国有句老话："驼负千斤，蚁负一粒。"讲的是从自身重量来看负重的力量，蚂蚁的力量远远超过骆驼的力量。美国科学家富兰克林说："没有任何动物比蚂蚁更勤奋、更团结。"小小的蚂蚁，面临灾难时的无私和智勇，能给人多大的启示?

当今社会是一个竞争的社会，各个方面都充满了竞争，人才竞争、物力竞争、资本竞争、信息竞争等等。但最重要的就是人才竞争，人才是企业发展的核心。但是，拥有众多高新人才的企业不一定就会发展。只有人才管理合理化了，人才之间相互团结了，才有可能形成核心竞争力，才有可能产生效益。

这是一个循环：相互团结了才能发挥出每个人的才智，形成集体力量，事半功倍；反之，则相互之间充满了矛盾，充满了怨愤，如何会有集体力量之谈? 人才资源不就大大浪费了吗? 因此，现在很多企业在招聘人才的时候，都把是否具有团队合作精神作为一项重要的考察手段。

由此可见，团队合作是成功的基础。

懂得合拍，不做团队中的“短板”

管理学中有一个著名的“木桶理论”，是说木桶最主要的作用是用来盛水，一个由多块木板构成的木桶，其价值在于其盛水量的多少；但决定木桶盛水量多少的关键因素不是其最长的板块，而是其最短的板块。对于一只木桶来说，其中的某一块木板或者几块木板再高都没有用，突出的木板一样不能盛水，反而是最短的那块木板制约着木桶的盛水量。这块短板本身是有用的，只是因为“发展”得没有其他木板那么好，就因为个体的落后影响了整体的实力。

很多管理学的学者都在研究解决如何把企业最短的那块木板变长。例如，企业的生产能力、研发能力比较突出，是长木板；而企业的营销能力相对较差，造成产品积压，那么营销能力就成为短木板。这时，管理专家就要考虑如何解决营销问题。或者，企业销售不错，但扩大生产所需资金成为企业发展的软肋，成为短木板，那么企业上上下下都会着手解决资金问题。

任何时候，那块短木板总会阻碍整体的发展，是影响整体成绩的最重要因素。

在大学里，你一定遇到过评奖学金的时刻。要求每门功课都在 80 分以上才有资格参评。如果你别的科目都在 90 分以上，只有一门功课的成绩是 79 分，那么你同样没有资格参加评选。79 分的那门功课就是你的“短板”，也是最不受欢迎的一分子。

在团队中，每个成员都要尽力不做“短板”，不要因为自己的因素影响整体的成绩。整体的素质要想得到提高，必须是每个成员的素质都得到提高，尤其是那些“短板”。

有个下属单位向股东公司申请调人前来协助完成一项任务，正巧董事长最近对一位员工颇有想法，因为那个员工业绩表现不佳，明明能够做得更好却不努力。这样消极的态度又影响了团队中的其他人，导致整个团队效率不高。于是董事长决定把这个员工派下去，接受一下考验，也吃一点苦头，多获取一些进取心。

走之前，董事长对那个员工说："你要知道，我最相信你才派你去的。在外工作，代表的是整个公司的形象，千万不要给我丢脸！"

这位员工很高兴，觉得在自己的公司待得太久，总是有各种各样的上司、能人压得自己喘不过气，所以才形成了消极的工作态度。好不容易有了一个施展拳脚的机会，一定要好好表现。于是他在下属公司里表现得颇为出色，当然也吃了不少苦头，发现了自己以前工作中出现的问题，知道自己应该怎么改正了。三个月借调期过后，他再回到原公司，仿佛脱胎换骨一般，团队的效率一下子高了很多。

这是一次极限比赛。参加运动的多是一些身强体壮的小伙子，其中很显眼的是一个柔弱的小姑娘。开始比赛的时候，这些彼此陌生的人要组成团队一起参加。大家都不愿意跟这个小姑娘一组，怕她拖大家的后腿，影响整体的成绩。最后，终于有一个小组收留了这个小姑娘。

比赛中，各个项目都很刺激危险，但小姑娘都咬牙坚持下来了。终于到了最后一关，穿越一条湍急的河流，河流上只有一条摇摇晃晃的木板，很多小伙子都放弃了。大家以为这位小姑娘肯定坚持不了了。确实，这时候小姑娘已经脸色发白了。但是出乎大家的意料，小姑娘闭上眼睛吸了口气，踏上了那块木板！大家都为小姑娘的勇气鼓掌。虽然满头大汗，但小姑娘终于完成任务了。她微笑着说："我只是不想辜负大家的信任，不想拖大家的后腿。"

能够做好自己的工作，是每个职员要恪守的准则。各行各业，人类活动的每一个领域，无不在呼唤能自主做好手中工作的员工。齐格勒说："如果你能够尽到自己的本分，尽力完成自己应该做的事情，那么总有一天，你能够随心所欲从事自己想要做的事情。"反之，如果你凡事得过且过，从不努力把自己的工作做好，那么对这种类型的人，任何老板都会毫不犹豫地把他排斥在自己的重用者之外。

在团队工作中，你也同样要认真负责地担负起自己那份工作，尽职尽责地完成。如果你肯努力，那么在大家的帮助下，没有不可以完成的工作。

要想不做团队中的"短板"，你还要不断地追求进步，不断发现自身的短板，或是性格方面，或是技能方面，或是……之后，填平补齐，增益己所不能。

不够职业化的人很容易强调自己的"节拍"："单位理念归理念，我有自己的想法和原则""在家都是这样做的，到了单位我干嘛要改?""单位的标准太高了，我又不想一辈子待着，干嘛要按照那些要求做?"……

但只强调自己"节拍"的结局，是跟团队格格不入，那还怎么待得下去，怎么可能在职场中有发展?

那么，与单位的"合拍"，具体体现在哪些方面呢?

（一）和单位的利益合拍

在给一家企业做培训的时候，单位的负责人谈了这样一件事：

一天中午，大家出外吃饭了，他从办公室出来一看，所有的灯、电脑、空调、电暖风、饮水机都开着。也就是说，中午一个半小时的休息时间，这些完全可以不用的电全都白白浪费了。

于是，等员工们都回来后，他强调以后一定要养成随手关电源的习惯。但效果并不明显，开始两天好一点，但过几天又恢复了老样子。这让他很生气，于是把大家批评了一顿，并且说："如果是在家里，你们出门难道也不关灯、不关电器吗？"

谁知其中一个员工振振有词地说："是啊，我在家就经常忘记关，有时候周末出门，灯会一直开两三天。"

这让那位负责人真有些哭笑不得。

其实，类似的现象在许多新员工身上体现得很普遍：我以前在家里、在学校里怎么做的，在单位我还怎么做。

但单位不是家里，单位是要核算成本、追求效益的地方，家里和学校不给你发工资，所以对你没有要求，但单位要给你发工资，拿了钱，自然就有要求，要为单位的利益着想。如果谁都不顾公司的利益，什么都不当回事，要公司怎么正常运转？要你来做什么？

（二）与单位的核心理念合拍

这点对于身处职场的人来说至关重要。如果连单位的核心理念都不知道、不认同，总是要按自己的那一套来，那可以说，在哪个单位都不可能长久发展。

举一个简单的例子，如果公司强调阳光文化，而你却整天牢骚满腹、整天阴沉着脸；如果公司强调个人的成长，而你却总在原地踏步；如果公司强调团结和谐，而你却偏偏要独来独往，什么都不参与、一点都没有互助精神，那还能在这个公司待下去吗？毕竟，你只能去适应单位的理念，而不可能让单位的理念来适应你。

最聪明的人，都会在进入单位的第一时间，了解单位的核心理念，并按照理念的要求去做事，因为他们知道，只有融入才有发展。

叱咤中国 IT 界的风云人物，为英特尔在中国市场立下赫赫战功的英特尔中国区总裁杨叙，在这一点上就有很深的体会。

80年代中期，杨叙到美国留学。还在大学一年级的时候，就在一次校园招聘中，被英特尔的主考官看上。很快，他就开始到英特尔底特律的办事处实习。走进办公室的那一瞬间，他就被墙上牌子上的字吸引住了：“客户是我们最重要的财富。”

在那个年代，国内的服务意识还比较淡漠，对于刚到美国的杨叙来说，他对“客户”的概念几乎为零。但既然公司把这句话放在墙上那么重要的位置，肯定是公司理念的核心。于是，趁着办手续的空当，他盯着这句话整整思考了10分钟。

正式进入公司之后，他就一直秉承这样的理念做事，工作的时候充满热情，处处想方设法为客户提供更细心周到的服务，并且不断要求分派新任务。杨叙的表现，引起了他的上司的注意。四年以后，杨叙完成学业，也结束了在英特尔的实习，成为英特尔位于俄勒冈州系统部的正式职员。

一个还没毕业的大学生，即使对“客户”的概念都没有搞清楚，但却能第一时间接受企业的核心理念，并努力以此来指导自己的工作，最终以最快速度赢得了上司和同事的认同，为自己的发展打下良好的基础，这的确是一种智慧，也值得所有渴望发展的人借鉴。

（三）与单位的要求和标准合拍

每个单位都有对工作的要求和标准。刚开始，新员工要做到这些可能有些费劲。但这并不能成为自己不去努力的借口。

正因为能力不够，才更要提升自己。因为没有一个单位会允许一个员工永远都在打折扣，永远达不到标准和要求。只有先把要求的事情做到，才可能有更高的发展平台。

面对问题，学会合作与借力

“初生牛犊不怕虎”，很多人刚入职场或者刚到一个新公司，都有一股闯劲，迫切希望做出一番成绩，证明自己的能力。

这是一种很好的“立功心态”，非常值得肯定。毕竟，在任何单位，能立功的人不仅能更好地为单位创造价值，而且能让自己得到更大的发展与回报。

但有一点需要特别提醒，那就是不要因此而觉得老子天下第一。就算取得了成绩，也不要沾沾自喜，而要懂得谦让。因为，不管个人多么出色，也是在一个团队中，离开了团队，就算再优秀，也没有用武之地。如果过于突出和强调自己，可能就会给自己的发展制造障碍和阻力。

小刘研究生毕业之后进入一家企业工作，由于个人能力突出，总经理对他非常器重，尽管名义上是助理，但在很多事情上都可以和公司的总监平起平坐。

这让小刘有点飘飘然了。在一次公司聚会上，他喝了很多酒，高兴之余忍不住说，“看到了吧，公司没有我是不行了的……”这时，坐在小刘旁边的几位总监脸色一下子变得很不好看。

而这番话最终也传到了总经理的耳朵里。两个月之后，总经理找了一个冠冕堂皇的理由让小刘离开了公司。直到离开公司，小刘也没弄明白，到底自己哪里错了？

很多人遇到这样的情况，可能也会想不通，难道有能力也是错？这也太不公平了！凭什么啊！

但真的是不公平吗？

我们不妨想想，几位总监听到小刘的话会是什么感受：公司没有你不行？那言下之意是我们都很差劲？我们可都是公司元老级的人物，我们出汗出力的时候，你在哪里？你才进公司几天，就敢口出狂言，把所有人都不放在眼里？

而老总听了又会是什么感受？你有能力是没错，但光凭你一个人，能把公司撑起来吗？没有前辈们打下的基础，哪会有你今天的平台？不能因为你一个人，就把所有人的心都伤了。宁可损失你一个，也要留住大家的心。

是啊，立功是能力，让功则是气度。优秀的人都懂得这个道理，不会把功劳都揽到自己身上，而是懂得与大家一同分享。

哪怕某件事自己出力最多、功劳也最大，但在受到褒奖的时候，也不妨当众表这样一个态度：

“能有这样的成绩，并不是我一个人的功劳，多亏几位同事的协助工作，也多亏领导平时的指导有方……我希望同时也能褒奖那几位协助的同事……”

这样的人，同事会爱戴，领导也会喜欢，谁都愿意和他共事，到哪里，都不会有阻力。

什么是合作？什么是借力？合作和借力有什么意义？

今天，分工与合作已变得越来越重要。在工作中，那些信仰个人主义，以为仅靠一己之力就可以出色完成任务的人将会越来越难以生存。因为只有学会借力与合作，我们在职业生涯中才能飞得更高，走得更远。

在非洲大草原上，三只瘦弱的鬣狗正与一匹高大的斑马进行一场生死搏斗。

乍一看，你一定会为弱小的鬣狗担心。再仔细一看，你就不会担心了。因为实际情况是：一只鬣狗咬住斑马的尾巴，任凭斑马如何甩动尾巴，也死死咬住不放；另一只鬣狗咬住斑马的耳朵，任凭斑马如何摇头，也决不松口；还有一只稍显强壮的鬣狗咬住斑马的一条腿，任凭斑马如何踢腾，一点也不敢懈怠。

不一会，在三只鬣狗的齐心攻击下，“庞然大物”斑马终于体力不支瘫倒在地，成为三只鬣狗的盘中餐。

这样的一幕几乎每天都会在大草原上上演。

在我们的工作中，合作成功的案例不胜枚举。不论是国家间、地区间的合作，还是企业、个人间的合作，无不验证着“合作共赢”哲理的正确性。生产商离不开原料供应商和批发商，批发商又离不开生产商和零售商，一节连着一节，一环扣着一环，谁也离不开谁。

当年拿破仑率领法国军队横扫欧洲大陆，所向披靡，但在进攻马木留克城的时候，遭到了顽强的抵抗。马木留克城的士兵高大威猛，一个法国士兵根本就打不过一个马木留克城的士兵。

后来拿破仑发现，两个法国士兵却可以打过两个马木留克城的士兵，一群法国士兵可以打过一群马木留克城的士兵。所以，他让法国士兵尽量避免单独作战。依靠合作，法国士兵最终打败了马木留克城的士兵，攻下了城池。

原来，马木留克城的士兵虽然强悍无比，但他们不重视合作，没有团队精神，自己打自己的，同伴遇到了危险，也不去接应。而法国士兵却善于合作，依靠合作他们最终获得了胜利。

网上流传着这样一个经典的“段子”：

一只兔子坐在洞口打字，一只狐狸跳到它面前说：“我要吃了你！”兔子说：“等我把这篇论文写完也不迟。”狐狸感到非常奇怪，便问：“你能写什么论文？”兔子回答：“我的论文题目是《兔子为什么比狐狸更强大》。”狐狸说：“这太可笑了，你怎么可能比我强大？”兔子一本正经地说：“不信你跟我来，我证明给你看。”它把狐狸领进山洞，狐狸再也没有出来。兔子继续在洞口打字，一头狼跳到它的面前说："我要吃了你！"兔子说："等我把这篇论文写完也不迟。"狼感到非常奇怪，便问："你能写什么论文?"兔子说："我的论文题目是《兔子为什么比狼更强大》。"……兔子又把狼领进了山洞，狼再也没有出来。过了一会儿，一共狮子走出了山洞，打着饱嗝说："你干得不错，今天我吃到了非常丰盛的午餐。"

从这个故事中，我们不难看出，兔子和狮子的合作是一个双赢的结局。狮子可以毫不费力地饱餐一顿，而兔子也因为有了狮子的保护免除了性命之危，可谓是各取所需。在这里，缺少了任何一方都不会有如此完美的结局，这就是借力与合作的力量。

所以，我们在工作中应该充分认识到团队精神的重要性，面对问题要学会借力与合作，从而更出色地去完成任务。

团队精神，顺利融入的关键

曾经有一位英国科学家把一盘点燃的蚊香放进了蚁巢里。

开始时，巢中的蚂蚁惊恐万状，四散奔逃。过了十几分钟后，便有蚂蚁自动向火冲去，对着点燃的蚊香，喷射自己的蚁酸。由于一只蚂蚁能射出的蚁酸量十分有限，马上就有很多"勇士"加入进来并葬身火海。但是，"勇士"们的牺牲并没有吓退蚁群，相反，又有更多的蚂蚁投入"战斗"之中，它们前仆后继，几分钟便将火扑灭了。活下来的蚂蚁将战友们的尸体移送到附近的一块墓地安葬了。

过了一段时间，这位科学家又将一支点燃的蜡烛放到了那个蚁巢里。虽然这一次的"火灾"更大，但是蚂蚁已经有了上一次的经验，它们很快便团结在一起，有条不紊地作战，不到一分钟，烛火便被扑灭了，而蚂蚁无一殉难。

是的，为了团体利益，确实需要每个成员牺牲自己的利益，甚至要付出生命的代价。你的利益值得珍惜，别人的利益同样需要得到维护。所有人都为自己的利益考虑，那么，所有人的利益都会被剥夺。蚁群里的勇士是团队的功臣。它们是团队精神的忠实履行者，是整个团队的核心力量。这样的勇士永远都不会失去它们的价值。

我们也是一样。在一个企业中生存，每一位成员都仅仅是这其中的一分子，如果有什么问题出现，我们很难靠自己单独的力量去完成，而且即使完成了，效率和质量也不会很高。因此，团队成员的优化组合，积极配合，才是促使团队力量爆发的基础。所以，不要总是着眼于个人利益，置集体利益于不顾。团体成员的发展永远都离不开彼此之间的合作。毕竟先有集体的完美才会有个人的完美。

虽然各种不同的单位情况各不同，不同工作遇到的问题也各异，但是在思想心态以及职业品质等方面却仍有一些共同的方面。因此有必要在熟悉公司方面有充分的认识。

了解公司需要什么样的人才。

对于刚入职场的人，要知道老板或领导需要什么类型的人，自己有何特长，要具备什么样的心态。

你是否愿意心甘情愿地做一个下属?

你是否打算诚心诚意为公司服务？自负和傲慢是职场新人最常见的弊病。老板或上司将会密切注视着你的行动和工作态度。从彼此的观察和你的表现中他们会确认你是否是一个完全守时、依计划和预算工作的人，继而确定你的信任程度。如果你按上司的吩咐把工作完成得十分出色，那么你就会慢慢建立信誉，取得他们的信任，他们才会听取你的意见和建议。

上司和老板都喜欢以充足的精力、出色的能力迅速掌握公司基本情况的新人。在没有学会走之前就不要跑。所以先把基本情况，包括公司人事及企业文化、规章制度、流程等搞清楚，这样才更有利于工作。

不是说在公司上班了，就融入公司中了。优秀的人才能够分析出企业文化的特点和问题。从服饰、企业标志，到开会时人们遇到问题，遇到分歧时解决问题的途径等。如果你能把握并做好这一点，就能说你是公司的人，否则你就很难融入公司中。

仪容仪表的重要性。

不同性质的公司，对服饰仪表有着不同的审美标准和习惯。有的要求端庄大方；有的要求时尚新潮；有的相对要随意一些。但对刚入职场的人来说，还是以整洁、大方，顺应潮流为好，过分新奇怪异或不修边幅都有损自身的形象。

言谈举止的重要性。

刚入职场，日常工作中的待人接物、言谈举止如何，将给人留下深刻的印象。得体的言谈举止应该表现得亲切、热情、有礼貌、有理智、讲道德、讲信用。

工作细节的重要性。

刚入职场，主动干一些“杂活”，这样会给人勤劳上进的印象。现在很多新人，在家里或学校就养成比较懈怠的生活习惯。因此，一些小杂活真正做起来却不容易。

刚入职场，也许工作量不是很大，干起来不费事，往往会出现不知如何打发时间的窘境，这时候不能坐在那里发呆，要设法使自己忙碌起来。比如可以查阅一些与工作有关的资料。

在工作中切勿让人生厌。

刚入职场的人要做好“学习者”或“助手”的角色，在一段时间内要证明自己对于公司是有价值的。

那么公司和老板需要什么样的职场新人呢？新人如何融入团队？

刚步入职场或加入团队的人，进入工作岗位的初期，不要急于表现自己，突出自己有多么大的价值，最重要的是要使自己站稳脚跟，熟悉环境和业务，团结同事，成为令上司和同事欢迎的人，至少不要让人生厌。

作为新人应该怎样更好地融入新的环境？这是每个期待能干出一番事业的人都应该思考的问题。

职场新人必须知道：在职场生存没有什么偷懒诀窍，唯有诚实做事，诚信做人，才能尽快融入团队。在工作中要避免不懂装懂。新到一家公司，明明什么也不懂，却要拼命装出一副什么都懂的样子，这类人通常在找工作时就以薪资多少为首选，忽视工作的实质内容，给人的感觉幼稚无知。新人在公司不可大吹大擂，不要在新公司同事面前吹嘘自己以前的业绩和自己的过人之处。如果达不到老板和上司的预想程度，后期在公司的日子就可想而知。工作不能敷衍了事，不懂的不要轻易去做，要踏实地请教同事，做完后要诚心地感谢对方，切不可将错就错。刚进入职场的时候，由于环境不是很熟悉，对企业文化认知还是很浅薄，不可避免会出现一些问题，一旦出现错事被发现，就开始猛找借口和抱怨，这是职场新人的一大忌。千万不要回避责任，只要态度诚恳，上司和老板对新人还是有一定的宽容度的，只要不是原则性的问题，一般都会得到原谅，但要记住，同样的错误不可以在工作中再次出现。

近几年，几乎所有的招聘广告中都出现这么一条：“善于与人沟通，有较强的团队合作精神”或“具有团队合作意识，能够承受较大工作压力”等等，无论这家企业招聘的是老总、总监还是一般员工，“团队合作精神”成了一条通用的杠杠。

那么，什么是团队精神呢？团队精神是团队成员在管理者的指挥和带领下，为共同的目标而努力奋斗的精神，是大局意识和协作精神的集中体现，是大家共同遵守的价值观念，也就是所有员工都心悦诚服接受的行事准则。它体现着企业的凝聚力和向心力，是企业的魅力、核心竞争力所在。团队精神的奥妙之处在于它能在潜移默化中激发团队成员的事业心和责任感，为团队工作注入强大的能量，从而使整个团队拧成一股劲，形成一个团结共进、众志成城、步调一致的团队，使企业在激烈的市场竞争中站稳脚跟，取得又好又快的发展。

在广袤的非洲大草原上，生活着狮子、羚羊还有斑马。羚羊是世界上跑得最快的动物之一，斑马可就慢多了。然而奇怪的是羚羊被狮子捕杀的数量远远大于比它们跑得慢得多的斑马。

狮子之所以能够更多地捕获到跑得快的羚羊，而较少捕获到跑得慢的斑马，是因为斑马是群居动物，每当狮子靠近时，成年健壮的斑马们就会头朝里、尾巴朝外、自动围成一圈，把弱小体衰的斑马围在圈内，扬起后蹄踢向狮子。狮子就算再强壮，也抵挡不住一群斑马有力的后蹄。

于是，狮子更多地把灵巧快速的羚羊作为捕捉对象。羚羊没有相互保护和支持的习性，当狮子来袭时，羚羊们总是四散奔跑，于是往往难逃狮子的利爪，成了狮子的美餐。

在强壮剽悍的狮子面前，斑马和羚羊采取了截然不同的应对方式：羚羊是自顾自，结果难逃被吃的厄运；斑马尽管身高体笨，但它们“抱成团”共同抵御敌人进攻，最终在避免团体灾难的同时保住了自己的性命。这再明白不过地显示了团队精神的威力。

美国著名经济学家华特曼，在考察了美国的英特尔公司、通用电气公司、通用汽车公司、杜邦公司、波音公司等大公司后，得出一个这样的结论：所有美国杰出公司的一个共同特色，就是每一家都有一种强有力的企业团队精神。

有这样一则故事：有一天，三个和尚在破落的庙宇里相遇。“这个庙为什么一片荒废凄凉呢？”甲和尚触景随口提出这个问题。“一定是和尚不虔诚，所以诸神不灵。”乙和尚说。“一定是和尚不勤劳，所以庙产不修。”丙和尚说。“一定是和尚不敬谨，所以信徒不多。”甲和尚说。三人你一言我一语，最后决定留下来各尽所能，看看能不能够成功地拯救此庙。

于是甲和尚恭谨化缘，乙和尚诵经礼佛，丙和尚殷勤打扫。果然香火渐盛，朝拜的信徒络绎而来，而原来的庙宇也再度恢复了兴旺的旧观。

当今社会，企业分工越来越细，生产都是需要合作才能完成的，每个人所能实现的仅仅是企业整体目标的一小部分，团队力量的发挥已成为企业赢得竞争的必要条件，因此，弘扬团队精神对于企业的发展具有极其重要的意义。

一家做市场策划的合资咨询公司招聘高层管理人员，9 名应聘者闯进了复试。然而，此次招聘只能录取 3 个人，所以老总给大家出了最后一道试题。老总把这 9 个人随机分为甲、乙、丙三组，去调查不同的市场。在调查之前，老总让每个人去秘书那里取一份相关行业的资料。两天后，9 个人上交了自己的市场分析报告，结果丙组的 3 个人被公司录取。原因是每个人得到的资料都不一样，丙组的 3 个人很聪明，互相借用了对方的资料，补全了自己的分析报告。而甲、乙两组的 6 个人却各自行事，使得报告内容很片面。

这位老总说：“我之所以出这样一个题目，其实最主要的目的，是想看看大家的团队合作意识。要知道，团队合作精神在现代企业里比什么都重要！”

优秀的人不会拒绝合作

在公司中，我们不难发现那种很有才华，却并不合拍的人，这样的人即使自己很有才华也只会是一个没有前途的“独行侠”。以一位总经理描述的话来说就是：“我的部门里也有这样的人，他明明极为聪明，策划案和创意也非常好，点子也非常多，但是当公司开策划会的时候，他从来不主动发言，你问到他头上，他也不一次把所有想法都说出来。可你要求他自己出策划案时，那些火花、创意，又让你不得不承认他做得漂亮。他总是自以为是，而且公开宣称我自己的创意为什么要给别人？这样的人只适合做一个永久的策划人员，却当不了领导，因此，他到过许多公司，但没有哪家公司的领导愿意提拔他。”

这就是拒绝合作的人的命运，也是太过清高者的命运。一个人一旦能把自己放下来做一个普通人，和大家一起为共同的目标奋斗，他才会取得更大的成就。

举一个例子来说吧：二十多年前，乔布斯和沃兹在同学的一家车库里结识，这两个电脑迷当时都想要一台“8800”，可是一时又凑不起钱，于是决定自己动手组装。乔布斯和沃兹各卖掉自己的一些东西，凑起钱准备装100套“苹果－I”计算机板，然后出售，结果他们成功地赚够了他们的本钱。“苹果－I”是沃兹设计的，目的是降低成本。乔布斯则负责拿着样品到当地的电脑商店去兜售，当他们得知社会上大部分人不是想买散装件，而是想买整机时，这又给了乔布斯最重要的市场信息。当时乔布斯仍无意做企业家，而一位顾客却是个有心人，他为了敦促乔布斯去设计制作微电脑整机，便把“苹果－I”故意装在了一只粗糙不堪看起来很没有档次的木头盒里。当乔布斯再次到这家商店去的时候，他们就给设计者乔布斯展示出了带有木头外壳的“苹果－I”，这样的效果促使乔布斯下决心去设计制作美观的外壳。最后，他们两个人所设计的微电脑就是后来著名的“苹果－II”。

乔布斯和沃兹原来都是技术人员，当他们决定自己开公司后，首要的问题是筹措资金。这时，风险企业家开始光顾这两位年轻人了。第一位是唐·瓦伦丁，他是乔布斯和沃兹的老板介绍过来的。瓦伦丁来到乔布斯家后，看到乔布斯穿着牛仔裤，散着鞋带，留着披肩长发，蓄着一脸大胡子，怎么看都不像是一位创业者的样子。瓦伦丁觉得不妥，而把乔布斯和沃兹介绍给了另外一位企业家——英特尔公司的前市场部经理马克库拉。

这位38岁的富翁来到乔布斯的车库里，仔细询问并实地考察了“苹果”的样机，提了一大堆问题，最后问起了关于“苹果”电脑的商业计划，这让乔布斯和沃兹面面相觑。可是，马克库拉并未因此拒绝给这两位初创业者投资，他独具慧眼，看出了这两个小伙是不会让他失望的。

此后，马克库拉给他们俩上了两星期的管理课，他们三个人日夜工作，制定了一项“苹果”电脑的研制生产计划。马克库拉首先将自己的9万美元先期投入，又帮助乔布斯和沃兹从银行取得了25万美元的贷款。接着，他们三个人又带着计划书去马克库拉熟识的风险投资家那儿去游说，他们吸引到了另外60万美元的资金。这时，他们就有了接近100万美元的风险资本。他们聘请了33岁的迈克尔·斯科特当经理，因为他熟悉集成电路生产技术。马克库拉、乔布斯任正副董事长，沃兹任研究发展部副经理，苹果微电脑公司就这样正式开张，走上了它飞速发展的道路。

乔布斯和沃兹，以及马克库拉，这些人的成功，就是源于相互的合作与沟通。所以，一个人的个人意识特别浓时，由于他们总在一味地追求个人卓越而忽视合作的力量，他们就不会是一个可以成就大业的人。任何人单枪匹马地做事都不可能有太大的成就，唯我独尊的心态永远都要不得，否则你很容易受到别人的挤兑。就拿一个球队来说吧，球队中的人，在球技上总会存在这样那样的差别。各有各的优势和长项，所以，教练才会根据各人的不同安排不同的位置，而且要求打前锋和打后卫的人一定要密切配合，否则就很难进球。我们在生活和工作中同样是这样的道理，密切合作了也许就有了成功的可能，拒绝配合，那就只会是一无所获。

我曾在一档节目里看到世界500强企业的招聘要求，让我不得不重新审视自己该如何建设自己的人际关系网。因为，这些企业在招聘要求一栏里一再强调，员工的人格素质是他们首选的条件，这其中就包括了合作精神。

所以，合作精神已经成为我们能否在这个社会中立足的重要因素。不少企业也在挑选员工时加了一道考察员工合作精神的面试题。一家颇有影响的公司在招聘高层管理人员时就给出了这样的一道题，他们让九名最终的应聘获胜者进行最后的淘汰赛。因为，此次招聘只能录取三个人，所以，老总给大家出了最后一道题。

老总把这九个人随机分成甲、乙、丙三组，指定甲组的三个人去调查本市婴儿用品市场，乙组的三个人调查妇女用品市场，丙组的三个人调查老年人用品市场。老总解释说："我们录取的人是用来开发市场的，所以，你们必须对市场有敏锐的观察力。让大家调查这些行业，是想看看大家对一个新行业的适应能力。每个小组的成员务必全力以赴！"临走的时候，老总补充道："为避免大家盲目开展调查，我已经叫秘书准备了一份相关行业的资料，走的时候自己到秘书那里去取！"

两天后，九个人都把自己的市场分析报告送到了老总那里。老总看完后，站起身来，走向丙组的三个人，分别与之一一握手，并祝贺道："恭喜三位，你们已经被本公司录取了！"面对大家疑惑的表情，老总呵呵一笑说："请大家打开我叫秘书给你们的资料，互相看看。"原来，每个人得到的资料都不一样，甲组的三个人得到的分别是本市婴儿用品市场过去、现在和将来的分析，其他两组的也类似。老总说："丙组的三个人很聪明，互相借用了对方的资料，补全了自己的分析报告。而甲、乙两组的六个人却分别行事，抛开队友，自己做自己的。我出这样一个题目，其实最主要的目的，是想看看大家的团队合作意识。甲、乙两组失败的原因在于，他们没有合作，忽视了队友的存在。要知道，团队合作精神才是现代企业成功的保障！”

不要说你很优秀，优秀的你同样需要别人的配合。所以，你需要培养自己的合作精神，而不要总是独立行事。在生活中，我们应该注意培养自己的合作精神，主动担负起与人合作的责任，要善于交流和沟通。因为，在同一个空间生活，交流是协调的开始，合作是成功的保障。把自己的想法说出来，听听别人的想法，你要经常说这样一句话：“你看这事怎么办，我想听听你的想法。”要平等友善。即使你各方面都很优秀，即使你认为自己以一个人的力量就能解决眼前的问题，也不要显得太张狂。要知道以后还有很多不可预知的事情，以后你并不一定能只凭自己完成一切。如果你想做一个表现不凡的人，要勇于接受批评，除了能保持与人合作以外，还需要所有人乐意与你合作。你应该把你的同事和伙伴当成你的朋友，坦然接受他们的批评。一个对批评暴跳如雷的人，每个人都会对他敬而远之。

华盛集团老总在一次会议上曾说过这样一段非常精辟的话：

“我们每个人都是社会的人，有合群的需要。我们同是华盛人，从加入华盛的那一刻起，我们就是华盛这个团体的一分子。每个华盛人的一言一行代表的都是华盛这个团体，也影响着华盛这个团体。如果一位员工缺少团结协作的精神，即使在短时间内不会给集团造成危害，也不可能为集团带来长远利益。如果一位员工脱离团队，不能采取合作的态度做一件事情，那么团队工作就会受到影响，团队效率就会降低。只有以团队目标为个人目标，以团队利益为个人利益，维护团队荣誉，这样的个体才能受到大家的尊重。集团希望每一个华盛人都能以优秀的协作精神和良好的道德形象来提升公司的凝聚力及外在形象，与华盛同进退、共荣辱。

“怎样更好地发挥团队精神？首先，要把集团的目标作为个人目标的基础，凡是有利于集团发展的事就要主动、认真地去完成它或配合其他部门完成，力求将所有的事情做得更好、更快。其次，在集团内部，所有部门之间、部门内部上下级之间、前工序与后工序等彼此之间都要紧密配合，集团的工作只有通过大家的相互协作、群策群力才能圆满地完成，所有人员在工作中应不断沟通，根据实际情况合理调整工作方法以达成工作目标，出现问题时，应用积极的方式进行协商，解决问题，并改进流程，减少或避免下次出现同样的问题。通过大家发挥团队精神，树立主动服务的思想，用积极的行动为其他部门、为下道工序创造好的工作条件，尽心尽力帮助他人解决难题，使我们集团内部能够更加高效地运作，从而使我们集团在同行业中能够领先一步，胜人一筹。”

这位企业领导者把团队精神诠释得非常完美，正因为该集团重视和致力于培养员工的团队精神才使该企业发展得越来越快。生活中，无论我们在什么地方，我们都应该做一个善于与人合作的人，当你主动与人合作时，你会感觉到你的生活不再孤独，而当别人主动与你合作时，只要你确信他是好意，你也不要拒绝。

我们的生活离不开与他人的合作，培养自己的合作精神将是我们成就自己的最佳途径，这就像一滴水一样，只有放入大海才不会干涸，才会有闪光的机会。

增强团队意识，拥有强大力量

俗话说：“道不同则不相为谋。”公司的目标、文化就是公司所有员工工作的“道”，只有每一位企业员工都把公司的“道”视为自己工作的“价值观”，对公司产生认同感，整个公司才有凝聚力和竞争力。同时，员工也只有认同公司的文化和价值观，才能更好地去维护公司的利益。

其实，培养认同感不仅仅对公司有利，对员工自身来说也非常有意义：对公司的认同感可以让员工对公司的目标、战略产生一种“使命感”“自豪感”，潜意识里能激起员工工作的热情和进取心，这样员工的自身价值在公司里才能得到充分体现，员工的需求才能得到相应的满足。

我们每个人选择一份工作、一个团队，实际上也就选择了一整套的价值观。因为有了价值观，你才不会仅仅为了个人利益而行事，而是能够从更广泛的意义上去看待事情。

杰克·韦尔奇说：“个人与企业共享的价值观能增进个人与企业的效率。如果这两者互不相关，就可能产生许多冲突；如果个人与企业都有相同的价值观，就能够和谐共事。”有些员工之所以能够取得职业生涯的巨大成功，是因为他们将自己价值观的核心内容与企业价值观融为一体了。

在一个公司里工作，不管你是否真的喜欢，你都要接受它。接受这个公司，认同这个团队，这绝不是靠外力强加于自己，而是实现你自己人生价值的一种内在需要。

有不少人曾在可口可乐公司工作过，但在离开这家公司很多年后，他们依然坚持认为，公司给他们带来了很多的收获。

在你的职业生涯中，你所服务过的任何一个团队，都应该是你的一种荣耀。当你个人的价值观能与团队达成一致时，你就会喜欢自己的工作。

作为一名职业化员工，我们除了为自身的前途考虑外，也要为整个公司的未来负起责任。它需要每个团队成员让自己的目标与公司的目标看齐，同心协力，互助合作。

从某种意义上说，接受公司其实就是接受自己。你既然选择了自己的职业，那就得学会认同公司、认同自己。

在不满意的环境下工作，你肯定很难获得成功。所以我们必须要通过认同力量以增强我们的团队意识。

只有认同你所服务的团队，认同了自己，你的前途才会更加光明！

“红杉”是一种高大的植物。一般来讲，越是高大的植物，它的根应该扎得越深，但红杉的根只是浅浅地浮在地表而已。为什么会这样呢？我们知道，根扎得不深的高大植物，是非常脆弱的，只要一阵大风，就能把它连根拔起，更何况红杉那么雄伟的植物呢？那么红杉为何生长得那么好呢？其原因在于红杉不是独立长在一处，红杉总是一片儿一片儿地生长，长成红杉林。大片红杉的根彼此紧密相连，一株连着一株。自然界中再大的风，也无法撼动几千株根部紧密相连、上万平方米的红杉林。

这就是团结的力量。

由此可见，没有一株红杉可以独立存活，就如没有一个人可以独立生存一样。我们虽然是自然界最具灵性的生物，但我们永远都需要来自各个领域的朋友的帮助才能取得事业的进步。如果我们把自己和大众分开，我们就是失去土壤的根苗，即使有一时的自由也不会换得永久的常青。我们只有明白了这个道理，才能让自己在人生的这块沃土充分的吸收营养，更加茁壮成长。

可是在生活中，我们并没有深刻地领悟这一道理，许多人认为自己的能力很强，完全可以独当一面。但他们并不知道，再强势的人一旦远离了自己的生活圈子，失去别人的支持都只有失败，即使你是一个天才，你都不可能逃脱这样的命运。自然界中的许多小的生物很早就明白了这个道理。

有一篇报道曾这样记载：有一年发大水，黄昏时候，洪水最终撕开了江堤，使一个个小院子成了一片汪洋泽国。清晨，受灾的人们三三两两在堤上，凝望着水中的家园。

忽然，有人惊呼：“看，那是什么？”

一个黑点正顺着波浪漂过来，一沉一浮像一个人！有人“嗖”地跳下水去，很快就靠上了黑点，但见他只停了一下，掉头回游，转瞬上了岸。

“一个蚁球。”那人说。“蚁球？”人们不解。

说话间蚁球正漂过来，越来越近，看清了：一个小足球大的蚁球！黑黑乎乎的蚂蚁密密麻麻地紧紧抱在一起。风起波涌，蚁球漂流，不断有小团蚂蚁被浪头打开，像铁器上的油漆片儿剥离开去。

人们看得惊心动魄。

蚁球靠岸了。

蚁球一层层散开，像打开的登陆艇，蚁群迅速而秩序井然地一排排冲上堤岸，胜利登陆了。岸边水中仍留下了不小的一团蚁球，那是英勇的牺牲者，它们再也爬不上来了，但它们的尸体，仍然紧紧抱在一起。

这则报道曾经打动了无数人的心，从而也让更多的人明白了团结的重要性。

团结就是力量，如果我们每个人都众志成城，那么，我们做什么事都会以最小的代价，获取最大的成功。如果我们单枪匹马地行进，迟早会陷入绝境。古人说：三个臭皮匠顶个诸葛亮，说的就是善于运用所有人的智慧的人才是最有智慧的人。

比尔在森林里打猎的时候，在森林的东面迷路了。他不断地穿行奔走，急得满头是汗，但怎么努力都找不到森林的出口，他意识到自己被困在里面了。在经历了几个小时的寻路之后，又累又饿的他最后竟失望地哭泣起来。

“请问，知道这片森林的出口吗？”突然，他听见一个男人的声音在他耳边响起。原来这个男人也是一个迷路之人，但他是从森林的西边进来的，也是走了几天几夜都没有走出去。

“对不起，我也是迷路的人，我无法为你指路，但是如果我们俩商量一下，也许能找到出口。”于是俩人就坐在一起商量。最后按照分析的路线走，但还是失败了。俩人只有对坐着唉声叹气，没有任何办法。

“请问，知道走出森林的路吗？”突然，两人听见有人在问他们问题。原来这也是一个迷路的人，这个人是从森林的北边进来的，也是被困在了森林里出不去了。最后，三个人坐在一起商量之后，把每个人的经验都汇到一起，结果再次行动时，就顺利地找到了出口，当他们回头看着被甩在身后的茫茫森林时，不禁感慨万分。

之后，这三个人决定结成生死兄弟，团结一致创一番大事业。他们选择了一个共同的目标，并利用了各自的优势，明确分工，遇到困难时就如在森林里那样团结一致共同渡过难关，结果，这三个人在商业界创出了一个举世瞩目的公司，而这个公司的企业理念就是团结奋斗。

顾全大局，培养合作团队

提到迈克尔·乔丹，几乎没有人不知道他曾是NBA最伟大的球员之一。而迈克尔·乔丹之所以伟大，不仅仅是因为他有全面的技术，能成为篮球场上的领军人物，更为重要的是，在赛场上，只要为了球队的胜利，他能作出任何牺牲，可以说正是他的这种崇高的团队精神和责任感成就了他和芝加哥公牛队。

当很多球员在想着怎样争取更多上场的时间，怎样得分，怎样才能吸引观众的目光并成为媒体的焦点时，迈克尔·乔丹却可以放下巨星的架子、最伟大球员的光环，甘当配角，去助攻，去帮助队友防守。他这种为了大局而甘当配角的崇高团队精神和责任感深深地感染了队友，也为大家所钦佩。

不妨假设一下，如果迈克尔·乔丹不顾大局，没有任何责任感，在球场上只顾表现自己，那么，芝加哥公牛队还会取得NBA联赛的总冠军吗？肯定不能！迈克尔·乔丹还能成为最伟大的球员吗？肯定也不能！

所以，可以这样下结论：顾全大局，甘当配角，从表面上看自己是遭受损失了，但是从更深层次来看，当配角的人同样也是赢家，因为你的谦让、你的付出，能使整个团队获得更大的成功，团队成功是个人成功的保障！

某公司有6名保安。当经理决定从他们6个人当中选出一名为队长时，6个人都想当，并分别向经理自荐。其中有3个人自荐时，还捎带说了其他同事的坏话，比如某某在工作时间闲聊，某某有抽烟喝酒的不良习惯等。由于6个人都有想当队长的强烈愿望，经理决定通过比赛的形式选拔。

首先，经理把6个人分成甲、乙两组，每组3人，让他们徒手翻过一堵3米高的墙，当然墙的那一边铺上了安全垫。如果哪一组先上去，哪一组就是赢家，然后获胜的组再进入下一轮的决赛，最终胜出者就是队长。

毫无疑问，3米高的一堵墙，普通人如果不借助工具，要从光滑的墙壁上爬上去几乎是不可能的，而且经理给出的时间只有3分钟。怎样才能翻过那堵墙呢？

甲队的3名队员径直来到墙根下，其中一名叫李强的小伙子迅速蹲在地上，对另外两个人说："快，你们踩着我的肩膀爬上墙头，然后再拉我上去。"

"这……"

"还犹豫什么？快上……"

于是，另外两个人踩着李强的肩膀迅速爬上了墙头，然后分别伸出一只手把他拉上了墙头，3人一齐跳到了对面的垫子上。

经理满意地点了一下头，甲组的3名队员整个翻墙过程只用了2分40秒。

再看看乙组。乙组的3名队员还在争论着，且声音越来越大。3个人中身材最高大的吴欢大声抗议道：“什么？让我当梯子，你们踩着我的肩膀上？不行！我又不是木头，你们踩在我肩上多痛啊！再说，谁能保证你们俩上去后会伸手拉我呢？”

“你不当梯子，我也不可能，我感冒了，我身体还虚着呢。”小个子王进说。

就在3人还在争论不休的时候，经理走过来说：“别争了，你们谁也不用当梯子了。”

“啊，经理，我们可以不通过这一关就直接进入下场比赛了？”乙组的3名队员高兴地问。

“是的，你们可以不过这一关了，因为你们已经超过了规定的时间，同时，你们也用不着参加下场比赛了。”经理说完，径直走了。

甲队之所以能顺利地进入下一轮比赛，离不开他们团结一致、齐心协力的精神，更离不开李强顾全大局、甘当“梯子”的团队意识和团队责任感。假如甲队的3名队员也像乙队的3名队员那样，谁也不愿当“梯子”，那么谁也别想翻过墙头，进入下一轮比赛。

由此可见，工作中，无论你是普通员工、高级主管还是公司经理，你都不可能在没有支持和帮助的情况下独立实现你的全部目标。更为关键的是，如果你不顾大局，不愿当配角，没有一点团队责任感，那么别人也会如此“回报”你，那你想当“主角”的机会也就遥遥无期了。所以，为了团队的整体利益，为了工作的完美，我们应当努力去培养团队精神与责任感。

众所周知，团队是一个企业生存发展的重要力量，唯有拥有强大的团队精神，企业才能收获得丰收的硕果，个人才能实现自己的利益。那么，如何才能培养出这种强大的团队精神呢？那就是用诚信去打造一个完美的团队。众所周知，在一个团队中，人与人之间要想相互配合、相互协作，首先就要相互信任。如果失去了信任，那么整个团队就失去了合作的基石、精神和动力，从而整个团队就会丧失凝聚力和战斗力。

在团队合作的时候，经常会出现观点不一致的现象。在这时，每一个成员要做的不是强迫他人接受自己的观点与看法，而是在信任的基础上积极沟通，找出自己与他人观点中相同的地方，求大同存小异。只有给予对方充分的信任，才能使整个团队保持凝聚力，从而在促进公司发展的同时，也带动自身的成长。

有这样一位营销经理，其管理水平与业绩都是很出色的，但是，他部门中的员工却并不是这样的，办公室里面常常显得死气沉沉的，每个员工对自己的工作都好像没有太高的积极性。这让所有的人都想不通，一个出色的管理者居然不善于管理自己的部门！

于是，这位管理者就这个问题请教了有关的专家，专家给了他一份测试评估表。等他将评估表上的测试都做完的时候，他甚至不敢相信自己的眼睛，上面的结果说他不是一个善于倾听的人，甚至不信任自己的下属。对于这一点他很不解，问专家："我怎么会是一个不善于倾听而且不相信他人的人呢？如果我不相信他人，那我的部门岂不是很危险吗？"专家说道："这个问题我也不知道，你开个会让员工们自己说，看你是不是这样的人。"

会议上，营销经理拿着专家给他的评估结果，对大家说道："上面的结果说我是一个不善于倾听、而且不相信大家的人，你们说是这样的吗？"但是，公司的员工好像很害怕说实话似的，对他说道："您是一个善于倾听的人，没有不相信我们，每次我们与您的意见不一致的时候，您都能充分协调，给出让双方都满意的结果，比其他部门的经理好多了。"

对评估表上给出的结果，部门中的员工也都给出了否定的答案，这让在一旁倾听的专家感到很担忧。他们这样不说实话，就是对部门不负责任的一种说法，甚至还会毁掉部门的发展。正在专家担心的时候，听见了一个很小的声音："您有的时候确实做得不太好，总是固执己见，我们给出的意见您不采纳，而且我们在阐述自己的观点时，您甚至会粗暴地打断。可以说，这份评估表上的结果是完全符合您的，希望您能认识到自己的不足，并加以改善。"

听到这里，专家才感到欣慰，觉得总算有人肯说真话了，如果该营销经理按照这位员工说的去改变自己处事的态度，部门还是会有较好的发展前景的。而这时，营销经理也说话了："他说的话，不论大家认同不认同，但是我觉得我还是应该按照他说的去做，这样对部门有好处，一个人就是应该听进去不同的意见，所以我决定从今天起做一个善于倾听并且信任同事的好上司、好同事，以促进部门的发展。"听了营销经理的话之后，那些刚开始不敢说实话的人鼓起了掌，表示对上司的支持。

故事中专家的担忧，就是针对那位营销经理不信任下属而产生的担忧。可以说，这种担忧不是没有道理的，尤其是在当前职场中，一个企业中的所有员工就是一个团队。不论是同事之间缺少信任，还是领导与下属之间缺少信任，都会降低团队合作的凝聚力，从而降低团队合作的效率。

在职场中，每个人都希望自己所在的团队是一个高效的团队，而却不是每个人都明白如何才能打造一个高效的团队。在一个团队中，每一个成员都扮演着不同的角色，只有彼此相信对方，才能增加团队的凝聚力，从而保证工作顺利完成。

因此，作为一名职场人士，必须清楚地认识到：诚信是团队合作的基石，唯有互相信任，才能将大家的力量拧成一股绳，才能使自己的团队所向披靡。

统一步伐，服从是执行的基石

任何组织的统一步伐都是在个人服从集体的基础上进行的。服从是组织合作，步调统一的必然要求。没有服从就没有团结。不能否认任何人都有自己的独立性，但在组织活动中，每个人都去强调自己的个性，都去凸现自己的与众不同，当一项任务下来时，甲坚持这样做，乙坚持那样做，丙对甲乙双方的意见都不赞同，组织成员之间就这样互不相让，那么，这一项任务该怎么完成？企业该怎么发展？

所以，服从是团结一致的第一步，是企业发展的第一步。服从就是要遵照指示做事。服从的人必须暂时放弃个人的独立性，个性服从共性，全心全意去遵循所属机构的价值观做事。

曾经有一位企业负责人能讲一口流利的英语，在跟外商谈判中，他的位置就显得尤为重要。慢慢的，他有些飘飘然了，对于那个个头比自己矮，学历、水平和能力好像也没有自己高的上司就有些不以为然。

有一次他和自己的上司在跟外商谈业务的派对上，得意地跟外商频频举杯，跟外商海阔天空地闲聊，他的上司频频向他示意要将合同定下来，但他却视而不见，只顾着卖弄自己。结果这个本来可以当时就拍板的合同因为拖的时间太长被别人抢了先机，单子砸了。没几天，他就被以一个无关紧要的理由辞退了。

临走时，他的上司告诫他：纵然再有才华，也要服从组织的安排。他这才知道自己没有找准自己的角色位置，自己充其量是一个有才干的人，却不是一个公司的中流砥柱。作为一个部门经理，在各种场合都应当以组织为中心，突出组织的地位。如果喧宾夺主，那么整个组织的原则就无法得到贯彻，行动也会落后于别人。任何组织都不会容忍这样的个体存在。

因为，一个组织就像一个家庭，家庭成员不团结当然就会有许多人乘虚而入。一个公司内部存在分歧，很快就会有竞争对手知道，那么竞争对手也会趁火打劫。所以，一个团队，首先要在各成员服从一致的基础上统一起来，才能应对市场的残酷竞争。所以，企业在用人时并非只会看重员工的职业技能，许多优秀的职业素养往往是决定员工能否被老板赏识的关键因素。

一个企业，如果纪律贯彻不力，下级就会斗志松懈、纪律松弛，反之，如果纪律严明、赏罚有度，企业的凝聚力、战斗力就会大大提升。一个团结协作、富有战斗力和进取心的团队，必定是一个有纪律的团队。同样，一个积极优秀的员工，也必定是一个具有强烈纪律观念，善于服从的员工。

一位管理者在服从这个问题上说："我每次遇到员工不服从组织调配时，都会采取一种与他人十分不同的处理方法。我的第一个行动是同这个员工商量，采取哪些具体措施以改进工作。我提出建议并规定一个合情合理的期限。这样，也许会获得成功。不过，如果这种努力仍不能奏效，那我必须考虑采取对员工和公司可能都是最好的办法。当我发现一个员工不遵守纪律、工作老出差错时，就决定不要他！因为服从组织决定没商量。"

上司的地位和责任决定了他有权对下属发布命令，在一个团队里，如果下属不能无条件地服从上司的命令，那么在达成共同目标时，就可能困难重重，甚至会直接导致项目的流产。因此，没有服从就没有团结，就没有企业的进步和发展。

请回答一个问题：当上司安排一项任务让你去执行时，你首先会表现出怎样的态度？

也许你不好意思说出答案，还是让我们一起来讨论吧。有的员工会说："好的，我一定完成任务。"然后立即行动起来，投入到执行中去。有的员工会说："是让我做吗？好吧。"可能随后将任务放在一边，等上司查核了才不得不做。有的员工会说："这样的工作我从没做过呀，小王这方面有经验，是不是让小王去做？"推辞不掉再接着寻找别的借口。

这三种态度，哪一种是正确的呢？在回答这个问题之前，我们先来重温一个耳熟能详的故事：1898 年，美国准备对西班牙宣战，麦金利总统认为赢得这场战争的关键是和古巴起义军合作，尽快同卡利斯托·加西亚将军这位古巴起义军的领导人联络上。当时，加西亚将军正率部为独立而战，西班牙人正全力搜捕他，谁也不知道他的确切消息。

麦金利总统召见了美国军事情报局局长阿瑟·瓦格纳上校，问到哪儿找一个信使能把信送给加西亚将军。瓦格纳上校推荐了一位年轻的军官——安德鲁·罗文中尉。一个小时之后，罗文来到瓦格纳上校跟前。"小伙子，"瓦格纳上校说，"你的任务是把这封信送给加西亚将军，他也许在古巴西部的什么地方……你只能独立计划并完成这项任务，它是你一个人的任务。"说完，瓦格纳上校和罗文握了握手，又强调说："把信送给加西亚。"罗文一个字都没问就走了，历尽险阻后他把信交给了加西亚，并将加西亚的回复转达给了麦金利总统。

从罗文身上，我们能挖掘出很多优秀的品质，如敬业、忠诚、自动自发，这都是执行的要素。对于执行来讲，还有一种最基本的也是最重要的品质，那就是服从。当瓦格纳上校交代完任务后，罗文一个字都没有问，便立即动身出发了，并出色地完成了任务，为赢得美西战争、解放古巴作出了重要贡献，他也被授予了杰出军人勋章。

现在再来看我们提出的三种态度，哪一种正确自然是不言而喻了。当上司安排给你一项任务时，你就应该干脆地说："好的，我一定完成任务。"也就是说，首先要服从，无条件地服从。这是一种责任，是对工作高度负责的表现。因为只有无条件地服从，你才会立即执行，也只有无条件地服从，才会斩断你推诿和拖延的想法。试想，当你第一时间服从并决定立即执行任务时，你还有时间琢磨怎样推诿甚至拖延工作吗？答案显然是否定的。一旦树立起了无条件服从的责任意识，执行就会立竿见影，在这个讲究效率和速度的时代，还意味着抢占了先机，赢得了时间。还是以罗文为例，如果他向瓦格纳上校问这问那，甚至抱怨任务的艰难，不情愿地接受任务后，又不竭尽所能地去寻找加西亚将军，甚至在丛林里开起了小差，结果会是如何呢？那肯定会影响到麦金利总统的决策，甚至会贻误战机，改变战争的结局。

可见，服从是执行的基石，是执行的第一要素。而老板和上司赏识的也正是具备这种责任感的员工，把任务交给这样的员工，既放心，又省心。他会不找借口地执行，也会自动自发地把任务执行到底。因此，主动服从显然是优秀员工必备的美德。巴顿将军的战争回忆录《我所知道的战争》里的一段话，正好印证了这一点："我要提拔人时常常把所有的候选人排在一起，给他们提一个我想要他们解决的问题。我说：'伙计们，我要在仓库后面挖一条战壕，8 英尺长，3 英尺宽，6 英寸深。'我就告诉他们这么多。我有一个有窗户的仓库。候选人正在检查工具时，我走进仓库，通过窗户来观察他们。我看到伙计们把锹和镐都放到仓库的地上。他们休息几分钟之后，开始议论我为什么要他们挖这么浅的战壕。他们有的说 6 英寸深还不够当火炮掩体，其他人争论说这样的战壕太冷或太热。如果伙计们是军官，他们会抱怨他们不该干挖战壕这么普通的体力劳动。最后，有个伙计对其他人下命令：'让我们把战壕挖好后离开这里吧。那个老畜生想用战壕干什么都没关系。'最后，那个伙计得到了提拔。我必须挑选不找任何借口就完成任务的人。"

也许你会问，那个得到提拔的伙计有责任感吗？他竟然不管那个"老畜生"用战壕干什么！实际上，巴顿将军考核的也是士兵是否具备服从这种执行的要素，因为主动服从是执行的开始，也是完成任务的保证。况且，在仓库后面挖一条非常规的战壕，也不会形成什么恶劣的后果。但是，如果巴顿将军下一道明显错误的命令，比如让士兵互相开枪，那些伙计肯定会彼此问:“老畜生是疯了吗?”并拒绝执行的。尽管服从命令是军人的天职。

同样，当上司安排一项任务让你执行时，你首先要服从，但这种服从是一种理智地服从，不是盲目地服从。也就是说，你执行的前提是，你的工作对老板和公司是有益的，如果你发现让你执行的计划存在着漏洞，你就应该勇敢地站出来与上司商榷。当然，也许在执行的开始你并没有发现任务的不可执行性，随着工作的开展发现不对的时候，也不要以不是自己的责任为由，将错误进行到底。因为上司也有规划不周的时候，也有思考的盲点。关于这一点，我们在后面将详细论述。

记住服从是执行的第一要素!

第07章

高效能工作法——日高日清成就强大执行力

一个人的能力、精力有限，谁也不是超人，不可能一夜之间解决所有难题，做完所有事情。当一大堆工作同时压到你身上时，按“要事第一”的原则来完成，是最合理的解决之道。提升办事效率，追求工作效率，是优秀员工的日常功课。

一切都要靠业绩说话

“看看吧，这是一篇好文章，我刚从《科学周刊》上读到的。”莱文森每天只休息 4 个小时，他给自己的员工发这样的邮件时是从来没有时间概念的。他的手边一直放着一本精装封面的笔记本，任何人来汇报工作他都详细记录，以便几个月后员工再汇报时，他能在 30 秒内梳理出对方的工作进展。

这是《华尔街日报》对莱文森工作状态的现场还原。对此，有人称他很“疯狂”。苹果公司前总裁乔布斯极为尊重和推崇莱文森，并将其当作良师益友。

和乔布斯一样，莱文森对自己的着装不太在意，以至于许多人第一眼见到他，总会误认他仅是生物医药实验室里的一个化验员。在他的办公室里，永远放着一套备用西装，以备他随时整装待发。据公司员工透露，这位看似不修边幅的 CEO，却有一种不照镜子便可很专业地打好领带的本事。

以前，人们常常说这样一句话：“这些年来，我没有功劳，也有苦劳啊!”

可是现实就是现实，没有功劳的苦劳是徒劳!

我们必须接受这种现实——在公司和老板的心目中，最看重的是两个字——业绩，业绩才是硬道理。

业绩对员工和公司的重要性不言而喻，公司要蒸蒸日上，需要靠好业绩；员工实现自我价值也需要好业绩，没有业绩，一切都免谈。一个员工每天辛苦努力工作，如果没有业绩，公司不赚钱，那么公司拿什么给员工发工资呢?

现在大部分公司都实行岗位薪酬制，除一定数额的基本工资，其余诸如奖金、提成等完全取决于个人工作业绩，业绩高则收入高，否则就只能是低薪。

所以，作为一名员工，无论你曾经付出了多少心血、做了多大努力，也不管你学历有多高、工作年限有多长、人品是如何的高尚，只要你拿不出业绩，那么老板就会觉得他付给你薪水是在浪费金钱，你的结局也就不言自明。

现实就是如此，千万不要因此而责怪老板和企业“薄情寡义”。一个员工，必须要把努力创造业绩当做神圣的天职和光荣的使命。因为，业绩才是硬道理。

古罗马皇帝哈德良曾经碰到过这样一个问题：他手下有一位将军，跟随自己长年征战。有一次，这位将军觉得他应该得到提升，便在皇帝面前提到这件事。

“我应该升到更重要的领导岗位，”他说，“因为我的经验丰富，参加过10次重要战役。”

哈德良皇帝是一个对人才有着敏锐判断力的人，他并不认为这位将军有能力担任更高的职务，于是他随意指着拴在周围的马说：“亲爱的将军，好好看看这些马，它们至少参加过20次战役，可它们仍然是马。”

其实工作也一样，人在工作中没有苦劳，只有功劳。经验与资历固然重要，但这并不是衡量能力的标准。

俗话说：革命不分先后，功劳却有大小。

企业需要的是能够解决问题、勤奋工作的员工，而不是那些曾经做出过一定贡献，现在却跟不上企业发展步伐，自以为是的员工。在一个凭实力说话的年代，讲究“能者上，庸者下”，没有哪个老板愿意拿钱去养一些无用的闲人。

企业要永远保持创业状态，而要做到这一点，则需要让“每一个细胞都充满活力”。

作为一个发展多年的企业，海尔怎么能保证创业元老不失去创业的激情呢？元老怎么样才能跟得上企业发展的步伐呢？

海尔集团董事局主席张瑞敏回答说：“我认为对待元老还是要看他是否对企业做出贡献，如果你因为照顾他，导致企业没有饭吃了，那么这种照顾就是对所有员工的不照顾。不论是元老还是年轻人，你到底怎么样做才算真正的照顾呢？我认为不是表现在小恩小惠上，而是让他自己具有竞争力。”

海尔不看学历和资历，只看业绩，以业绩论英雄，真正做到“能者上、平者让、庸者下”。每年年终，总有一部分中层干部因完不成市场任务而下台，又总有一批超额完成市场任务的新秀走上领导岗位。

有一位教授曾问张瑞敏：“对那些跟随你一起打天下的人，你怎么下得去手？是不是太残酷了？”

张瑞敏的回答是这样的：“第一，我是等距离原则，与所有的干部都是等距离的，没有亲疏之分，谁上谁下完全由制度说了算。在海尔，一个管理干部如果连续四五次排在末位，他不下台反而成了怪事。通常他自己就会要求下来，完全由制度说了算。第二，这样的用人机制看似严酷，实际上是最大的仁慈，否则，迁就了一个人，毁了整个海尔，你说哪个更残酷？”

张瑞敏常说：“海尔像一辆在发展和改革的大道上疾驶的汽车，每到一个急转弯处，总会有人掉下来。”

在海尔，业绩决定一切。其实，在任何一家公司，业绩都是考核员工的核心标准之一。

在美国通用电气公司，业绩观在其核心价值观中就占有着十分重要的地位。通用电气特别重视对员工的业绩观的培训。

新员工进入通用电气，公司会在培训时告诉他们：业绩在通用电气的文化中非常重要。在通用电气，所有员工无论是来自哈佛大学，还是来自一所不知名的学校，也无论以往在其他公司有着多么出色的工作经历，一旦进入通用电气，都在同一条起跑线上。每个员工必须重新开始，从进入通用电气开始，衡量员工优劣的是他在通用电气的业绩，是为通用电气所做的贡献，员工现在及今后的表现比他过去的经历更重要。

在通用电气，员工的升迁不是论资排辈，而是根据业绩和才能来决定的。才华突出的人很容易就能找到自己的用武之地，一夜之间连升三级早已不是什么稀奇事。杰克·韦尔奇本人当上首席执行官时也是年仅 44 岁，只因其业绩出众。

前通用 CEO 杰夫·伊梅尔特在负责通用电气医疗系统时，曾经有一年业绩不太好。通过一段时间的考察后，杰克·韦尔奇告诉他说："我们都很喜欢你，也相信你的能力，但如果明年你的业绩还不好，我们就必须采取行动了。"

当时杰夫·伊梅尔特回答道："如果结果不尽如人意，您不需要亲自来辞退我，因为我自己会离开的。"结果，第二年，杰夫·伊梅尔特的业绩又重新提了上去，并且业绩越来越突出。同时，通用电气也给了他相应的回报——职位逐级晋升。在通用电气，这种例子不计其数。

身为员工，必须懂得"没有苦劳，只有功劳"，这是现代企业的生存法则。资历不是能力，不能靠资历吃饭，否则，职场之路将越走越窄。相反，如果你在工作的每一阶段总能找出更有效率的办事方法，你就能不断提升自己，就有可能被委以重任，成为企业不可或缺的人才。

理清头绪，办事更高效

有一个人做事总是虎头蛇尾，有始无终。他曾经废寝忘食地攻读法语，但要真正掌握法语，就必须首先对古法语有透彻的了解，而如果对拉丁语没有全面的掌握和理解，要想学好古法语又是绝不可能的。后来他经过实践发现，掌握拉丁语的唯一途径是学习梵文，所以便又一头扑进了梵文的学习之中，结果到头来，时间花费了不少，而自己却什么东西都没有学到。因为他中途不断地更改自己的学习目标，每一次的学习都是有头无尾，所以他“赢”得了一个“有头无尾”先生的称号。

在职场之上，这样的“有头无尾”先生并不少见，他们对自己的目标不能坚持到底，稍遇一点困难就轻易放弃自己的既定目标，阻挠他们把工作做彻底。很多时候，其实他们已经具备了获得最后成功的条件，但是因为“有头无尾”的坏习惯，错过了许多原本属于自己的机会。由此可见，不做“有头无尾”先生，坚持自己的初衷，这是把工作做彻底的法宝之一。

对于很多人来说，工作很可能就是一团乱麻，可是这其中有的人成功了，而有的人失败了。虽然说成功有成功的理由，失败也有失败的原因，但细细分析之下，我们不难发现，在这些成功者身上有一个共同的特点：善于理清工作的步骤，让自己的工作“头绪化”。

或许很多人对“头绪化”的工作没有什么切身感受，也就不能体会到这种工作方法的魅力所在，但是央视著名主持人王小丫对此却深有体悟。

王小丫自从进入中央电视台当了节目主持人之后，似乎就没有空闲过，她的工作日程总是排得满满的，特别是遇到一些临时性的主持任务时，王小丫更是忙得不可开交。

仅凭她主持过的节目大家就可以看出这一点：《商务电视》《供求热线》《金土地》《经济半小时》《开心辞典》等栏目，还客串主持了《对话》等栏目，“3·15”消费者权益日直播晚会、上海财富论坛、科技下乡、环保主题电视节目……这一连串的播出任务放在谁身上都可能出现忙乱的景象。但是王小丫忙归忙，却从来不乱，在银屏上出现的她给人的感觉总是那么稳重、自然、有气质，特别是她的神态，更是一副稳定自若的样子。

那么王小丫是如何做到这一点的呢？很简单：把工作的头绪理清楚，一步一步来。她是一个烹饪爱好者，在说起自己的工作步骤时，她用烹调做过一个比喻：工作就好比做菜一样，你放材料、作料的时候必须要有条理、顺序。第一步该放油，第二步该放蒜、辣椒，然后就是菜、盐、味精……要想菜做得好吃，这些步骤不能弄乱了，否则你做出来的菜不仅没有好看的菜色，也不可能会有好吃的味道。工作也是如此，第一步该做什么，第二步该做什么，你同样不能弄乱了，否则你的结果可能就是失败。

记得有一次，王小丫在主持《开心辞典》的时候，突然接到了外景的任务，正当她匆匆赶往外景场地的时候，却接到家人的电话，需要她马上赶回家……既要录制节目，又有采访任务，还要急着赶回家，换做一般的人，可能早就乱作一团了，但是王小丫稍微思考了一下，便作出了安排：首先做好外景的采访任务，因为外景不比在直播室录制节目，时间不等人，事件也不等人，就在她赶往外景采访的时候，她请自己的好友帮忙订购飞机票，外景一结束，她就赶往机场，回家处理私事。

就这样，一团乱的工作状态得到很好的控制，王小丫不仅没有耽误直播，也没有耽误采访，当然，也没有耽误赶回家处理事情。正是凭借着这种干练的精神，王小丫成长为央视当家女主持人之一，并且获得了一系列的奖项：

1998年获得“华鹤杯”全国电视经济节目主持人十佳奖、最佳评论奖和1998年全国广播电视系统抗洪先进人物；

2000年获“2000中国电视榜”最佳财经节目主持人；

2001年获得“大学生电视节”最受欢迎女主持人奖；

2001年获第四届金话筒提名奖、最受欢迎电视节目主持人；

2002年初获得“首届央视十佳主持人”评选第一名和“全国电视榜”最佳财经节目主持人；

2003年第五届金话筒奖；

2003年和2004连续两年在中央电视台被评为“十佳主持人”；

2004年被评为中央电视台十大巾帼标兵，并被全国妇联和妇女杂志评为2004年全国十大经济女性；

2006年获得中国电视节目主持人25年25人“最具亲和睿智主持”、在“2006中国十大魅力女人”评选中被评为“睿智之魅”；

2007年获中央电视台十佳节目主持人，在2007中国时装周获得“时尚成功人士奖”。

当然，王小丫不仅做好了自己的本职工作，同时也热心于社会公益事业，担任了中国青年志愿者形象大使、全国青联委员以及中央直属机关青联常委、视协副会长，还担任了全国爱护母亲河形象大使，以及全国推广普通话终身形象大使，同时还是中国红十字会捐献造血干细胞的宣传员。

职衔的复杂也决定了她工作的繁杂，但是在繁杂的工作面前，王小丫依然做得很好，工作做得很到位、很彻底，这和她善于理清自己工作的头绪是分不开的。

由此我们可以得出一个结论：要想在职场中提高自己的职场竞争力，除了要提高自己的能力之外，还有一点非常重要：让自己的工作头绪化，不要因为忙而变得乱，因为乱而变得更忙，以失败而终。

那么在工作之中，该如何才能理清自己的头绪呢？

（一）学会管理自己的工作

所谓管理自己的工作，实际上是指对自己工作进行合理的时间分配。这种时间上的分配在很大程度上保证了自己的工作效率，也保证了工作和时间的完全重合。即在规定的时间里做规定的事情，而不是因为一旦时间充足就浪费时间，一旦时间不充足就胡乱完成自己的工作，这样做自然不能将工作做到彻底。当然，要做到这一点就必须对每一项工作需要多长时间了如指掌，这一点可以在平常的工作当中积累经验。

（二）作好自己的工作计划，尽量做到统筹规划

有计划的工作和没有计划的工作完全是不同的。为什么很多人在做某一件事情的时候时间非常充足，而做另一件事情的时候时间却往往不够用呢？原因很简单：他们没有将时间进行统筹规划，在时间充裕的时候还可以做点别的事情，从而改变时间不足时捉襟见肘的境况。

（三）作好经验总结，提高自己处理突发事件的经验

最容易让工作变得毫无头绪的莫过于一些突发事件了，如何处理好这些突发事件将直接关系到我们能否彻底完成工作。比如在工作过程当中，老板突然给你一个紧急任务要你去完成，这个时候，你该怎么办？立即放下手头工作去处理还是分析思考之后再去处理，如果你去处理该怎么办？在处理这些紧急事件的时候是不是还能继续完成自己原先的工作呢？这些问题都得好好考虑，在平常的时候多多积累经验，以备不时之需。

立即行动，马上去做

有一位心理学家多年来一直在探寻成功人士的精神世界，他发现了两种本质的力量：一种是在严格而缜密的逻辑思维引导下艰苦工作；另一种是，在突发、热烈的灵感激励下立即行动。当然，在一般的情况下，很多人做不到第一条，因为人的惰性经常干扰自己，不能进行“艰苦卓绝”的工作，自然而然，要想获得成功，就必须使用第二种方法：立即行动。

那么为什么立即行动能更快地走向成功呢？因为一旦进入了行动状态后，人们就来不及多想，就等于逼上梁山、背水一战，只有一条路走到黑，这样反而容易成功。也就是说，很多时候，我们之所以失败，是因为我们想得太多、过于犹豫所致。

威廉·詹姆斯说：灵感的每一次闪烁和启示，都让它像气体一样溜掉而毫无踪迹，这比丧失机遇还要糟糕，因为它在无形中阻断了激情喷发的正常渠道。如此一来，人类将无法聚起一股坚定而快速应变的力量以对付生活的突变。

对此，《大英百科全书》中有关美国内容的编辑，曾在哥伦比亚大学担任新闻学教授，现在在好莱坞影视城发展的皮特金先生有着很深的感触。

14 岁那年，沃尔特·皮特金就开始靠放牛、为底特律的一家干货店送货来谋生。16 ～ 18 岁期间，他帮助有关部门在底特律的波兰人居住区进行在校生情况调查，从而赚到了足以让自己跨进大学校门的钱。随后，他通过向学生卖小商品、给报纸投稿，以及参与其他一些勤工俭学活动，赚到了足够的学费，保证自己顺利完成大学学业。他学习了希腊语、拉丁语、法语、德语、希伯来语、阿拉伯语以及哲学和心理学。

他坦言，刚开始有这种想法的时候，他自己都吓了一跳，但是他觉得如果自己不赶紧行动，自己可能就会被自己说服并且放弃。凭借着这种“马上行动”的精神，皮特金才有了今天的事业。

其实这种良好的习惯不仅仅在他年少的时候帮助了他，在他进入好莱坞影视城发展的时候，也帮助了他。

有一次，皮特金在好莱坞时，一位年轻的支持者向他提出了一项大胆的建设性方案，在场的人全被吸引住了，它显然值得考虑，不过他们可以从容考虑，然后讨论，最后再决定如何去做。但是，当其他人正在琢磨这个方案时，皮特金突然把手伸向电话并立即开始向华尔街拍电报，电文热烈地陈述了这个方案。当然，拍这么长的电报所费不菲，但它转达了皮特金的信念。

出乎意料的是，1000万美元的电影投资立项就因为这个电文而拍板签约。人们在欢呼雀跃的时候也后怕了一下：假如他们拖延行动，这项方案极可能就在他们小心翼翼的漫谈中自动流产——至少会失去它最初的光泽。然而皮特金立刻付诸行动了。在他一生中，他培养了灵感，信赖它，将它当成他最可靠的心理顾问。很多人羡慕他办事如此简明，然而事实是，他之所以办事简明，就是因为他在长期训练中养成了“马上行动”的习惯。

在职场之上，很多人做事情看起来非常谨慎小心，非要等到“万事俱备”才会行动，其实我们都知道，“万事俱备”只不过是“永远不可能做到”的代名词，如果你事事都要求达到这种状态才开始行动，那么毫无疑问，你根本没有成功的可能性。

世间永远没有绝对完美的事。一旦延迟，愚蠢地去满足“万事俱备”这一先行条件，不但辛苦加倍，还会使灵感失去应有的乐趣。以周密的思考来掩饰自己的不行动，甚至比一时冲动还要谬误。

那么在日常工作中，我们该如何做才能促使自己立刻行动呢？

（一）尽量减少自己的顾虑

纵观我们身边一些失败的人，他们为什么会失败？稍微分析一下我们就会发现，这些人在做事情的时候总是顾虑重重，特别是刚开始做一件事情的时候，更是如此。更可悲的是，一些原本很好的项目就死在了这种“顾虑重重”之中。由此我们可以发现，企盼“万事俱备”后再行动，你的工作也许永远没有“开始”。一旦陷入“万事俱备”的泥潭，你将不知所措，无法定夺何时开始，时间一分一秒地浪费了，你陷入失望的情绪里，最终只有以懊悔面对悬而未决的工作。

（二）马上去做

“马上去做”是现代成功人士的做事理念，任何规划和蓝图都不能保证你成功，很多企业之所以能取得今天的成就，不是事先规划出来的，而是在行动中一步一步不断调整和实践出来的。规划很有可能会束缚你的手脚，让你变得畏葸不前。要知道，规划的东西是纸上的，与实际总是有距离的，规划可以在执行中修改，但关键还是要马上去做！根据你的目标马上行动，没有行动，再好的计划也是白日梦。

（三）迅速作出决断

如果你想在第一时间完成事情，就必须在很短的时间里作出决断。虽然迅速决断可能会让我们犯错误，但是如果你拖拖拉拉、犹犹豫豫，很可能不会犯错，但是你会失去很多机会。

因此，如果你已作了一个真正的决定，就要马上行动。方法是写下开头的几个步骤。哪件事是你现在马上可以进行，并且对你的新决定有帮助的？你可以打电话给谁？你可以做什么承诺？你可以写一封什么样的信？你可以做什么与旧习不同的事？将你可以立即做的事列成一张表，并马上去实行它们，现在就去做！

轻重缓急，要事第一

在一个团队中，怎么做才是管理时间的最好方式？应该把时间留给自己还是分配给他人？下面的故事为我们提供了一个借鉴。

乔恩经常进出医学院附属的儿童医院，与那里的医生、实习生接触频繁。负责接待乔恩的马罗尔医生手下有两个实习医生，一男一女。接触多了，乔恩发现二人的工作态度有天壤之别。男实习生纳特总是神采奕奕，白大褂一尘不染。女实习生埃米则总是马不停蹄地从一个病房赶到另一个病房，白大褂上经常沾着药水、小病号的果汁和菜汤。

纳特严格遵守印第安纳州的医生法定工作时间，一分钟也不肯超时。除了夜班，他不会在上午八点前出现，下午五点之后便踪影全无。埃米每天清晨就走进病房，有时按时回家，有时却一直待到深夜。

虽然见面时，纳特总是神闲气定，平易近人，但乔恩觉得他对医生的责任划分过于泾渭分明了。乔恩不止一次听他说："请你去找护士，这不是医生的职责。"埃米正相反，她身兼数职：为小病号量体重——护士的活儿；给小病人喂饭——护士助理的活儿；帮家长订食谱——营养师的活儿；推病人去拍 X 光片——输送助理的活儿。

医学院每年期末都要评选五名最佳实习医生。乔恩想埃米一定会入选，医生如果都像她那样忘我就好了！但评选结果却令乔恩大吃一惊，埃米落选了，纳特却出现在光荣榜上。这怎么可能呢？乔恩找到马罗尔医生，问他是否知道最佳实习医生评选的事。"当然知道，我是评委之一。"

马罗尔医生说。

“为什么埃米没当选？她是所有实习医生中最负责的人。”乔恩愤愤不平地问。马罗尔医生的回答令乔恩终生难忘，也彻底改变了他对“职责”一词的理解。

埃米落选的原因是她“负责过头了”。她把为病人治病当成了自己一个人的职责，事无巨细统统包揽。但世界上没有超人，缺乏休息使她疲惫不堪，情绪波动，工作容易出错。纳特则看到了职责的界限。他知道医生只是治疗的一个环节，是救死扶伤团队中的一员。病人只有在医生、护士、营养师、药剂师等众多医务工作者的共同努力下，才能更快康复。他严格遵守游戏规则，不越雷池半步，把时间花在医生的职责界限内。因此，纳特能精力充沛，注意力高度集中，很少出错。

马罗尔医生最后说：“埃米精神可嘉，但她的做法在实践上行不通。医学院教了她四年儿科知识，并不是让她来当护士或者营养师的。我们希望她能学会只负分内的责。”乔恩恍然大悟，现代社会的职责都是有界限的，每人都必须学会分工协作，“负责过头”未必是好事。

工作是永远做不完的，而每个人的时间是有限的，一个人不可能承揽所有工作，尤其是在一个组织中，每个人完成好自己的工作才是最重要的，只有这样才能保证团队有效地协作。积极帮助他人的精神值得肯定，但仅仅在一定范围内是有效的。在社会分工日益细化的今天，照章办事成为有效利用个人时间和团体有效协作的共同要求。

小李刚出社会的时候，以为是自己能力不够，事情才会堆积如山，为了快速增强能力，小李拼命加班，心想“勤能补拙”嘛！当上主管之后，小李除了要做好自己的工作外，还要管理其他同事的工作，工作量呈倍数增长，为了证明自己是个“勇于负责”的优良主管，只好变成拼命三郎；等到身心不胜负荷，干脆“睁一只眼闭一只眼”，降低对品质的要求。

但现在，小李终于知道，事情之所以会永远做不完，是因为小李太贪心又太过用力的缘故。事实上，按照要事第一的原则，有些事情可以选择放弃它不要做了，有些事情可以想办法以别种方式来完成。

工作的时候如果你分不清事情的“轻重缓急”，不但会浪费许多时间，更会让你的努力全部“归零”。

现在，就请你回想一下，工作时下面这些情景是否经常出现?

你是不是手边永远有一堆琐琐碎碎的小事，怎么都做不完?

你是不是觉得所有的工作都“一样重要”？

你是不是非得先做完手边的工作，才肯再接新的工作?

你是不是经常麻烦上司为你“调整工作进度”？

如果你的答案为“以上皆是”的话，那你可要提高警觉了，说不定自己已经成为别人眼中的“头痛人物”而不自知。

实际上，职场上的成功人士都是明白轻重缓急的道理的，他们在处理一天的事情之前，总是按分清主次的办法来安排自己的时间。

商业及电脑巨子罗斯·佩罗说：“凡是优秀的、值得称道的东西，每时每刻都处在刀刃上。要不断努力才能保持刀刃的锋利。”罗斯认识到，人们确定了事情的重要性之后，不等于事情自然会办得好。你或许要花大力气才能把这些重要的事情做好，而始终要把它们摆在第一位。你肯定要费很大的劲但这是你必须做的事，但只要你做到这一点、并统筹安排这些事情，你会获得惊人的回报。

把握时间，创造更多的价值

把握住了时间，或许能将自己的人生推到前所未有的高度。这些杰出的人，可能就生活在我们身边。

美国前国务卿赖斯的奋斗史颇有传奇色彩，短短 20 余年，她就从一个备受歧视的黑人女孩成为著名外交官，奇迹般地完成了从丑小鸭到白天鹅的嬗变。有人问起她成功秘诀的时候，她简明扼要地说，因为我付出了超出常人八倍的辛劳！

赖斯小时候，美国的种族歧视还很严重。特别是在她生活的城市——伯明翰，黑人的地位非常低，处处受到白人的歧视和欺压。

赖斯 10 岁那年，全家人来到首都华盛顿观光游览。就因为黑色皮肤，他们全家被挡在了白宫门外，不能像其他人那样走进去参观！小赖斯倍感羞辱，咬紧牙关注视着白宫，然后转身一字一句地告诉爸爸："总有一天，我会成为那里的主人！"

赖斯父母十分赞赏女儿的勇敢志向，经常告诫她："要想改善咱们黑人的状况，最好的办法就是取得非凡的成就。如果你拿出双倍的劲头往前冲，或许能获得白人的一半地位；如果你愿意付出四倍的辛劳，就可以跟白人并驾齐驱：如果你能够付出八倍的辛劳，就一定能赶到白人的前头！"

为了实现"赶在白人的前头"这一目标，赖斯数十年如一日，以超出他人八倍的辛劳发奋学习，积累知识，增长才干。普通美国白人只会讲英语，她则除英语外还精通俄语、法语和西班牙语；白人大多只是在一般大学学习，她则考进了美国名校丹佛大学并获得博士学位；普通美国白人 26 岁可能研究生还没读完，她已经是斯坦福大学最年轻的女教授，随后还出任了这所大学最年轻的教务长。普通美国白人大多不会弹钢琴，可她不仅精于此道，而且还曾获得美国青少年钢琴大赛第一名；此外，赖斯还用心学习了网球、花样滑冰、芭蕾舞、礼仪训练等，并获得过美国青少年钢琴大赛第一名。凡是白人能做的，她都要尽力去做；白人做不到的，她也要努力做到。最重要的是，普通美国白人可能只知道遥远的俄罗斯是一个寒冷的国家，她却是美国国内数一数二的俄罗斯武器控制问题的权威。

天道酬勤，“八倍的辛劳”带来了“八倍的成就”，她终于脱颖而出，一飞冲天。

人生在世，我们都渴望建功立业，也希望参与公平竞争，但事实上，世界上真正的公平竞争很少，总有这样那样的非公平因素在其中作梗捣乱。那么，要想在竞争中获胜，又不搞邪门歪道，那就只有笨鸟先飞，锲而不舍，靠比别人花费更多的时间和精力，像赖斯那样，付出比别人多“八倍的辛劳”，以无可争议的优势来取胜。有耕耘就有收获，一个急切渴望成功却又总与成功无缘的人，无须怨天尤人，不妨先问问自己：你是否付出了“八倍的辛劳”。

人一旦懒怠，最容易忽略的就是时间的流逝。时间原本就像手心里的沙，握得再紧，也会无声无息地从指缝间溜走。

懒怠，也许不是让我们有更多的时间享受生命，而是缩短我们原本就很短暂的生命。千万不要因为偷得光阴而沾沾自喜，因为失去的一定更多。

有一段时间，老农夫一直用牛和骡子一起耕作，耕作相当辛苦。年轻的小牛坚持不住了，便对骡子说：“今天我们装病吧，好好休息休息。”老骡却答道：“不行呀，我们得把工作做完呢，因为耕种的季节很短呀。错过了，这一季就没有收成了。”

虽然觉得骡子说得有道理，但小牛在心里暗想，休息一天又能怎样呢？所以小牛还是独自装病了。农夫给它弄来新鲜的干草和谷物，尽量让它舒服些。等老骡耕种了一天，疲惫而归，小牛赶紧向它询问地里的情况如何。

“没有以前耕种得多，”老骡回答道，“但我们也耕种了相当长一段距离。”

小牛又问道：“老家伙说我什么没有？”

“没有。”老骡回答。

小牛长舒了一口气。

第二天，小牛还想偷懒，就继续躺在牛棚里装病。农夫看了看小牛，还是给它抱来了新鲜的干草和谷物，还增加了一些粮食，小牛有些喜滋滋的。

当老骡从田间回来时，小牛问道：“今天怎么样？”“还不错，我认为。”老骡答道，“但耕种得还不是太多。”

小牛又问道：“老家伙说我什么了？”

“啥也没有对我说，”老骡说，“但是，他停下来和屠夫说了好长时间的话。”

小牛的偷懒换来了短短两天的享受，但等待它的不是永远的享受，而是生命的结束。这个故事并非危言耸听，而是从另一个角度提醒我们：时间是有限的，并且生杀予夺的大权并不掌握在我们手里，而是另一只看不见的自然之手里。

也许我们不会因为吃苦耐劳而获得更长的生命，但到了收获的季节，我们却可以心安理得地享受更多的甘甜果实。

有句话说：“时间就像海绵里的水，只要愿意挤，总还是有的。”如果不能有效地利用时间，就会有大把的时间在你不知不觉间从指缝里溜走，自然总是觉得时间不够用。可你是否能够控制时间，让每一分每一秒为你所用，而不是做了时间的奴隶，在时间的海洋里挣扎？想测试自己是否有效控制时间很容易，只要你把每一天的工作时间用表格的形式记录下来，你就可以清楚地看到时间用在哪儿了。

你以前可能只记得住一天中最重要的事情，也就是你完成了某些事情的时刻，而忽略了你浪费或未能有效利用的时间。从表格中看到了自己都在哪些地方浪费了时间，就可以找出一个办法来减少这方面的时间浪费。

你可能会发现，你实际上只用了一点点的时间做你认为最优先的工作，而把大部分时间花在了其他无关紧要的事情上。

你可以把一天的时间按 15 分钟或 20 分钟来分成若干个时间段，然后记录下自己在每个时间段都做了些什么事情。表格的内容应该包括活动事项、活动目的，以及附注说明。然后把表格放在触手可及的地方，不使用的时候不注意它，每隔一两个时间段就填写一次。一天累积起来，花在表格上面的时间也就几分钟，可是它所产生的效能却极为惊人。每隔一段时间，感觉工作效率减退的时候，或者时间不够用的时候，就用这种方法试一试，做起来很容易。

节省时间，提高工作效率

旧金山的加利福尼亚医学院副教授查尔斯·卡菲尔德领导着一个“成功事业”研究中心，他已经研究了各行各业 1500 名杰出的成功者。他发现，这些人都各自具有自己的特长，但也有一些共性，比如，办事高效就是他们最显著的共性之一。这种特性是有可能在后天被每人所掌握的。

这并不意味着每个人都能成为公司经理或奥林匹克冠军，而是要说明我们所有的人都有可能更充分地发挥自己的才能。以下是卡菲尔德总结的提高工作和办事效率的秘诀：

（一）妥善安排日常生活

我们常听说，在事业上有巨大成就的人，肯定是那些样样都好的完人，这些人干劲十足，总是要把工作带回家去，一直干到深夜。卡菲尔德认为，事实并非如此。那些真正的事业家，乐于勤奋工作，但都要有一定的限度。对于他们来说，工作不等于一切。当卡菲尔德采访了 10 个主要工业部门的高级董事和经理之后，发现这些人懂得如何放松，他们能够把工作留在办公室去做；他们珍视友谊和家庭生活；他们能够有相当多的时间与自己的子女和友人在一起。

（二）动手前要进行理智的思维

大多数成功者在他们处理困难的或者重要的事情之前，都要在脑子里把这件事过上几遍。比如，著名的高尔夫球选手尼古拉斯，在击球之前总是在脑子里设想一下击球的轨道，以及球所着落的地点。

我们当中有些人总是在幻想会有一件什么重大的事情来临，但是，理智的思维活动是不同的。理智的思维活动能够锻炼我们实际应变能力，而其他仅仅是无效的思维活动。

（三）不追求十全十美

许多雄心勃勃努力工作的人，往往事无巨细，醉心于完备，最后落个事倍功半。有一位女教授花了 10 年的时间研究一位剧作家，她心里总是怕不全面，遗漏了什么，最后，当她犹豫拖沓地把研究成果拿出来的时候，这位剧作家已名声大减，没有什么研究价值了。

（四）敢于打破陈规戒律

我们当中的大多数人自认为了解自己能力的限度。但是，我们所“了解”的许多东西，往往是不符合实际的，甚至是荒谬的、自我禁锢的信条。卡菲尔德说：“自我禁锢的信条是事业成功的最大障碍。”

许多年来，几乎所有人都认为：人不可能在不到 4 分钟的时间里跑完 1.6 千米。甚至在生理学杂志上发表的文章也曾郑重其事地“证明”：人体不能承受如此重负。然而，在 1954 年，罗格 · 巴尼斯特以自己的实际行动冲破了这个禁区。在后来的两年中，又有另外10名运动员相继冲破这个禁区。这说明，现实中许多人对自己的认识，远远低于自己实际能力的界限。

另一方面，成功者能够蔑视人为的清规戒律。他们总是把注意力集中在自己的内在潜力上，因此，他们才可以毫无拘束、最大限度地发挥自己的积极性。

（五）自信而又不要排他

成功者更注意的是如何在自己原来的基础上不断改进自己的工作，而不是醉心于如何打败竞争者。如果为竞争对手的能力或优势过分忧虑，就会不击自溃。

大多数成功者所关心的是，如何按照自己的标准竭尽全力做好工作，同时他们认为，集体能够比个人更好地解决复杂的难题。因此，他们愿意让其他人分担一部分工作。

有效运用时间，克服不必要的浪费

你能详细指出你今天的每一分钟，或者每一个钟头里做了些什么事吗？其中有多少时间是用在有意义和有用的事物上？又有多少时间是花费在可以为你产生满意的投资回报率的活动上？更重要的是：你今天究竟浪费了多少时间？

在生活中，我们经常能听到类似下面的说法："天啊，时间过得真快""我可能1天需要48个小时，才能把工作做完""我的时间总是不够""时间对我来说过得特别快""这件事不急，我可以留待明天再做""真是抱歉，我延迟了一点儿""我忘记时间了嘛，这总可以了吧？"……

不要忘了，别人拥有的时间既不比你少也不比你多，美国总统一天所拥有的小时数，跟你我之类的平民都一样。每个人一天都有 24 个小时，一年 365 天，闰年时多个 24 小时。你在一天 24 小时里拥有 1440 分钟。

一旦你明白，你拥有的时间既不比别人多，也不比别人少，那么，问题就不是你有多少时间可以用来做事情，而是你如何运用时间。一旦你把 1440 分钟花了，那它就此逝去，不再回来。所以，昨天就像是一张作废的支票；而明天则是一张待兑现的期票，也就是你即将来临的时间。所以，成功就只看你如何安排今天这 1440 分钟。

人和人之间的差别不是他们拥有多少时间，而是如何利用时间。大多数杰出人物的成就就是在别人浪费掉的时间里取得的。要取得人生的成功，我们手中可利用的时间虽然有限，但是，时间不是不够用，而是我们不知道如何有效运用。

要想充分利用时间，以确保不浪费时间，最重要的就是把握现在。如何把握现在呢？专家指出：分析、计划、行动，三个步骤缺一不可。

（一）分析——检查你以往利用时间的习惯

想要知道时间是如何用掉的最好方法，就是从用心观察自己的日常作息开始。准备一本记事本，详细记录一周的活动。每一天（包括周末）都按时划分。每完成一件工作，就在记事本上写下完成事项和所花费的时间。然后，留意你自己对时间运用状况的感受：是运用妥当，还是浪费了？精力是高昂，或是颓丧？谁剥夺了你的时间，或提高了你对时间运用的效率？

一周之后，摘要记录各项活动所花的时间：打电话、写信、开会，和朋友聚会、运动、休闲，和家人相处等等活动的时间各占多少。接下来，检查你的体能周期状况：你是上午体力比较好，还是下午？如果有规律可循，可考虑在体力最好的时候，做最重要的工作。

想一想，你精神最好的时候，是和别人在一起，还是独处？也许你喜欢一个人独自工作；又或许你不喜欢孤独的滋味，所以花在电话上聊天的时间过多。有没有什么日常琐事可以一并处理，或切割成数个部分做更有效率的处理？这两者都可有效节省你的时间。有哪些事根本就不需要浪费时间来做，可不可能避免重蹈覆辙？有哪些事可以做得再快点，更有效率点？你通常花多少时间在重要与不重要的工作上呢？

要思考如何把时间运用得当和运用不妥当的活动区隔开来。想想，该如何改变行为模式，好提高效率呢？

（二）计划——列出工作的优先顺序

如同任何一种管理，时间管理也一定要妥善计划才能发挥效用。计划之初，先从下列几个观点来检视：必要性、重要性及选择性。依据这些原则，就可列出工作的优先顺序。

现在，多花点时间在必要的工作上，而少用些时间在选择性工作上。等你完成必要与重要的工作后，再来做选择性的工作。

（三）行动——与拖拉习气做斗争

依据计划所列的优先顺序迅速、果断、有效率地采取行动，可以把你因迟疑、拖延所带来的不快压力一扫而空。要主动控制时间，少做浪费时间的事，多做能节省时间的活动。

生活中有不少人喜欢拖拖拉拉，这给他们的工作和生活都带来了不良后果。所以，要与拖拉习气做斗争，要设法做到如下几点：

一是定出期限。即使计划中没有时限，你也要为自己定上一个。要真有那么一个时限，那在终期来临之际再去看看做了多少工作，你也许就会吓一跳。所以，在每一周末来临之际，你都问问自己究竟做了多少事?

二是砍掉枝枝节节。不要忽视因事情停止和重新翻工而浪费掉的时间和精力。要学会在某段时间内集中心力于某一件事，这会给你自己树立一种风范。而且，在你放下一件事情以前，你都力求把它了结，或至少提出解决的办法来。那样，你也就给自己培养了一种很好的习惯，这种习惯会为你的将来带来很好的报偿。

三是犒劳一下自己。最好是，在每次按时完成计划的时候，你都给自己一个小小奖励。比如，给自己买支冰激凌，或挑个阳光明媚的日子，放自己去逛逛公园。这些都属小事，但对自己鼓励却很大。

你有没有想过，全国最忙的人们，如何运用一天 24 小时完成这么多的工作?“演讲、写作，在各国之间为友谊而努力……”爱丽诺·罗斯福总统夫人每天的活动排满了整张行程表，但大部分比她年轻一半的女人也难以胜任这种繁忙。当一位记者在纽约采访罗斯福夫人的时候，她接着就要到另外一个城市，去参加一个民主党的集会。记者问她，如何能够安排好完成这么多事情。她的回答很简单，也很容易了解:“我绝不浪费时间。”

她告诉记者，她在报上发表的许多专栏，都是在约会和会议之间的空档完成的。她工作到深夜，清晨就起床。

我们大家和罗斯福夫人一样，都有 24 个小时。我们的 24 小时是怎么过的呢？我们“没有时间”去读一些好书、参加自修课程、出席家长与老师的联谊会、带小孩子到动物园，或是做许多我们喜欢做的、或应该做的快乐和有益的事情。

保罗·柏派诺博士在《如何创造婚姻生活》一书中写道:“家庭主妇大都觉得家事占去太多时间，这种看法值得详细地检讨一下。如果任何一位女人愿意把她一星期内的时间详记下来，结果可能会使她大吃一惊。”

你也应该为自己试试，看结果如何。把一星期内你所做的事情都记录下来。如果你诚实，你也许会很惊讶地发现，类似下面这样的项目太多了：“10点到10点45分：和马贝儿在电话里谈天。”“1点到2点：和隔壁邻人聊天。”“3点到4点半：吃过午餐后，和哈丽叶特逛街。”……

这个一星期的记录，将会明白地指出，你在日常生活里如何浪费了时间。然后，你可以用补足遗漏的方式，设计好你的时间计划。

有好些人生活了多年还没弄清时间的价值。其实，我们每个人的时间都是有限的，而且再也不会增加了。然而，我们却可以掌握对时间的需求，并更有效地利用我们能够自由支配的时间。

谁掌管着我们能自由支配的时间？通常来说，你的时间是根本不自由的。因为你把自己紧紧束缚在别人的议事日程上，盲目地追随着繁杂的事务，不管它对你是不是有益处。

为了避免这种现象，你必须管理好你的生活——也就是管理好你的时间。你要向那些浪费时间的坏习惯挑战：

1. 喜欢盲目购物

我们中的很多人买东西都买上了瘾。有时候刚刚买完一批东西，又拎起兜子奔向商店去抢购。应该问问自己：这样买下去什么时候才是个头？买来的东西还要弄干净、收藏、保养、送人等等。结果，不仅花了钱还搭了很多时间。

当然，过日子总免不了要买东西——墙上挂的画、走廊旁摆的花草……但是把你购物所得到的快乐和你所付出的代价相比较，是不是有点得不偿失呢？要知道，并不是我们所拥有的东西就能使我们快乐，而只有我们喜欢的东西才能给我们带来欢乐。

2. 时常优柔寡断

悬空未决的问题缠身往往会影响你的工作，使你在能自由支配的宝贵时间里变得心不在焉。关键不在于你是否有问题要解决，而在于它们是不是你一个月或一年前就已经有的老问题。如果是长期以来一直没解决的问题，那么，它们消耗了你多少时间和精力？你至少应该解决一些这类老大难的问题，使自己舒舒服服地生活下去。

当你拿不定主意时，其实完全可以缩小你的选择面，迅速做出决定。果断干脆至少可以在生活的某一方面使你受益匪浅。

3. 不敢打断别人的话头

过分地谦恭有礼也会消耗你的时间。你一定经历过这样的时刻：谈话的对方明知道你马上就要去赴约，而且就要迟到了，还是没完没了，一刻不停地讲着。你应该会客气地打断对方的话头："对不起，我实在不得不告辞了。"这虽然使对方扫兴，但比起你心烦意乱、如坐针毡地继续听下去要好得多。

4. 无节制地看电视

一项调查表明，在美国，普遍家庭平均每天看电视的时间在 7 小时以上。虽然看电视是一种人们开心解闷的消遣，但是太耗费我们的时间了。为了避免那些毫无意义的节目，最好的办法是事先看看节目预报，挑选那些你感兴趣的节目，而把省下来的时间更有效地加以利用。

5. 做事没有计划

攻读一个学位要多长时间？完成一项工作要多少时间？你能照料多大面积的菜园？你有多少个晚上能用来参加社会活动？你还想做更多的事吗？精心地制订你的计划，是减轻负担、节省时间的关键。

6. 东西摆放杂乱无章

不论你住的是阔气的 10 个房间的别墅，还是简陋的单间公寓，在找东西上都浪费了很多时间。"物有其位"确实是一个流传至今的有益的格言。

杂乱无章就意味着浪费时间。我们应该把东西安放得井井有条，把生活安排得井然有序。

7. 不注意维修和保养

一个电视广告曾建议人们及时更换汽油过滤器，这样就可以不必更换你的汽车发动机了。虽然这要花费点时间和金钱，但不这样做，就意味着将来还要花更多的时间和金钱。

所以，对生活中的一切都要精心保养。水龙头漏了就快点找人修，免得到最后还得挖沟刨墙。好好保护你的牙齿，这样就可以不必日后在牙医候诊室里等得心烦意乱了。

8. 不会积极拖延

有时拖延是一种回答，它会使我们更聪明，更有成就。

一个积极拖延者在碰到不感兴趣的事务时，常常会采取这样一种措施：先做其他事，把不想干的活儿留到再也没有时间可拖的时候才处理。对这些人来说，拖延是一种产生社会效益的能力。首先，它把人的更为充裕的才艺引入了另一个值得花时间花精力的领域；其次，它使人们屈服于一种义务感紧迫感，从而激发他们一鼓作气去完成他们实在躲不过去的乏味的工作。

积极拖延还使我们“吃得更好”——将某些事“放一放”，使我们有可能实现一种良好的“家庭烹调”，那是需要花大量时间的；拖延也帮助我们沟通人与人之间的联系：人们可以从干不完的工作中解脱出来，有时间待在家里；信，有时间写了；电话也可以打了。我们因此得以维系和重建许多亲情和友情。

积极拖延还有另一个好处。它使人们能在下决心之前获得更多的信息；它把一些棘手问题搁在一边，通过时间的变迁，这些问题也许会自己得到解决；反省永远是痛苦的，但却是极其有用的——事实上，这种折磨常能引导我们避免另一个更大的痛苦。

此外，当有人想把某件事强加于你时，拖延也能给你提供一个现成的借口:“我很愿效劳，但是我真的不得不……”那些善于拖延的人比不会拖延的人更具有战略优势，因为他们总是更从容不迫。

9. 空想明天

我们的生命时常消耗在对明天的期待上。这样，我们就忘记了要好好利用眼前的时光。而时间是一去不复返的。为什么因焦急地盼望下周或明年就不珍惜现有的时间？如果我们能深刻理解现在是联结过去和将来的重要环节，我们就能更生气勃勃地利用眼前的光阴了。与其空想明天，不如好好利用今天。

提高效率，创造更大价值

你是不是从早忙到晚，感觉自己一直被工作追着跑？但你的忙乱也许不是因为工作太多，而是因为没有重点，目标不清楚，所以才让工作变得越来越复杂，时间越来越不够用。一天只有 24 小时，在信息庞杂、速度不断加快的职场环境里，我们必须在越来越少的时间内，完成越来越多的事情。

桌子上太乱，家庭太乱，常听人说“我太忙，没有时间去打理它们”。

真是这样的吗?

如果你连收拾一下桌子的时间都没有的话，如果你连床上的被单都没有时间去折叠的话，那么，你的忙碌就是一种无效率的忙碌，是一种没有意义的忙碌。

你的时间没有用在刀刃上，而一个没有秩序的人永远不会在工作中取得最好的成绩。

时间就是胜利。竞赛以快取胜，搏击以快打慢，崇尚先下手为强，商战已从“大鱼吃小鱼”变为“快鱼吃慢鱼”。跆拳道要求心快、眼快、手快；中华武学一言以蔽之，百法有百解，唯快无解。大而慢等于弱，小而快可变强，大而快则王中王。快就是机会，快就是效率，快就是瞬间的“大”，无数的瞬间就构成长久的“强”。

竞争的实质，就是在最短的时间内做最好的东西。人生最大的成功，就是在最短的时间内达成最多的目标。质量是“常量”，经过努力都可以做好以至于难分伯仲，而时间永远是“变量”。一流的质量可以有很多，而最快的冠军只有一个——任何领先，都是时间的领先。我们慢，不是因为我们不快，而是因为对手更快。盛田昭夫说：“如果你每天落后别人半步，一年后就是183步，10年后即是十万八千里。”

贝尔在研制电话时，另一个叫格雷的人也在研究。两人同时取得突破，最终却是贝尔在专利局赢了——比格雷早了两个钟头。当然，他们两人当时是不知道对方的，但贝尔就因为120分钟而一举成名，誉满天下，同时也获得了巨大的财富。

谁快谁赢得机会，谁快谁赢得财富。这就是至理名言。

在竞技场上，冠军与亚军的区别，有时小到肉眼无法判断。比如短跑，第一名与第二名有时相差仅0.01秒；又比如赛马，第一匹马与第二匹马相差仅几厘米的距离……但是，冠军与亚军所获得的荣誉与财富却相差天地之远，全世界的目光也只会聚焦在第一名的身上。所以不客气地说，冠军才是真正的成功者，第一名后面的都是输家。

时间的“量”是不会变的，但“质”却不同。关键时刻，一秒值万金。

莫等闲，白了少年头。时间不可以缺少，时间不可以替代，时间不可以储存，时间不可以增减，但时间可以管理。

有一句名言“时间待人是平等的，但时间在每个人手里的价值却不同”，说的就是“时间管理”。

根据调查研究，现代人工作变得复杂而没有效率的最重要原因就是“缺乏焦点”。因为不清楚目标，总是浪费时间重复做同样的事情或是不必要的事情；遗漏了关键的信息，却在不重要的信息上浪费了太多的时间；抓不到重点，必须反复沟通同样的一件事。

达尔文的捍卫者，英国生物学家赫胥黎说得更形象：“时间最不偏私，给任何人都是 24 小时；时间也最偏私，给任何人都不是 24 小时。”时间是生命，时间是金钱。但人们往往重视生命，乐于理财，却疏于时间管理。

一般来说，浪费时间有两种表现：一是因为对生命没有紧迫感，对时间不够重视，没能养成遇事马上做，日清日新的好习惯，总把今天的事情推到明天，以至于“明日复明日，明日何其多？我生待明日，万事成蹉跎。世人苦被明日累，春去秋来老将至”。懒惰、拖沓，虚度美好年华，闲白了少年头。

浪费时间的第二种表现是，没有科学管理时间的方法和技巧，低效率重复劳动，最终成效不大，甚至“累死磨旁”。

在大多数情况下，时间是一分钟一分钟浪费的，而不是整个钟头浪费的。比如，水桶的底部如果有一个小洞，水很快就会漏光，结果跟有意把水倒掉一样，而时间也是从“小”处浪费掉的。

美国著名的电视新闻节目主持人沃尔特·克朗凯特在很小的时候就对新闻感兴趣。14 岁时，他还成了校报《校园新闻》的小记者。每周，学校还会请休斯敦一家日报社的新闻编辑弗雷德·伯尼先生来给小记者们讲授一个小时的新闻课程，并指导校报的编辑工作。

有一次，克朗凯特被安排写一篇关于学校田径教练卡普·哈丁的文章。可是，那天正是克朗凯特一个好朋友的生日，他必须去参加朋友的生日聚会。没办法，克朗凯特只好胡乱对付了一篇稿子交了上去。第二天，克朗凯特被弗雷德叫到办公室。弗雷德很生气地说："克朗凯特，你的文章糟糕极了，根本就不像一篇采访稿件，该问的没问，该写的没写，你甚至连被采访者是干什么的都没弄清。克朗凯特，你应该记住，如果有什么事情值得去做，就得把它做好。"

无效率的忙碌是一种对时间的浪费——这句话成了克朗凯特的座右铭，一直鞭策了他 70 多年。正是因为这句话，克朗凯特才对新闻事业忠贞不渝。

先从身边易做的一些简单事情下决定开始，这样，你会慢慢地觉得自己不再没有目标，不再瞻前顾后，不再失去信心。你会觉得自己慢慢地能够透过事物的本质抓住重点，分清主次。事情随着进度计划的完成，你会越来越有成就感。同时，这种成就感将会激励自己行动的动力源泉。这样，事情就会向着良性循环的方向发展，你也终将成为不再拖拉的，办事效率高的、果敢的人。

一块块小碎布可以拼成座套、褥面，甚至还可以做成一件花衣服等。同样，如果把零碎时间一分一秒地加起来，也可以干成一件大事。我们来计算一下，如果一个人每天浪费 1 小时，那么一生中会浪费多少时间。在我们的周围，有很多人不懂得灵活运用时间，结果白白浪费掉很多宝贵的零碎时间。而把零星时间联结起来，就会出现一批有用的时间。所以，我们应该学会挤时间，珍惜属于我们的分分秒秒。

所谓的零碎时间，是指不构成连续的时间或一个事务与另一个事务衔接时的空余时间，这样的时间往往被人们毫不在乎地忽略过去。零碎时间虽然短，但尚由 1 日、1 月、1 年地不断积累起来，其总和也将是相当可观的。可以说，凡是在事业上有所成就的人，几乎都是能有效地利用零碎时间的人。

伟大的生物学家达尔文说：“我从不认为半小时是微不足道的一段时间。”把时间集零为整，精心使用，这正是古今中外很多科学家取得辉煌成就的奥秘之一，也是我们应该从他们身上学到的优点之一。

积少成多，小溪能够汇成大河。时间是挤出来的，是由分秒积成的，用“分”计算时间的人，比用“时”来计算时间的人，时间要多 59 倍。

让我们来看看有所成就的名人是怎样利用他们的零碎时间的吧。

法国科幻作家凡尔纳在航海旅途中完成了著名幻想小说《海底两万里》。奥地利的大音乐家莫扎特，连理发时也在考虑创作乐曲，常常一理完发，就赶快把构思出的新乐曲记录下来。他常说：“谁同我一样用功，就会同我一样成功。”

从这些名人的身上，我们可以看到有效利用零碎时间的重要性。曾经有一位出色的演讲家，他酷爱音乐，尤其喜欢小提琴。但是，由于成天忙于演讲，没时间到专门的学校进行专业培训，于是就只有自己苦练。演讲家非常懂得利用零碎时间，他不论到什么地方去演讲，都把小提琴带在身边。不管是在等飞机的时候还是在演讲结束后，只要有时间，就会拿出小提琴练习。最后，这位演讲家在音乐方面也取得了巨大的成就。

这位演讲家惜时如金的做法令人敬佩。同样，我们也应灵活运用，充分利用零碎时间。

虽然从古人那里就开始反复地强调时间的重要性，从古代就有“一寸光阴一寸金，寸金难买寸光阴”“时光如流水，人生如蜉蝣”的话语，虽然我们大部分的人都明白时间一去不回，并且无比珍贵，也知道时间就是组成生命的元素，是由一秒钟、一分钟、一小时或者一天、一年组成的，也知道浪费时间就是浪费生命，但是，我们还是一直在延续着对时间和岁月的藐视。

时间往往不是一小时一小时浪费掉的，而是一分钟一分钟悄悄溜走的。因此，充分利用零碎时间应从每一分钟做起。

鲁迅说过："哪里有什么天才，我只是把别人喝咖啡的时间都用在工作上。"时间对于每个人来说都是公平的，能不能在一样多的时间里取得比别人更多的成就，关键看你能否有效地利用你的时间。

利用短时间有一个诀窍：你要把工作进行得迅速，如果只有5分钟的时间给你写作，你千万不要把4分钟的时间消磨在咬你的笔上。思想上事前要有准备，到工作时间来临的时候，立刻把心思集中在工作上。实际上，迅速集中脑力，并不像一般人想象的那样困难。

所谓钻时间的空子，就是说有效地利用时间。那么，到底怎样才是钻空子呢?

东汉学者董遇，幼时双亲去世，他好学不倦，利用一切可以利用的时间来学习。他曾经说："我是利用'三余'来学习的。""三余"即"冬闲、晚上、阴雨天不能外出劳作的时候"。这样日积月累，董遇终有所成。

我们每个人都应该清楚地认识到，在同一段时间里做几件不同的事情，就等于把时间当作几倍使用。这样，一天的实际时间就不只是24小时，有可能是两个24小时，甚至三个、四个24小时。

发明家爱迪生在79岁的时候，曾经对朋友说他已经是135岁的老人了，当朋友问他为什么这么说时，他回答说，因为他经常一天干两天的工作。

关于时间，著名作家伏尔泰在他的小说《查第格》中有一段经典的话："最长的莫过于时间，因为它无穷无尽；最短的也莫过于时间，因为人们所有的计划都来不及完成。在等待的人看来，时间是最慢的，在作乐的人看来，时间是最快的。它可以无穷地扩展，也可以无限地分割。当时谁都不加重视，过后都表示惋惜。没有它，什么事都做不成。它可以将一切不值得后世纪念的人和事从人们的心中抹去，也能让所有不平凡的人和事永垂青史。”

知道零碎时间的宝贵之后，我们可以将自己每天的活动时间都记录下来，并从中发现，哪些是被浪费掉的零碎时间，避免以后再浪费。

珍惜每一分钟，要从现在做起，积极地利用那些零碎时间。对学生而言，如果你每天都要坐 30 分钟左右的公交车去上学，就可以坚持在路上听英语，日久天长，你的英语听力一定会大有进步；如果你是走步上学，走在上学或放学的路上，每次只需记住两三个英语单词、一首小诗或一个公式定理即可，日积月累，你的收获就会大得惊人；如果你是住校生，还可以利用午饭时间或晚饭期间进行学习。因为，学生食堂都是比较拥挤的，如果一窝蜂地去吃饭，一定会浪费掉许多时间。等大部分学生都吃完了，你再去吃也不迟，这样可以节省等候的时间。而且在吃饭的时候，大部分同学都去食堂了，教室里会非常安静，这就给你留下了一个良好的学习环境。

当今时代，随着科技的进步，操作简易的机械虽然取代了程序繁复的手工，但奇怪的是，人类的忙碌却未见其减，反见其增；人类的快乐则未见其增，反见其减。究其缘由，不外是因为许多人一味地忙于比较、计较，以至于将自己逼到精神的死角里去，社会的乱象也因而频生不已。如果我们每个人都能够善于“利用零碎的时间”，提炼自己的思想，提升心灵的升华，相信不但个人能拥有积极进取的人生，整个社会也能臻于幸福美满的境地。

第 08 章

赢在学习力——让优秀成为一种习惯

也许你并没有很好的天赋，但是，一旦你有了学习这个好的习惯，它一定会给你带来巨大的收益，而且可能超出你的想象。养成终身学习的习惯，你会让自己变得更优秀。

及时充电，提升效率的根本

某同学是 20 世纪 70 年代末期某省的高考状元、名牌大学才子，毕业后回到家乡。他先是到一家国企工作，后来下海经商失败，为生活所迫，在家乡摆起了修鞋摊。“名牌大学高材生当街修鞋”的消息经当地一家媒体披露，立即如一颗重磅炸弹，在当地引起轩然大波，大多数人都义愤填膺，埋怨当地人事部门的官僚作风造成了人才浪费。只有少数的人认为他当街修鞋也没有什么大惊小怪，这是市场经济的必然现象。

就事件的本身而言，其实并不值得大惊小怪。尽管他是名牌学府出来的，那只能够证明从前，现实早就今非昔比了。首先，他的知识已经严重老化了，他的工作和环境都决定了他已经无法触摸到当今世界的脉搏。早年学的那点东西可能早就抛到九霄云外了，不懂电脑，不懂英语，不懂网络，按照现在的标准，差不多是文盲了，所以徒有一张十多年前的名牌高校文凭有什么实际用处？现在有的大学生还一毕业即失业呢！其次，他经商也很盲目，没有经过任何市场经济机制的洗礼，又一身书生意气，不被淹死倒是奇迹。

在这个信息社会，知识爆炸，呈几何级增长，科技发明眼花缭乱，生产和工作方式日新月异。在这样一个高歌猛进的时代，愿意的人跟着走，不愿意的人推着走，推都推不走的人只有被这个社会彻底淘汰，扫进路边的垃圾堆。

一个 19 岁的男孩，来自西部贫穷地区，仅仅是个高中毕业生。刚到北京的时候，由于学历太低，连一个保安的工作都找不到，每天住在潮湿、阴暗的地下室里，就在他哀叹苍天不公，准备返回家乡的小山村时，他的命运出现了转机。

他在地铁口卖报纸时，从一个顾客的口音中认出了一个老乡，立即攀附上。老乡在北京一家外企工作，对他乡偶遇故知非常高兴，对小男孩的遭遇也非常同情，便来往起来，为他找了免费住处，小男孩都接受了。这位老乡还留心为小孩找工作。不久，他一个哥们的文化经纪公司招聘模特经纪人，按照小男孩的条件，他连初试的资格都没有，但看在哥们的面子上，决定给他一个机会，于是一个朝不保夕的“报童”摇身一变成了“模特儿经纪人”，每天和这些以前连见都没有见过的美女在一起工作。

小男孩在这些高学历、阅历丰富的文化人面前自惭形秽，但他的收入由每月不足500元猛增到4000元，这可是他在老家一两年也挣不到的，而他只有19岁！可这时他居然心理不平衡起来，因为其他员工可以拿到他的两三倍，所以他常常在老乡面前抱怨公司待他不公。

老乡要男孩学会知足常乐，即使要挣更多的钱，也要脚踏实地，先充电，提高业务能力。可是小男孩认定了是别人整他，从来不钻研业务，而总是要老乡出面给老板打招呼，安排给他更加重要的职位。有好多次，老乡正在参加公司的重要会议也常常被他的电话“骚扰”，老乡终于忍无可忍地拒绝了。过后，小男孩对老乡也产生了怨恨，觉得他不够意思，他觉得老乡就应该无条件地帮忙，可是他根本就不想一想，没有老乡的帮助，他日晒雨淋的连500元都挣不到。他也没有想一想，即使老乡帮他争取到了更好的位置，自己的能力够不够？会不会伤害到老乡和老板的友谊呢？

不懂得及时充电而只知道通过关系往上爬的人，最终只能有一个下场：“爬得越高，摔得越深”。再说，就算朋友愿意帮助你，可是你不懂得充电，自己不去帮自己，最终只能被淘汰。

著名的贝尔实验室和3M公司经过近10年的研究，终于发现了一个令人吃惊的结论：要成为一名优秀员工，你无须高智商或者圆滑的社交技巧，只需培养并在工作中践行好的习惯，发挥出自己巨大的潜能即可。

奥维德说："没有什么比习惯的力量更强大。"习惯，是一个人思想与行为的真正领导者。习惯让我们减少思考的时间，简化行动的步骤，让我们更有效率，也让我们封闭、保守、自以为是、墨守成规。在我们的身上，好习惯与坏习惯并存。获得成功的程度就取决于好习惯的多少，所以说人生仿佛就是一场好习惯与坏习惯的拉锯战。把好的习惯坚持下来就意味着踏上了成功的快车。

比尔·盖茨认为，是守时、精确、坚定和迅捷四种良好的习惯造就了成功的人生。没有守时的习惯，你就会浪费时间，空耗生命；没有精确的习惯，你就会马马虎虎、得过且过；没有坚定的习惯，你做事情就无法坚持到成功的那一天；而没有迅捷的习惯，原本可以帮助你赢得成功的良机，就会与你擦肩而过，而且可能永不再来。

1991 年，陈思勇刚进东方汽轮机厂，分配到机修分厂后从事的是起重工。他一直铭记着进厂时父亲的教导：要自强上进，勤学技术。他在工作中一直勤勤恳恳，兢兢业业，上班没多久就因自己踏实肯干的工作态度得到了分厂职工的普遍赞扬。

陈思勇是个非常善于动脑的人，他科学地对待自己的工作，有着良好的业务学习习惯和积极处理问题的习惯。

他知道精品的产生不光靠的是经验、精心，还有丰富的理论知识。虽然没有读过技校，直接进了工厂，但陈思勇平时非常注重理论知识的学习。他总是要买很多的专业书籍回家，潜心钻研。

1997 年，陈思勇在东方职大进修了机械制造专业，并以优异的成绩毕业。在生产中遇到技术难题，他总是先静下心来理好思路，翻阅专业书查找有关资料，并与同事交流经验，总结以前的加工方法，确定如何攻克难关、保证质量的办法。不管干什么活，陈思勇都把它当做艺术品一样来打磨加工，每个尺寸都精确无误。

当涉及工厂一些大型关键设备的维修时，“时间就是金钱”，耽误一秒钟都会使工厂受到损失。一次，为了能让 2.2 米数控卧车尽快投入使用，他和一位小伙子连班作业，一直干到次日凌晨 4 点钟，圆满完成了任务。

作为车工班班长，他也这样严格要求全体班组成员。2003 年，他所带领的车工班荣获了厂年度“红旗班组”称号。

在央企职工技能大赛车工决赛的实践考试中，陈思勇提前半个小时就完成了，如此快的速度令在场监考的所有专家都感到惊讶。当他们仔细看了陈思勇交上来的工件时，又不由得对如此漂亮的答卷赞不绝口。最后，陈思勇以优异成绩获得金奖。

陈思勇能够屡获大奖，与他的好习惯是分不开的。他具有的第一个良好的习惯是爱学习，第二个良好的习惯是追求精细，第三个良好的习惯是对待工作的态度。

优秀的员工就是凭借着这种良好的工作习惯和上进的工作精神去开拓自己的事业的。他们从不抱怨领导或企业的苛刻，对自身的严格要求甚至超出了常人的想象。他们不会找这样的借口：“我没有做事的机会”“我无法就职于那家大公司”“天啊，这简直糟透了”。这些永远是失败的借口，成功的人永远是用实干的汗水和科学的行动来收获胜利之果的。

尽管职业之路是漫长的，但最关键的始终是那么几步。然而，正是这看起来似乎很容易的几步，却左右着每个人一生的成与败、荣与辱、福与祸、得与失，最终决定了每个人命运的幸与不幸。有的人之所以能够成为幸运的宠儿，可以比别人更早地达到成功的目标，品尝到更多的成功盛宴，往往并不是因为他们比别人的智商高，或者比别人更圆滑，而是因为他们具有更多良好的习惯。他们有效地把握了人生的紧要之处，比别人更好地走过了人生中最为关键的几步路。

林肯勤奋好学，一有机会就向别人请教。没钱买纸笔，他就在土沙地上和木板上写写画画，练习写字。他放牛、砍柴时怀里也总揣着一本书，休息的时候，一边啃着粗硬冰凉的玉米饼，一边津津有味地看书。晚上，他在小油灯下常读书读到深夜。

长大后，林肯离开家乡独自一人外出谋生，他什么活都干，不管干什么，他都非常认真负责，诚恳待人。他当乡村店员时，有一次，一个顾客多付了几分钱，他为了退还这几分钱竟追赶十几里路。所以，他每到一处，都受到周围人的喜爱。林肯无论干什么都始终没忘记学习，他抓紧一切空闲时间刻苦自学，攻读历史、文学、哲学、法学等著作，获得了丰富的知识。

35 岁时他开始竞选公职，几乎输掉了每次的重大竞选，但他一直努力没有放弃。51 岁，他当选为美国总统，并成功废除奴隶制。

林肯出身于社会底层，但他具有勤劳、俭朴、谦虚和诚恳的品格，良好的习惯使他成为美国历史上最伟大的总统之一。

世界上没有天才，天才的辉煌只是我们肉眼看到的 1/6 的冰山之尖，而那 5/6 是泡在海水中的默默奋斗。天才从经验中提炼出有价值的规律，用新习惯替换旧习惯，用不科学的习惯代替科学习惯，从而大大提高了工作效能。

一技傍身，虚心学习

小许只是个高中毕业生，当年他是因最后一批“照顾员工子弟”的文件而分配到一家国有企业的。没想到三年之后，这家国有企业因为经济不景气的大气候影响而变得不景气，除了一些财务和人事的工作人员继续留守公司外，其他人员全部下岗回家。像小许这样刚参加工作三年的年轻人，每个月只能拿到两三百块钱的生活费，这么少的钱怎么生活呢？现在做什么不需要花钱呢？不过，小许仍然悠然自得，他拿着个人简历去人才中心登记，不出一个星期便被一家外资企业录用为软件开发员，不仅待遇是以前国有企业的几倍，而且还有公费出国学习的好机会。

原来，小许在业余时间自修取得了计算机本科学历，而且还考取了系统分析员的证书，他凭着这一技之长轻松地找到了新的工作。而他的其他同事们，有一些年龄稍长的待惯了国有企业，每天喝茶看报闲聊打发时间；有一些和小许年龄相仿的年轻人想着当年父母帮自己进了这家好企业，便安心享受这份好工作，而企业几年前待遇好得令人眼红，年底发奖金就是数万元，有多少人都托关系走后门也要挤进他们单位，他们都养尊处优惯了，哪里想到自己有一天会面临下岗？面临出去应聘求职呢？

现代社会竞争如此激烈，有一份好工作也不表示你可以安枕无忧。企业瘦身裁员，天知道哪天就会发生在你的身上；小人背后挑拨搞鬼，天知道哪天就会轮到你憋屈倒霉；身边各个同事都如猛虎下山，天知道哪天就会有人将你取而代之。

电影《天下无贼》里说，21世纪最缺乏什么？人才。我倒不敢苟同，人才哪里没有？现在社会条件好的不止你一个，你有机会读MBA深造，人家还有机会出国镀金；你有经济能力请私人家教，人家还有经济能力开私立学校。知识，就怕你没兴趣学，就怕你没有精力学，哪里都有知识，那是一辈子学不完的东西。

俗话说，家有黄金万两，不如一技傍身。人才，只要你不是天生白痴，后天智障，只要你不是天生自大，后天狂妄，哪个人成不了人才？世界上最不缺乏的便是人，这是硬道理。你有再多的钱，有一天也会花完的，只有属于你的知识和技能才是取之不尽，用之不完的。

两位很聪明的年轻人读书时成绩都十分优秀，兴趣和爱好很相同，对于他们来说，有许多工作机会可供选择。

他们俩分别去同一个公司面试，第一位前去拜访的是小李，面谈结束后他用一种厌恶的口气说：“老板太苛刻了，他居然只肯给月薪 2400 元，我拒绝了他。现在，我决定在另一家公司上班了，月薪 3000 元。”

后来去的学生是小唐，尽管开出的薪水也是 2400 元，尽管他同样有更多赚钱的机会，但是他却欣然接受了这份工作。当他将这个决定告诉我时，我问他：“如此低的薪水，你不觉得太吃亏了吗？”

他说：“我当然想赚更多的钱，但是我对老板的印象十分深刻，我觉得只要能从他那里多学到一些本领，薪水低一些也是值得的。从长远的眼光来看，我在那里工作将会更有前途。”

那是四年前的事情了。第一个人当时在另一家公司的薪水是月薪 3000 元，目前他也只能赚到 4500 元，而最初薪水只有 2400 元的小唐，现在的固定薪酬是 15000 元，外加红利。

这两个人的差异到底在哪里呢？小李被最初的赚钱机会蒙蔽了，而小唐却能基于能学到东西的观点来考虑自己的工作选择。

你的脑筋会不会转得比你老板快？一般不会，那你要不要去努力地学习？肯定要的。

今天他能有资格当你的老板，肯定有他自己的一套方法，有比你厉害的地方。因此，你不仅要努力地学习知识技能，还要向你的老板学习，这样才会听得懂老板的言语。当他说出一句话时，你能知道他的下一句话要讲什么吗？这就需要你知道他的言语，能够跟得上他的思维。若不努力地学习老板的优点，那当你的老板已想到十年之后的发展宏图，你才看到下个月的计划时，你跟他的差距就会越来越大，此时，想要他重用你、提拔你是不可能的事情。

不想当将军的士兵不是好士兵。做下属的想超越他的老板，是非常可贵的精神。员工想要超越自己的老板却并非易事，想要超越自己的老板，首先要学会老板的本事，然后再谈超越。你若连老板的那一套都没有学会，何谈超越呢？因此，一名优秀的员工要不断地学习，学习你的老板，不断充实自己，才会提升自己，获得老板的赏识和提拔。

老板有些领导管理能力比较强，有些领导技术、技能比较高，有些能掌握客户需求，有些沟通能力强，等等。当然了，他们不是完人，不可能样样都好，总有不足的方面。我们要虚心学习他们的长处，并努力帮助领导做好工作。另外，由于我们所处的位置不同，了解的背景深度不同，因此对老板的意图难免会有误会。这要通过在工作中仔细观察，认真领会，及时向老板请示等逐步克服。

古代有“肯下人，终能上人”之说。万丈高楼平地起，打好基础是最重要的。如果不肯把自己放得很低，好好学习，凭什么本领升得更高呢？没有人生下来就注定要成功的。那些成功的人，哪一个不是由低处经过了千辛万苦才升到高处的？

下面是作为一名优秀老板应具备的一些特征：洞察力、判断力、决断力、领导力、执行力、创新力、充分的自信、坚忍不拔的意志、精深的专业知识、丰富的人文、历史和社会知识、关心别人。

对照以上优秀老板的主要特征，你要在你的公司中尽快找出优秀的领导或领导身上一些优秀的品质。然后向他们学习，为他们工作，仔细观察他们，学习他们如何处理一些复杂之事，注意他们如何管理员工以及如何完成任务等。

好老板是一所学校，能找到一个好老板，并且在他手下打工，那可是烧香拜佛也求不来的福气。学习他们所走之路，你才能较快地成为“千里马”，并得到“伯乐”的赏识。

小王工作努力，成绩不错，全公司都承认他是个敬业的人，但是，新的一年来临，新聘任书下来，他才发现，跟他一同进公司的同事职位上升了，而他还在原地踏步。更糟糕的是：有一个年轻人比他来得晚，却比他“爬”得快、升得高，居然成了他的领导！小王的心里那叫一个不舒服，在家待了几天都不愿意去上班，不知道怎么面对公司那帮人。

学习，除了学习老板之外，我们身边更多接触的人——同事，也可以成为我们学习的榜样。

我们生命中有 1/3 的时间是在工作，这同时也意味着我们有 1/3 的时间是与同事们一起度过的，好好把握这段时间，学习你身边的人的优点，可以使自己更快地进步。

想要进步，就要熟悉“圈子”里的人和事，不要多嘴，以免惹人烦，最好是保持沉默，多听、多看，时刻保持谦虚的态度，多向同事学习业务知识，学习同事身上的好的品质。也可以主动与感觉友好的同事接触，根据相同的爱好，可共同参加一些业余活动。或请他们吃顿饭，或在一块儿聊聊天，增进友谊，彼此关系加深更可以方便你向他们学习。很多知识是在学校和书本上无法学到的。工作需要的也正是实践经验。只要你把关系理顺并很快地融进“圈子”，那对你日后的工作将大有裨益。并且，从身边同事身上学习到各种知识，更是有利于自己在职场上胜出。

向同事学习与向老板学习截然不同，因为你与同事站在同一水平线上。向同事学习，首先要摆正心态，绝不能有嫉妒心理。

这个时候，千万不要让嫉妒搅得你心烦意乱，更不要冲动得跳槽，毕竟到一个新的环境，一切都要重新开始，且又要费一番周折，那样真是太得不偿失了。也不要公然表示自己的不高兴，职场上是特别忌讳公然表示自己不高兴的。你可以不高兴，但是你不能把它放在脸上，因为那会影响到别人，也可能会给别人以可乘之机——他们会说闲话：瞧，领导新提拔上来的那人不行吧，连他们自己部门的人都不服气。这不是给人把柄么？升职轮不到自己，谁都会不舒服，都会嫉妒。但嫉妒带不来加薪，与其让嫉妒充斥，不如先平息了妒火，接受事实。人就是这样，只有先接受事实，才能发现自己差在哪里，才能自求更好。你应该冷静地想一想，也许提上去的那个人真的不错，也可能他确实不如你。但更高层的领导把他提上去总是有理由的。比如，他人际关系比你处得好，也许从纯业务的角度来讲不如你突出，但是，做管理工作，更多的是要看他如何与别人相处，如何把一帮人团结起来。他的长处，在我们心里全是那种不服的感觉时，可能什么也看不出来。遇到这样的情况，不如看看他的优点，找找他的长处。这样不仅能调适你那正往火山方向发展的脾气，更能让你有所收获。

在你发小脾气前，先得想想，自己没有升职是为什么，自己究竟差在哪里，找出自己与同事之间的差距来，然后向人家学习，没准下次升职的就是你了。否则你是暂时出了口气，心里痛快了，但最终损失的是谁？是你自己，是你自己的名声。

想尽快提升自我就要善于学习身边同事的优点，相信别人的成功都是因为具有独到的优点。你若能从他们身上吸取各自的优点，你就是一个十分了不起的人物了。

在与同事相处的过程中，不妨多寻找同事的优点，勤于学习他的工作方法，虚心接受他正确的意见，改正自己的缺点，这就是最大的进步秘诀。发现自己的不足，发现工作不完善的地方，再对比身边做得好的人，学习人家好的方法，把问题解决掉，促进工作上一个新台阶，这也是一种创新的结果。我们应该时刻带着新的思维观念，敢于否定陈旧的工作方法，大胆创新，从身边做起，从手头的小事做起，从而不断提升自己的工作水平。

与时俱进，武装自己

无论是谁都不能否认现代社会的发展速度是飞快的，它的变化之快甚至让人难以相信，让人感觉到了一种压力和威胁，最明显的一个例子便是计算机的换代，当我们还沉浸在奔腾 3 带来的全新享受时，奔腾 4 又横空降世。

所以，现在的社会是一个“优胜劣汰”的社会。职场作为社会大环境中的一部分，同样也遵循着这样的规律。面对这个变化迅捷的社会，作为在职场打拼的一员，你只有跟得上时代的脚步才能够生存进而追求你所要的成功。

如何才能让自己与时俱进？要做到这一点，就只能靠不断地提升自己的专业技能，让自己变得更专业一点。

每一项工作都有自己的专业领域，所以身在不同行业的人都拥有自己的专业技能，它是一种做好自己工作的重要能力。有一些员工虽从事较有技术性的工作，但对自己所从事的专业了解不透，更谈不上提升自己的专业技能了。这些员工往往变成“万金油”，什么活都能干，可什么活都干不好。

要想把自己的工作做彻底，就一定要具有相当强的专业技术知识，最好做到不可替代的程度。如果现在还没有做到，而又有志于在专业技术方面发展，就要静下心来，苦练内功，努力提高专业技术知识和水平，努力使自己成为企业和社会专家式的员工。也只有这样，才能赢得属于自己的成功机会。著名影星姜武，便是靠着这样一种精神，为自己赢得了关系到自己一生的演出机会，成就了自己的事业。

姜武是著名影星，也是著名导演姜文的弟弟，因为刚走上演艺道路就被笼罩在哥哥的光环之下，所以很多人认为姜武之所以能取得今天的成就，完全是因为他有一个明星哥哥。而事实却并非如此。他的成功，完全靠的是自己的努力。

从电影学院毕业之后，姜武没有什么角色演，许多人都让他去找哥哥姜文，包括自己的父母也说这样的话，但姜武不愿意。其实当时他哥哥姜文跟他也是一样的想法，他曾对媒体记者说，既然姜武选择了这条路，他就一定要以自己的方式走下去，我如果帮他，反而会害了他。在姜文的心里，他是最了解姜武的，他清楚姜武是个好强并且很有自尊的人，他不会让别人认为他是因为哥哥才演上角色的。

一次偶然的机会，姜武听说《洗澡》剧组正在物色一名演员演傻子二明，面试了很多演员导演都觉得不合适，而且很多演员也觉得让自己去扮演一个疯疯癫癫的人，有损于自己的形象。而姜武却跟他们的想法不一样，他认为这是一次难得的机会，于是他就跑到《洗澡》剧组毛遂自荐。

当时导演因为一直没有找到合适的人选，都决定要放弃了，想找个真傻子来演二明，但姜武可不管导演有什么想法，他当着导演的面就演起了傻子。导演看了他的表演，一下子就呆了，因为他演得实在是太好了，不知道内情的人还以为姜武真的是一个智障人士。于是导演放弃了用真傻子来演的想法，决定由姜武来演。

面对这次难得的演出机会，姜武也是十分珍惜。为了能把二明这个角色演好，他专门跑到福利院去体验生活，和真正的智障人群一起生活。从福利院体验生活回来，姜武觉得自己的积累还远远不够，恰好那时候他的女儿刚出生，于是他便天天趴在女儿身边，观察她的一举一动。

以至于有一次他哥哥回家，看到他这样观察自己的女儿，还拿他打趣："你女儿这么好看，天天看还看不够？"姜武说："我演的《洗澡》里面的二明是个弱智！人长大了，但智力却没有继续再长，所以我就想看看这么小的孩子是怎么样笑、怎么样哭的。”

哥哥姜文当时没有说话，但是他在心里已经更加相信自己的弟弟一定能行的。后来姜武在演二明的时候，为二明设计了只有两三岁孩子的智商，在表演的时候还加进了许多只有小孩子才有的动作，比如：二明用小木棍画墙，手总是紧紧地攥住衣角等。这些动作都是姜武通过自己的体验慢慢想到的。

为了演好二明，姜武还在嘴里加了一个牙托，这样他说起话来就变得口齿不清了，更加贴近人物形象。就是这样一些小小的细节，成了迄今为止姜武演得最经典的“形象”：顶着“锅盖头”，穿着蓝白条运动服，边走路边用小木棍画着墙，一听到《我的太阳》就乐不可支……

因为在《洗澡》里面对二明这个人物角色的出色表演，姜武拿到了夏威夷国际电影节的“最佳男演员”奖’，而这次演出也成了姜武演艺事业的转折点。虽然姜武现在接拍的戏越来越多，名气也越来越大，但是他仍旧如当初出演二明一样，始终以专业的精神去对待自己的每一次演出，对待自己的每一个角色。他说只有如此，才能让自己有所提高，有所进步。

不仅在演戏中如此，在日常工作中也是一样。只有努力提高自己的专业技能，才能跟得上时代变化的脚步，才能在工作过程中，把自己的工作做得更加彻底。

那么，如何才能提升自己的专业技能呢?

(一) 不断学习，提升自我的能力、实力

优秀的职场人士知道：只有不断地学习，才能够适应社会的发展，才不至于被社会、被企业所淘汰。学习的途径可以去参加专门开设的某项专业技能的培训学习，也可以从身边的其他人的身上学习。

现在身为某公司网络部的主管的李楷，在刚刚进这家公司的时候，是一名普通的员工，不要说对网络不熟悉，就是连简单的计算机操作都不知道。然而，当他在偶然的机会接触到计算机网络的时候，便发现如果不懂操作，便很难在这个公司获取更好的生存和发展的机会。于是，他便利用业余时间参加一些计算机培训班，过了一段时间后他的计算机技术得到了提高。

一次偶然的机会，公司网络出现了一些问题，正当大家束手无策的时候，李楷站了出来，熟练地解决了存在的问题。正是因为这件事情，李楷引起了公司领导的注意，提高了自己职业生涯的含金量。

从李楷身上，我们可以看到在变化迅猛的社会中，只有保持不断学习的精神，才能为自我获得更好的生存发展空间，才能立足于这个社会。

（二）保持实干精神

很多人之所以能在工作中取得骄人的业绩，他们靠的不是走捷径，事实上也根本就没有捷径可走，他们是靠一步一个脚印的实干精神。他们不是神仙，也不是什么天才，更没有什么特异功能，只是靠持之以恒地学习、刻苦地钻研，不断提升自己的专业技术能力，才成为“员工之神”。

真正的专业技能在学校是很难学到的，要在工作实践中结合理论进行学习、提高，这对于员工是一个难得的好条件，员工必须珍惜这个条件，将自己的专业技能提升上去。

因此，让我们保持一颗谦虚好学的心，随时随地地学习，提高自我的能力和素质，它会让我们一步步从普通走向优秀，从而成为职场炙手可热的人物。因为，这是一个依靠能力说话的时代，更是一个比谁的学习速度更快的时代。

拥有能力，得到赏识

要想领导倚重你，本身要有一定的才干才行。才干包括许多方面，大凡领导身边的“红人”，都有“好字、好文笔、好口才、好记性”。这些经常使用、会给领导留下印象的才干是领导倚重你的基础。

（一）字要写得漂亮

我们常说：“字如其人。”一个人的字，在某种程度上代表一个人的性格。正因为如此，有的领导便根据一个人的字来判断其性格和决定其去留。

因为下属经常要给领导撰写讲话稿，或起草公文。如果下属的字工整、清晰、秀气，领导自然很欣赏，还可能以为这位下属有一定的才华。相反，下属写的字歪歪扭扭，字迹不清，领导看起来不顺眼，甚至因看不懂不高兴、恼火，这就不好了。

关于写字方面的练习，对于做秘书或做办公室工作的人员来说尤其重要，因为这些人员经常要接触文字工作。对于那些不经常接触文字的工作人员，也应加强写字的练习，因为这些人有时也要为领导写些东西，如情况反映、简报和表格之类的文字材料。如果字写得好，同样也会给领导留下一个好的印象。在衣着方面，人们往往“以貌取人”。在文字方面，有时也“以字取人”。如果一个人能写一笔好字，有时也会有用场的。

（二）较高的写作能力

一个领导人的工作，不可避免地要涉及讲话和下发文件。这些领导人自然希望自己的讲话稿写得漂亮，有吸引力，以赢得听众热烈的掌声和思想上的共鸣；希望由自己签发的文件深刻、严密、规范、指导性强。

作为领导虽然有这些好的愿望，但是，有的人因自己文字功夫差，而不能胜任；有的人因工作繁忙或对某项工作不熟悉，而不能亲自动笔。于是，在许多部门，撰写讲话稿和起草文件的任务就交给了下属。

这就要求下属要具有较高的写作能力。如果下属写作能力强，既深刻又生动，毫无疑问，自然会让领导满意；如果下属写作能力不强，别别扭扭，文理不通，词不达意，甚至错别字连篇，自然会引起领导的不满。

可见，写作能力的高低不仅是文字水平高低的问题，也是让领导满意、欣赏的一个重要的因素。许多人就是因为文字功底雄厚而得以重用。当然，也有一些人因文字功底太差，而被调离工作。

（三）练就一副好口才

在社会交往中，包括下属和领导的交往中，都需要用语言进行沟通。下属向领导汇报情况，或者下属传达领导的指示，都离不开语言。领导希望自己的下属具有良好的口才。俗语讲：“好马出在腿上，好汉出在嘴上。”此话虽有些俗，但有其一定的道理。

在工作中，下属要经常给领导汇报工作。口才不同的人，其汇报效果大不相同。口才好的人，能简明、准确、清楚地向领导汇报，使领导能听懂所反映的情况，从而及时做出正确的决定。这自然是领导喜欢的。相反，口才不好的人，说话结结巴巴、丢三落四、轻重不分、啰啰唆唆，让领导不知所云，不得要领。这就很难令领导满意。

口才，绝非耍嘴皮子。实际上，它是一个人知识深浅的标志，是一个人表述能力高低的体现。大凡杰出的领导人和组织者都具有较好的口才。练就一副良好的口才，是搞好工作的不可缺少的条件。

有时，领导的意图需要下属去传达，如果下属不善于表达，那就不能将领导的意图准确地告诉群众。

练好口才，提高表述能力的方法，主要是多练、多想、多总结，同时还要多学习。一方面利用一定的场合多讲话，使自己的胆量有所增强，使自己的表述能力日臻完美；另一方面，在家中、办公室进行自我练习，进行反复的演讲。日本前首相田中角荣从前说话有些结巴，他经常到深山大声进行演讲练习，后来，结巴的毛病得以纠正。据说，一些首脑人物在正式演讲之前，都要进行反复的练习，最后才能在公开场合发表精彩的演说。

（四）具有较强的记忆力

多数领导都有经常询问下属的习惯，甚至明明自己知道，也要询问下属——凡事都记住似乎有失身份了。

鉴于这种情况，作为下属，应具有较强的记忆力，凡领导所分管工作的各种情况，都应做到心中有数。如果领导问询起来，即刻予以准确回答，领导自然会满意的。若在大众场合，回答得漂亮，领导则会更加满意。因为这给领导也争了光——“强将手下无弱兵”嘛。相反，如果领导询问起来，下属支支吾吾，甚至因回答错了惹来耻笑，领导当然不会满意甚至会生气，因为耽误了工作或丢了他的面子。久而久之，领导对你就有可能不喜欢了，认为你愚笨或工作不负责任。

自然，作为下属，掌握领导所分管工作的一些基本情况，也是自己的本分。为了增强自己的记忆力，应有意识地进行强记。对一些基本数字，要写在笔记本上，经常翻阅。脑子里要经常装着一些数字，同时，要经常接触有关工作，增强感性认识，从而使一些情况和数字自然而然地比较牢固地记在脑子里，以便将来有其“用场”。

如果工作上马马虎虎，任何事情都不“装”在脑子里，到时就会发生

“抓瞎”的现象。

如果你想成为领导的得力助手，那么，从今天开始就在这四个方面多下苦功，让你的才干展现在领导面前。

协助领导，得到重视

对于领导来说，对他最大的支持，莫过于能够协助他把工作做好，这是领导对下属最主要的要求和期望。作为下属，要有协助领导的能力。

（一）熟悉领导分管的工作

在一些场合和在一些工作上，领导需要下属的帮助，或让下属提供资料，或“出谋划策”，或协助处理一些问题。而且，多数领导希望下属给予更多的帮助，因为有的领导确实能力有限，许多问题不能解决或不能漂亮地解决；有的领导想“忙里偷闲”，希望下属多代替自己做些工作；有的领导想把工作做得好一些，能胜人一筹，以便得到更上一级领导的赏识。

鉴于这些情况，就需要下属当好领导的助手和参谋。但是，当参谋和助手的首要条件是，要熟悉领导分管的业务。如果对领导分管的业务不熟悉，知之甚少，就很难当好领导的助手和参谋。在相当一部分下属人员中，如秘书、办公室主任等，不努力去熟悉领导业务的大有人在，致使领导不好使用他，也正因为如此，这些工作人员进步缓慢。

当熟悉了领导分管的业务之后，一旦领导征询自己的意见，作为下属就能提出比较高明、可行的意见来。当领导指示自己去处理某一个问题时，因情况熟悉，问题便会顺利得以解决。如果是这样，领导自然要满意了。

（二）有一定的组织能力

无论开展什么样的工作，往往都要组织一些活动。通过这些活动，使领导或上级部门布置的工作得以完成。

有些重大的活动需要领导亲自出马，坐镇指挥。但是，多数活动则是领导委托给下属去办理。这自然也是对下属的一种考验。

组织社会活动是一件复杂的事情，有些组织起来十分棘手。而如何组织社会活动，课本上是没有讲过的，主要靠自己。

作为领导，自然希望下属把活动搞好，达到预期的目的。这些活动虽然不是领导亲自操办的，但是它也涉及领导的能力和形象。活动组织得好，领导放心，也开心。用群众的话来说，给领导脸上贴了金。相反，如组织得不好，杂乱无章，漏洞百出，群众怨声载道，上级横加指责，这就不可避免地要丢领导的脸面。这时，让领导对你有好感是不可能的了。

因此，作为下属一定要提高自己的组织能力。要充分认识活动组织得好坏与领导工作的好坏有着十分密切的联系。

作为领导，都希望自己手下有几个组织能力强的人，即所谓“干将”，以作为他的左膀右臂。而作为下属则应向这方面努力。

提高组织能力也需要一个过程。首先，应正确地领会领导的意图以及掌握领导对这次活动的要求。其次，要精心组织，周密安排，力争完美无缺，从而给领导留下一个良好的印象。

（三）有协调的能力

作为一个领导人，遇到的需要协调的问题会很多。协调是必不可少的，但又是一件十分麻烦的事情。有些问题多次协调也不得解决，令人大伤脑筋。

协调是一种艺术。具有较高协调才能的人，对于某一问题的协调要容易得多；而对协调能力较差的人来说，虽费了九牛二虎之力，效果也不一定尽如人意。

作为下属，也生活在各种矛盾之中，甚至生活在各种纠纷之中，他既需要处理与领导的矛盾，又要处理与周围人的矛盾，更重要的是，有时还要代替领导处理一些领导所遇到的矛盾。这就要求下属具有较灵活的协调才能。

协调得好，领导就会满意，认为你有能力。如果你帮助他处理了长期未能解决的矛盾，不仅会得到赏识，而且还会得到感激。假如处理得不好，矛盾未能解决，甚至还有些激化，领导自然不会满意。

协助领导搞好协调工作，实际上是帮助领导解决一些棘手问题，同时，也是在帮助领导疏通和融洽有关方面的关系。这是领导十分期望的。

矛盾是复杂的，因此，进行协调的办法也应当是灵活的。有时需要晓之以理，动之以情；有时需要硬，有时需要软；有时要伸，有时要屈。总之，方法要灵活。

(四) 能为领导代笔

在我们的日常工作中，会议特别多。在各种会议上，特别在较大型的会议上，领导为了把问题讲清楚，或怕出差错，所以一般要写一份讲话稿。

有的领导能够自己起草，这样，下属就省劲了。但是，很大一部分领导则需要下属代笔，这是一种非常普遍的现象。这就使秘书成了领导的代言人。鉴于这种情况领导自然希望下属把讲话稿写得漂亮些，能博得群众的掌声，提高自己的威望。相反，下属如果把讲话稿写得很蹩脚，听众觉得索然无味，甚至出现一些原则性的错误或笑话，以致影响了领导的形象，甚至来个“倒鼓掌”，那就糟糕了。

在某种情况下可以说，讲话稿代表了领导的水平，代表了领导的形象。因此，作为下属，应当努力为领导写好讲话稿，万不可认为这是无关紧要的事情。

写好讲话稿是一件非常不容易的事情，一则需要较深的写作功底，二则众口难调，要符合领导的口味。要写好讲话稿，首先，要练好写作基本功，这是首要的条件。其次，要熟悉领导要讲的内容。再次，要掌握领导的口味、风格。最后，还要了解听众的心理，知道群众喜欢听什么，关心什么，不要发生“对牛弹琴”的现象。

领导有一个能力强的下属，工作起来自然得心应手。当他离不开你时，也正是你身价倍增的时候。

第09章

细节决定成败——从小事入手，打造专注精神

有的事情看起来很小，却关乎全局。正所谓“千里之堤，溃于蚁穴”，坚固的大桥也有可能因为小小的蚁穴而轰然倒塌。优秀的员工专注做好小事，将各个细节做到位，不仅杜绝了发生损失、危机的可能，也成就了非凡的自我。

快速熟悉工作环境与岗位要求

职场新人进入新公司要尽快进入角色，最重要的事情就是要尽快熟悉公司环境和自己做的工作。要知道，任何公司都不能忍受只拿工资不干事或是总是干不好事情的职员。无论你其他方面多么优秀，现在做好自己的本职工作才是最主要的。它是决定你将来发展前途的最主要因素。因此，刚参加工作的人无论如何要把所有心思放在工作上，在最短的时间熟悉周边状况，尽快进入自己的角色。

（一）熟悉公司的软硬环境

所谓公司的软环境是人事、人文等；硬环境就是公司的基本状况。要了解公司各种成文或是不成文的规定，以使自己尽快投入角色。

刚到一家公司后，关于这家公司你一定有很多情况想要了解，也需要了解。比如公司的运行状况、管理层的情况、企业文化和传统。

公司的经济运行情况，必须知道。公司是否有银行或政策支持，是否有大量的客户，如果你找到了这些关键性问题，而且能通过准确的渠道了解到真实的情况，对尽快进入角色有很大的帮助。

了解企业文化非常重要，如果不适应企业文化，那么要在公司取得成功就很困难。要想真正了解企业的深层文化，就需要在业余时间多与老员工聊聊，但最终对企业文化的理解，还是要靠自己观察分析。

不成文的规定更需要熟悉，因为这些规定大都是公司权威约定而成的惯例或形式，所以这些不成文的规定更需要尽快熟悉。否则，如果在这方面出现纰漏，别人可不会以为这是由于你的疏忽造成的。因此，你要习惯于在公司以受欢迎的方式称呼领导、同事、客户，不妨仔细留意一下别人是如何称呼的，你可以从中得到启示。

（二）熟悉工作业务是必须的

刚入职场，公司老板或上司会意识到你需要培训和指导。所以，你首先不是要做什么创新的尝试，而是要尽快熟悉自己的工作内容，要尽快地学习和吸收同事和上司给你的指导。

在职场中遇到不懂不会的问题，这个时候你就要虚心向老员工询问，老员工在给你讲解或介绍时，你一定要集中精力认真听，并做好相关记录，不懂的时候可以查记录，而不必再一次去咨询别人。同时，在工作中，很多问题是没有人会教你的，你必须自己善于观察、善于模仿。刚开始公司可能会安排一名“师父”，不要因为“师父”老指挥你做这做那而感到厌烦，不要误以为这是公司对你的不信任，一旦这些师父认为你可以独立工作的时候，那么他们就会回到他们的角色中，放手让你自己去发挥。以后，等到自己真正独立工作时，想要人指导一下恐怕都难了。

人才，只有被当作人才用时方是人才，否则只能是废才。士为知己者用，要有感恩心，要有忠诚度，在有伯乐的时候你就要跑出黑马的本质。

某单位青年小王，自学考取了北京大学英语专业研究生，3年后小王学成归来，单位人事部调用他到传达室当收发员，理由是单位每天都有外文函电往来。

听到如此安排，小王真不敢相信自己的耳朵。他试着问，这是临时性的工作吗？没想到领导却严肃地对他说：“小王呀，你有这样的想法本身就是错误，对工作怎能挑挑拣拣呢？怎么有临时观念呢？”

一盆冷水从头泼下，小王不寒而栗，又百思不得其解。半年后他再也按捺不住那颗躁动的心。一次他从报上得知深圳招聘人才，就试着投一封自荐信。没想到深圳的工作效率果然高得惊人，不出半月他便接到对方同意录用的通知书。于是小王举家南迁，到深圳第三天便住进了两室一厅的住房，并被分配到某大学任英语教师，给予讲师待遇。学校人事部门老师热情地握住小王的手说，对不起暂时委屈你了。他听后热泪盈眶，过去当收发员被说成重用，今天当讲师说是委屈，两者对人才的态度真是差之千里。

士为知己者死。小王努力工作，后来被晋升为副教授、教授。有朋友问他，以前的单位与深圳的差距有多大？他笑笑说，一个收发员和一位教授之间的距离。

在一些特殊情况下，如果老板首先看到对方长处或优点，则激励效果更佳。当人才的某些缺点遭到过分非议，而他的某些优点却被人忽视的时候；当人才因为种种原因，突然陷入人际关系的漩涡之中，眼看就要遭到冷落的时候；当人才因为过去的过失和错误，尽管决心痛改前非，却始终无法偿还精神债务，无法放下思想包袱的时候；当人才确有某些明显的缺点，以至于掩盖了他的另一些优点，致使他长期被人们搁置在一边的时候。

在上述情况下，这些人才在大众眼里都是形象不佳，自己也感到灰溜溜的。虽然心中不服，认为不公平，但也无可奈何。在这种情况下，如果某位老板能够慧眼识珍珠，那么，被识者就会从内心产生由衷的感激之情，一旦被重用，就会更加忘我地工作，士为知己者死的意识就会更加强烈。

小莎在一家外企工作。汤姆是总公司从美国派来的行政总监。在工作方面小莎非常认真负责，可是小莎只是一个一般大学毕业的大学生，公司其他岗位的员工不是名牌大学就是硕士毕业的。小莎在这个激烈竞争的环境里，不显山不露水，只是默默地做事，每次开会都把各项资料帮助汤姆准备好。到了周末小莎还会为汤姆递上妈妈做的家常菜，让吃厌了工作餐的汤姆换换口味。

小莎常常放弃约会，陪孤独的汤姆逛街，深夜伴寂寞的汤姆在咖啡厅喝咖啡，看夜上海，让独在异乡的汤姆倍感温暖。某个下午，小莎和同事们商量聚餐。晚上，被约的同事陆续在饭店坐定，最后一个到的是小莎，捧着刚刚买的生日蛋糕，大家以为是她的生日聚会，没曾想到，她微微一笑，对着她旁边的汤姆说："今天是汤姆的生日，我们一起祝汤姆生日快乐。"汤姆眼里有意外的惊喜，同事们这才恍然大悟。

汤姆要回到美国总公司前，在公司例会上宣布："我已向总部申请小莎接替我的位置"，并言明如果小莎在工作中遇到什么困难，希望大家帮忙。

要想实现自己的人生目标，有很多方式可以做到，但做好现在的本职工作，让老板和上司赏识你，升你的职是最现实的选择。

细心倾听，切勿应付工作

某广告公司正在开会，老板布置下一阶段的工作任务。其他人都正襟危坐，认真倾听。唯有小王例外，眼望天花板，钢笔在手中打转，一会又去用手机发短信。最后老板布置完任务，问大家听清楚了没有，大家都说知道了，小王也一阵附和。老板当场让小王说出工作的重点，小王一时语塞，无话可说。

上帝赋予人一张嘴巴，两只耳朵，就是让人少说话多倾听。有大量事实证明，职场上失败的原因，很多时候不在于你说错了什么，或是应该说什么，而是因为你听得太少，或者不注意听所致。比如，别人的话还没有说完，你就抢口强说，讲出些不得要领、不着边际的话，别人的话还没有听清，你就迫不及待地发表自己的见解和意见，对方兴致勃勃地与你说话，你却心荡魂游目光斜视，手上还在不断拨弄这个那个，有谁愿意与这样的人在一起交谈？有谁喜欢和这样的人做朋友？一位心理学家曾说：“以理解的心情倾听别人的谈话是维系人际关系、保持友谊的最有效的方法。”

可见，说是一门艺术，而听更是艺术中的艺术。

我们不必抱怨自己不善言辞，只要我们认真倾听，我们就会赢得尊重。生活中，这样的例子很多。

“听”表达的含义比“说”更丰富、更文明、更高雅、更具魅力！那么，怎样“听”才是“会听”“善听”呢？

成功的倾听必须做到以下几条：

1. 要有正确的“听”的态度。专心地听对方谈话，态度谦虚，始终用目光注视对方。不要做无关动作：看表、修指甲、打哈欠……人人都希望自己讲话能引起别人的注意，否则，他讲话还有什么兴趣，还有什么用呢？

2. 要善于通过体态语言、语言或其他方式给予必要的反馈，做一个积极的“听话者”。例如：赞成对方说话时，可以轻轻地点一下你的头；对他所说的话感兴趣时，展露一下你的笑容；用“嗯”“哦”等表示自己确实在听和鼓励对方说下去，等等。

3. 不要中途打断对方，让他把话说完。讲话者最讨厌的就是别人打断他的讲话。因为这样，在打断他的思路的同时，又让他体会到你不尊重他。事实上，我们常常听到讲话者这样的不平：“你让我把话说完，好不好？”

4. 适时引入新话题。人们喜欢从头到尾安静地听他说话，而且更喜欢被引出新的话题，以便能借机展示自己的价值。你可以试着在别人说话时，适时地加一句：“你能不能再谈谈对某个问题的意见呢？”

5. 要巧妙地表达你的意见，不要表示出或坚持明显与对方不合的意见，因为对方希望的是听的人“听”他说话，或希望听的人能设身处地地为他着想，而不是给他提意见。你可配合对方的证据，提出你自己的意见，比如对方说完话时，你可以重复他说话的某个部分，或某个观点，这不仅证明你在注意他所讲的话，而且可以以下列的答话陈述你的意见，如:“我完全赞成你的看法。”

6. 要听出言外之意。一个聪明的倾听者，不能仅仅满足了表层的听和理解，而要从说话者的言语中听出话中之话，从其语情语势，身体的动作中演绎出隐含的信息，把握说话者的真实意图。只有这样，才能做到真正的交流、沟通。

认真按照这些要求培养倾听习惯吧，你一定会成为老板认可的人。

某公司的女经理，精明能干，手下一班干将自是精明能干、智勇双全。可是不久前，他的一名助手调离到别处，接任的是一名刚刚毕业的女大学生。这位新来的女大学生，做事马马虎虎，随随便便，一些资料总是不加整理便递交上去，办公桌上的文件乱七八糟的，为此女经理批评了她许多次。她仍我行我素，一切如故，最后被炒了鱿鱼。

这些人也许在学生时代就养成了马马虎虎、心不在焉、懒懒散散的坏习惯。随着学业的结束，他们又把这些恶习带入社会，一旦这种人成为领导，其恶习也必定会传染给下属。如果他们是作家，文章必定漏洞百出；如果他们是一个管理者，部门工作必定一塌糊涂。

再看一个例子。胡建是一所名牌大学的高材生，一进公司就被公司列为重点培养对象。他的同事都认为，胡建是年轻员工中最有可能得到晋升的一个。

一次，主管给胡建安排任务，让他画一份统计图表。这项工作一般是由另一个同事做的，那人请假了。胡建认为，这样无关紧要的工作，怎么也轮不到让他去做，便满不在乎地想："我以为是什么技术难题呢！等我忙完手头上的活再干吧。"于是他勉强地接受了任务，但是没有立即着手去完成。后来主管催了一次，他才把图表草草完成。

胡建对工作的态度，主管全都记在心里了。

年底，公司人事调整，原本被看好的胡建并没有获得晋升。胡建感到很委屈，同事也觉得这样评价胡建是不公正的，但没办法，胡建的漫不经心被上司抓住了把柄。

心不在焉、马马虎虎在职场是让人讨厌的，许多人就是因为此种原因导致失业。这种人若去建造房屋，凭着他那半生不熟的技术，恐怕在砖块和木料拼凑成的建筑尚未售出之前，就已经在暴风雨中坍塌掉了。若让他们去当医生，他们只会草菅人命，视生命如儿戏。

工作的疏忽，随时都在发生。由于疏忽、敷衍、偷懒、轻率而造成的可怕惨剧，在人类历史上无时无刻不在发生。只要这种员工还存在一天，这些惨剧就无法避免。尽管从表面看来，这些人也时常会装出一副很敬业的样子，但结果总无法令人满意。懒懒散散、漠不关心、马马虎虎的做事态度似乎已经变成了常态。

现实是残酷的。你不把工作当回事，也就没有领导把你当回事，这就是你自己对自己的不负责任。

有一位建筑水平非常高的木匠年老了，想退休回家与妻儿享受天伦之乐，便向老板提出了自己的想法。老板很舍不得他走，便问他可不可以再为自己建一座房子。老木匠答应了，但人们很快看出来，这位木匠的心思已经不放在建筑房子的工作上了，因为他这次做的活很粗。

房子建好时，老板把这所新房的大门钥匙交给了老木匠，说："这是你的房子，是我送给你的。"老木匠大感意外，而且羞愧得无地自容。

老板对员工是否偷懒，是否贻误事情明察秋毫。任何磨洋工的员工都逃不出他的视线。我真诚地希望每个人牢记这几句话：事情不分大小，都应当使出全部精力做得尽善尽美，否则还不如不做。

摒弃坏情绪，提升岗位胜任力

奥斯特瓦尔德是德国著名的化学家。有一天，他由于牙病发作，疼痛难忍，情绪很坏。走到书桌前，拿起一位不知名的青年寄来的稿件，粗粗看了一下，觉得满纸都是奇谈怪论，顺手就把这篇论文丢进了纸篓。

几天以后，他的牙痛好了，情绪也好多了，那篇论文中的一些“奇谈怪论”又在他的脑海中闪现。于是，他急忙从纸篓里把它拣出来重读了一遍，结果发现这篇论文很有科学价值。在为作者的新思路惊讶不已的同时，也为自己因情绪不好险些埋没了一篇天才的科学论文而懊悔。他马上写信给一家科学杂志，加以推荐。这篇论文发表后，轰动了学术界，该论文的作者后来获得了诺贝尔奖。

由此可见，在职场中，一定要摒弃掉自己的坏情绪，不然会毁了自己很多重要的事情，从中我们也可以看到，言行一致是多么的重要，而且只有说到做到的人才能赢得机会的青睐，甚至因此改变自己的命运。

而那些只说不做、言行不一致的人，则是无法在职场上立足的。这些员工的所言所行往往从自身利益出发，而不是站在公司的角度考虑问题，这样只会造成空许诺言而无法兑现的局面，不仅不能在上司与同事中赢得信任，还会因此影响自己的职场前景。

李辉是某建筑公司的项目负责人，最近一段时间，受楼市调控政策的影响，公司效益大不如从前，单位不少员工也是动了跳槽、另谋东家的念头，作为项目负责人的李辉更是看在眼里、急在心里。但是，有一件事情却改变了公司命运，也留住了员工。

一个周末，公司组织加班，就在下班时间，李辉听见一个员工正在跟孩子通电话，大概意思是，孩子希望这个周末这位员工能陪他逛一次动物园，而这位员工也痛快地答应了孩子的请求。听到这里，李辉对员工说："最近大家都很辛苦，周末就好好休息吧！下周还有一个和美国客户的谈判，需要你做翻译呢……"

但是，就在自己答应让员工好好休息的第二天，那位美国客户却说谈判要提前进行，因为自己有急事需要提前回国。而那位员工又是公司唯一能胜任同步翻译的人，于是李辉给员工打电话希望他能回公司处理一下这件事。

这位员工二话没说就来了，但是谈判进行得不是很顺利，因为他们的竞争对手是一家业界很有名气的大公司，以现在的实力根本无法与其抗衡。谈判结束的时候，美国公司的负责人对李辉说自己还要回公司在董事会上讨论一下，等有了结果会通知李辉的。

谈判结束后，李辉亲自开车送这位美国公司的负责人回下榻的宾馆，路上与对方交谈得也很融洽。闲聊中，对方问道为什么是李辉亲自开车送他回去，而不是派司机，李辉说司机陪翻译的孩子逛动物园去了。

当这位员工听到这些话后，激动之情溢于言表，只是一次次地说道："李总，您真细心，小孩子的事，还有劳您用心，真是过意不去啊！"

李辉却淡淡地说："既然是答应孩子的事，就一定要做到！"此话刚一出口，就引起了美国公司负责人的兴趣，于是翻译就将刚才的话翻译了一遍，他听后直赞李辉是个信守承诺的人。

不久之后，李辉就接到美国那边打来的电话，说是要和他们公司合作。而李辉也自知竞争对手的实力，对于自己公司为什么还能胜出更是疑惑不解。而对方却这样回答他："你们对一个孩子许下的承诺，即使是在很困难的情况下都会尽力去实现，足以看出你们公司是一个讲诚信的公司。我在董事会上对大家说过这件事之后，大家一致同意与你们公司合作。”最终，李辉带着他的团队从这次大合作中重整旗鼓，公司业绩、员工薪资待遇也跟着水涨船高。李辉之所以能够赢得客户的信任、扭转公司局面，就在于他信守诺言的职业素养。

对于员工来说，言行一致是一种对工作负责任的表现。从某种意义上我们可以说，信守承诺就是职场员工职业生存以及职业发展能否顺利进行的保障。只有守住自己的诺言，才能游刃有余地行走职场，从而创造出骄人的业绩，在职场竞争中崭露头角。可以这么说，无论在什么领域，一个言行一致的人都不会是一个失败的人。而无法做到这一点的人，只会让自己与成功失之交臂。

所以，每一位职场人士都应该切记：要想有进一步的发展、要想取得一定成绩、要想得到他人的认可，就应该时刻做到谨慎对待自己的承诺，说到就一定要尽力做到。

养成注重细节的好习惯

海尔总裁张瑞敏关于人的品质有一段精彩的论述：“如果训练一个日本人，让他每天擦六遍桌子，他一定会这样做；而一个中国人开始会擦六遍，慢慢觉得五遍、四遍也可以，最后索性不擦了”，“中国人做事的最大毛病是不认真，做事不到位，每天工作欠缺一点，天长日久就成为落后的顽症。举这个例子并不是说中国人不如谁，而恰好相反我们中国人比谁都强，原子弹等等一些事就是好的证明，只是说我们中国人在一些小事和细节上确有欠缺。”

我们应该把做好工作当成义不容辞的责任而非负担，要认真对待、注重细节，不能有半点马虎及虚假；做工作的意义在于把事情做完美，而不是做五成、六成就可以了，应该以更高的、大家认同和满意的标准来严格要求自己。

密斯·凡·德罗是20世纪世界最伟大的建筑师之一，在被要求用一句最简练的话来描述成功的原因时，他只说了五个字："魔鬼在细节"。他反复强调的是，不管你的建筑设计方案如何恢宏大气，如果对细节的把握不到位，就不能称之为一件好作品。有时，细节的准确、生动可以成就一件伟大的作品，细节的疏忽则会毁坏一个宏伟的规划。

看不到细节，或者不把细节当回事的人，对工作缺乏认真的态度，对事情只能是敷衍。这种人无法把工作当作一种乐趣，而只是当作一种不得不做的苦役，因而在工作中缺乏工作热情。他们永远只能做别人分配给他们做的工作，即便这样也不能把事情做好。而考虑到细节、注重细节的人，不仅能认真对待工作，将小事做细，而且会注重在细节中寻找机会，从而使自己走上成功之路。

日用品和化妆品连锁超市DM在德国遍地皆是。这家企业的老板名叫格茨·维尔纳，现已拥有1370家连锁店、两万名员工，2002年的销售额高达26亿欧元。维尔纳也是行业中最富有的人，2003年年初时他的个人财产已达到9.5亿欧元。

30年前，格茨·维尔纳白手起家创建了DM连锁店。他有自己的一套注重细节的经营理念，有时还会因为注重细节做出一些特别"古怪"的事情。

有一次维尔纳走进一家DM分店时，他要求分店经理拿扫帚来。这家分店的经理把扫帚递给维尔纳，非常疑惑地说："维尔纳先生，我不明白您要它做什么？"维尔纳指着地下的灯光说："您看，灯光的亮点聚在地上，什么作用也没有。"于是，维尔纳用扫帚柄拨了一下上面的灯，让灯光照在货架上。

把灯光照在正确的位置上，维尔纳先生给他的员工做出了表率。这让他的员工很受启发，也让他的员工深刻地体会到了工作中无小事这个道理。

细节是专业，注重细节是工作态度。上帝说，你看，你看，细节的心就是心态的脸。心态变了，细节也就溜了。不管大事小事忽略了细节都会给工作造成不同程度的影响或损失。因此企业员工的一项基本素质就是态度要认真。严谨的工作态度才是做好细节的前提条件。所谓严谨，就是认真到近乎苛刻才行。

所以美国成功学大师戴尔·卡耐基就说，一个不注意小事情的人，永远不会成就大事业。麦当劳的创始人克洛克说："我强调细节的重要性。如果你想经营出色，就必须使每一项最基本的工作都尽善尽美。"

人与人之间的差别，往往就在一些细小的事情上，并且正是因为这些细小的事情，决定了不同的人具有不同的命运。

两个同龄的年轻人同时受雇于一家店铺，并且拿同样的薪水。可是一段时间后，叫阿诺德的那个小伙子青云直上，而那个叫布鲁诺的小伙子却仍在原地踏步。布鲁诺很不满意老板的不公正待遇。终于有一天他到老板那儿去发牢骚了。老板一边耐心地听着他的抱怨，一边在心里盘算着怎样向他解释清楚他和阿诺德之间的差别。

"布鲁诺先生，"老板开口说话了，"您现在到集市上去一下，看看今天早上有什么卖的。"

布鲁诺从集市上回来向老板汇报说，今早集市上只有一个农夫拉了一车土豆在卖。

"有多少？"老板问。

布鲁诺飞快地戴上帽子又跑到集市上，然后回来告诉老板一共40袋土豆。"价格是多少？"布鲁诺又第三次跑到集市上问来了价格。"好吧，"

老板对他说，“现在请您坐到这把椅子上一句话也不要说，看看别人怎么说。”

老板将阿诺德找来，并让他看看集市上有什么可卖的。

阿诺德很快就从集市上回来了，向老板汇报说到现在为止只有一个农夫在卖土豆，一共40口袋，价格是多少多少；土豆质量很不错，他带回来一个让老板看看。这个农夫一个钟头以后还会弄来几箱西红柿，据他看价格非常公道。昨天他们铺子的西红柿卖得很快，库存已经不多了。他想这么便宜的西红柿，老板肯定会要进一些的，所以他把那个农夫也带来了，他现在正在外面等回话呢。

此时老板转向了布鲁诺，说：“现在您肯定知道为什么阿诺德的薪水比您高了吧?”同样的小事情，有心人做出大学问，不动脑子的人只会来回跑腿而已。别人对待你的态度，就是你做事情结果的反映，像一面镜子一样准确无误，你如何做的，它就如何反射回来。成功者与失败者之间究竟有多大的差别？人与人之间在智力和体力上的差异并不是想象中的那么大。很多小事，一个人能做，另外的人也能做，只是做出来的效果不一样，往往是一些细节上的功夫，决定着完成的质量。

注重细节其实是一种功夫，这种功夫是靠日积月累培养出来的。谈到日积月累，就不能不涉及习惯，因为人的行为的95%都是受习惯影响的，在习惯中积累功夫，培养素质。要把重视细节，将小事做细培养成一种习惯。成功是一个日积月累、持续不断的过程，任何希图侥幸、立时有成的想法都注定要失败。

细节总容易被人所忽视，所以往往最能反映一个人的真实状态，因此也最能体现一个人的修养。正是因为如此，透过小事看人，已经成为衡量、评价一个人的最重要的方式之一。细节的成功，看似偶然，实则孕育着成功的必然性。细节不是孤立存在的，就像浪花显示了大海的美丽，但必须依托于大海才能存在一样。

一个青年来到城市打工，不久因为工作勤奋，老板将一个小公司交给他管理。他将这个小公司管理得井井有条，业绩直线上升。有一个外商听说之后，想同他洽谈一个合作项目。当谈判结束后，他邀请外商共进晚餐。晚餐很简单，几个盘子都吃得干干净净，只剩下两个小笼包子。他对服务小姐说，请把这两个包子装进食品袋里，我带走。外商当即站起来表示明天就同他签合同。

因将吃剩下的两个小笼包带走避免浪费这样极其平凡的小事感动了外商，使外商顺利地与他签订了合同，由此我们可以看出注重小事的重要性。

有一个相貌平平的女孩，在一所极普通的中专学校读书，成绩也很一般。她得知妈妈患了不治之症后，想减轻一点家里的负担，希望利用暑假的时间挣一点钱。她到一家外企去应聘，韩国经理看了她的履历，没有表情地拒绝了。女孩收回自己的材料，用手掌撑了一下椅子站起来，觉得手被扎了一下，看了看手掌，上面沁出了一颗红红的小血珠，原来椅子上有一只钉子露出了头。她见桌子上有一条石镇纸，于是拿来用它将钉子敲平，然后转身离去。可是几分钟后，韩国经理却派人将她追了回来，她被聘用了。

在一件很细小的、与自己无关的事情上也能体现出对别人体贴和关心的人，她能获得成功是无可置疑的。成功的机会隐藏在细节之中。当然，你做好了这些细节，未必能够遇到如此平步青云的机会；但如果你不做，你就永远也不会有这样的机会。

在工作中，人们总是会忽略一些小事情，正是因为忽略了这些小事情，往往却造成了大难题，常常会给人们带来大麻烦。一些聪明人善于从“小事情”做起，注重细节，从而使局部得到很大的、有时是彻底的改观。

众所周知，日本尼西奇股份公司是与松下电器、丰田汽车一样闻名世界的日本企业。但不管你相信与否，日本尼西奇股份公司是靠着做尿垫、尿布发展起来的，并获得了世界“尿布大王”的称誉。

尼西奇股份公司在 20 世纪 40 年代末期，仅是个生产雨衣、防雨斗篷、游泳帽、卫生带、尿布等橡胶制品的综合性小企业，只有 30 多个人，由于订货不足，经营不稳，随时都有破产的危险。一次，他们从日本政府发表的人口普查资料中得到启发：日本每年大约有 250 万个婴儿出生，他们由此想到，婴儿出生，尿布是不可缺少的，如果每个婴儿用两条，全国一年就需要 500 万条，这是一个多么广阔的市场啊！像尿布这样的小商品，大企业根本不屑一顾，而小企业的人力、物力和技术尽管有限，如果能独辟蹊径，必定会有所作为。

商品不在于大小，只要市场上需要，同样能成为畅销货，做成大生意。基于这样的考虑，尼西奇公司当即作出决策：专门生产小孩尿垫。

为了增强尼西奇尿垫的竞争实力，尼西奇公司不断地创新，对产品精益求精，以扩大销售市场。尼西奇尿垫经历了三代。第一代产品与前几年中国市场上供应的婴儿尿布差不多，用一层布料做成，适应性差；第二代产品在外观上作了一些改进，除了一层布料的尿布外，还将外面一层做成一条小短裤，有松紧带，有尺寸，还可以从颜色上分辨男女；第三代产品把尿布改为三层，最里层是棉、毛、尼龙的混合织物，外层是一条漂亮的小短裤，从而解决了吸水、透气问题。如今，这种尿布已经发展到近百个品种。为了改进产品，他们十分注重博采众家之长。1979 年，尼西奇公司的一位前总经理随团访华，每到一处，不是先去游览名胜古迹和选购古董艺术品，而是四处寻找尿垫。在短暂的旅行期间，他竟然奇迹般地收集到了十几种中国尿垫。上海有一种利用边角料拼接起来的尿垫，他们发现后立即仿效，在设计时利用边角料，既增加了美感，又节省了原料、降低了成本，深受消费者的欢迎。为了提高产品质量，尼西奇公司组成一个拥有 20 多名专职人员的开发中心，利用各种先进技术对尿垫进行数据测试，从中选择最佳材料和设计。以往的尿垫都是用普通缝纫机缝制的，考虑到婴儿皮肤太娇嫩，现在一律改用超声波缝纫机加工，使接合处平平整整，深得年轻妈妈的欢心。

其实像尿布这种日用品，哪一个中国企业不会做呢？但我们就是很少有人像尼西奇公司一样当作一项产业来做，自然也就不可能获得像尼西奇那样的财富。这种小产品做出大生意的例子比比皆是，关键是我们很多人没有意识到这一点，更没有有意识到去利用这一点。25 美分一个汉堡包，再加上 20 美分一个冰激凌，一碟炸土豆条，几片酸黄瓜。麦当劳如此小本生意，每年营业额竟然高达百亿美元，不能不说是一个奇迹。

因此，美国不少专家、学者都在研究克洛克成功的诀窍。他们连篇累牍地发表文章，出版书籍。可是到了克洛克的嘴里，却简单明了，他只有一句话："我只是认真对待汉堡包生意。"

克洛克的"认真"并非一句口号，而是有着极其深刻的内涵，他成功的关键是摸准了顾客的心理，适销对路。第二次世界大战以后，虽然开始了"冷战"，但更多的表现形式是和平竞争、科技竞争。各国所投入的最大本钱，是经济建设、经济发展，市场繁荣，有很多人投入到了各项事业中，出现了许许多多的职业女性。女性从厨房中走出来，并与男性一样进行快节奏的工作与生活。于是，快餐食品提到议事日程上来了。快餐以它的省时、省事、价廉的特点，紧紧地吸引住了每一位顾客。

虽然是快餐食品，但由于人们工作十分紧张繁忙，营养跟不上，势必造成疲劳；所以汉堡包绝不能做成凑合、对付的食物，而是对人体所必需的各种营养搭配合理。麦当劳汉堡包提供了人体所必需的 5 大营养素——蛋白质、脂肪、碳水化合物、维生素、纤维素，而且比例适中。这正是满足顾客之所想的产品。由于你生产的产品适于顾客的心理，当然就畅销无阻了。因此，每个人都要用搞艺术的态度来开展工作，要把自己所做的工作看成一件艺术品，对自己的工作精雕细刻才行。只有这样，你的工作才是一件优秀的艺术品，也才能经得起人们细心地观赏和品味。细节体现艺术，也只有细节的表现力才最强。

关注小错误，追求尽善尽美

关注小错误是每一个成功者必备的素质。

如果你仔细观察就会发现，成功者从来不会因为错误小就放过错误，不管是明显的大错误还是隐藏的不起眼的小错误，他们都会认真仔细对待。

史蒂芬是位美国小伙子，他在一家裁缝店学成出师后便来到得克萨斯州开了一家自己的裁缝店。由于他做活认真，并且价格便宜，很快就声名远扬，许多人慕名而来找他做衣服。

有一天，风姿绰约的哈里斯太太让史蒂芬为她做一套晚礼服，然而等史蒂芬做完的时候，却发现袖子比哈里斯太太要求的长了半寸。但哈里斯太太马上就要来取这套晚礼服了，史蒂芬已经来不及修改衣服了。

哈里斯太太来到史蒂芬的店中，她穿上了晚礼服在镜子前照来照去，同时不住地称赞史蒂芬的手艺，于是她按说好的价格付钱给史蒂芬。没想到史蒂芬竟坚决拒绝收钱。哈里斯太太非常纳闷，史蒂芬解释说："太太，我不能收您的钱，因为我把晚礼服的袖子做长了半寸，为此我很抱歉。如果您能再给我一点时间，我非常愿意把它修改到您需要的尺寸。"

听了史蒂芬的话后，哈里斯太太一再表示她对晚礼服很满意，她不介意那半寸。但不管哈里斯太太怎么说，史蒂芬无论如何也不肯收她的钱，最后哈里斯太太只好让步。

在去参加晚会的路上，哈里斯太太对丈夫说："史蒂芬以后一定会出名的，他勇于承认错误以及一丝不苟的职业精神让我震惊。"

哈里斯太太的话一点不错。后来，史蒂芬果然成为一位世界闻名的服装设计大师。

在工作中，也有很多人常常好高骛远，不愿意踏踏实实地工作，特别是工作中出现一些小问题，发现了一些小错误从不愿深究，听之任之。他们的观点是：假如我所犯的错误性质十分严重，该由我承担责任的，我一定会承认也愿意承担所有的责任；但如果是芝麻大的一点小错，再去那么认真计较，难免有点小题大做，根本没有这个必要。

如果你要是这样看待错误，那就大错特错了。

要知道工作无小事，更无小错，有时1%的错误却会带来100%的失败。

任何一个小小的错误都有可能引起严重的后果，造成不可挽回的损失。承认错误，重视细节，就应从小错开始。假如你总是无视小错，而不去关注它、改正它，那么，失败和低水平表现就会变成理所当然的事。

也许有的人还记得，在2004年2月15日，吉林市中百商厦发生了特大火灾，造成54人死亡、70人受伤，直接经济损失达400余万元。然而，谁也没想到，这起严重事故的直接原因，竟然是由一个烟头引起的：一位员工到仓库卸货时，不慎将吸剩下的烟头掉落在地上，他随意踩了两脚，在并未确认烟头是否被踩灭的情况下，匆匆地离开了仓库。当日11时左右，烟头将仓库内的物品引燃，造成了这起火灾。

灾难过后，回头看看，感觉事情起因就是那么简单，简单得令人难以接受。

表面上看，这是一场由小小的烟头引发的人间惨剧，但仔细想来，夺去那54条人命的不是现实中忽明忽暗的烟头，而是工作人员的一个“小错”。很多时候，往往是一些看起来毫不起眼、多数人都不会放在心上的小疏忽，而终铸成了大错。

其实，建筑中的一个小小误差，就可以使整幢大楼轰然倒塌；

随意丢到地上的烟蒂，也可以令整条街道化为灰烬；

司机多喝了几口酒，就可能导致一起车毁人亡的惨剧；

生产线上的工人，一点点的误差，也许就会使一批产品统统报废；

销售线上的营业员，说错了一句话，可能导致一笔大订单与之擦肩而过……

以上种种，皆因一点小错而引发，尽管只是在很小的地方做得不够好，但事实表明：最可怕的后果，往往就在这样或者那样的细微之处产生。

大错是错，小错也是错。如果觉得小错无关紧要，不去防范并及时地加以改正，等小错变成大错时，就悔之晚矣。有小错的时候，我们应该早发现、早承认、早改正，只有这样，我们才能在成功的路上稳步前进。

如果我们能从价值观上和公司保持一致，那么，也会由衷地认可、关心它的发展。

教授人力资源课程的弗洛伊教授在给学生们上课的时候讲过这样一个故事：

1996年，我在一家企业做顾问的时候，我的一名已经毕业的学生罗德找到我，他知道我和他的老板布雷登先生交情不错，便央求我在他老板面前多替他美言几句，以使老板早日兑现重用他的承诺。

“我进企业时，布雷登先生答应聘我做企业的技术总监，可他一直没有兑现，只是说正在考虑，现在考虑一年多了，还没有一点动静。”罗德向我诉苦说。

后来找到一个恰当的机会，我向布雷登说起了这件事。

“这个人我不敢重用。”布雷登先生直截了当地说。

他这么干脆的回答令我很诧异，因此，我接着问：“为什么呢?”

“你知道这个人是怎么来我企业的吗?”布雷登先生看了我一眼又说道，“他原来在另一家企业工作，那家企业曾经是我们最大的竞争对手。有一天，他约我见面，说他掌握了那家企业全部的技术秘密，如果我肯高薪聘用他，他愿意将那些技术秘密奉献给我。那时候，我一直找不到和那家企业抗衡的办法，商人的本性让我不够光明磊落，我答应了罗德的条件，给了他高薪，但重用的事，一直不敢兑现。”

“你的意思是说，如果重用他，他掌握了你的秘密之后，也可能出卖你，对吗?”我问。

“是啊，他是一个不够忠诚的人，一个卖主求荣的人！原来那家企业待他不薄，但他还是出卖了老板，使得那家企业一蹶不振。有了第一次，肯定会有第二次，重用他的话，下一个受害的可能就是我啊!”布雷登先生说，“我非但不会重用他，我还准备辞退他，但在做好准备之前，我不能让他知道，谁能保证他在知道这个消息之后会怎样疯狂地搞破坏呢。”

弗洛伊教授的故事反映了一个深刻的道理：一个人失去了忠诚，就等于失去了发展的机会，失去了安身立命之本。被贴上“不忠诚”标签的人，即使才华再出众也无法赢得好的事业，缺少了忠诚，谁也看不上你的才华。

由此可见，对企业、对他人不忠诚的人，是永远无法在社会上立足的，也不可能得到重用，更谈不上有所成就。忠诚远远比能力更重要，只有能力而缺乏职业道德的人终究会让所有企业敬而远之，因此，要想有所成就，首先要将忠诚做到家，只有这样，企业才会信任你；也只有这样，你才会被委以重任。

尽善尽美是人人所追求的，但是做到却不是那么容易，需要我们尽职尽责。有责任感的员工，总会想方设法把事情做得尽善尽美。

一位原本业绩平平的推销员在向老前辈请教经验时，后者说了这样一句话："只有尽职尽责，才能尽善尽美。"最初，他有些怀疑，后来，为了验证这句话，他开始认真地反省自己原来的工作方法与态度，最后总结发现，自己以前错过了很多能够与顾客成交的机会。经过仔细分析，发现自己在以前的工作中确实没有做到尽职尽责，在开展工作前没有做好充足的准备，心不在焉，缺乏必胜的信心。于是他给自己制订了一套非常严格的工作计划，并立刻着手开始实施。数月后，他重新回顾了自己最近一段时间的工作，发现自己的工作业绩翻了好几倍。他在几年后拥有了属于自己的公司，开始在更为广阔的舞台上大显身手。

职场中就是如此，有的员工原本能力非常突出，却由于缺乏尽职尽责的工作精神，在工作中时常出现疏漏，最后自己只好逐渐流于平庸。而有的人，最初在工作中虽表现一般，但他们对自己有非常清楚的认识，对工作有着强烈的责任感，并且会全心全意地投入到工作之中，尽一切可能将自己的工作做得更为完美，从而最终取得更好的成绩。

无论做什么样的工作，都要对自己的工作尽职尽责。在工作中竭尽全力来求得更大的进步，这不但是工作的原则，更是我们做人的准则。

林宇刚刚进入一家公司任职时，认为自己的专业能力相当强，因此对待工作常常有些随意。一天，他接到一项任务——为一家非常有名的企业做一个广告宣传方案。

自认为才华横溢的林宇只花费了一天的时间就做完了这个方案，交给了上司。他的上司看后感觉不满意，让他重新做。这次，他又花费了两天的时间重新做好了一份交了上去，上司看后，尽管认为不是太完美，但是还可以用，就将它呈报给了总经理。

林宇在第二天被叫到了总经理办公室。总经理问他：“这是你能做的最好的方案吗?”林宇听了一怔，没敢作出回答，总经理轻轻地把方案推给了他，他没有说什么，拿起了自己做的方案，回到了自己的办公室。

林宇调整了一下情绪，又重新修改了一翻，交到了总经理那儿。总经理依然还是那句话：“这是你能做的最好的方案吗?”林宇心中忐忑不安，还是不敢给总经理一个肯定的回答。于是，总经理依然让他拿回去认真斟酌，仔细思考后再重新修改。

林宇这一次回到了办公室后，没有急于修改，而是绞尽脑汁、冥思苦想了整整一个星期，才将其彻底修改完交了上去。总经理盯着他的眼睛，仍旧问：

“这是你能做的最好的方案吗?”林宇满怀信心地回答说：“是的，这个方案我认为是最好的。”总经理说：“好！我现在批准通过这个方案。”

经过这次的工作经历后，林宇懂得了一个道理：唯有尽职尽责地工作，唯有对自己的工作负责，才能将工作做得尽善尽美。此后，他在工作中时刻提醒自己：要有责任感，要全心全意地对待工作。这也使他在之后的工作中，改掉了以前涣散的习惯，认真对待自己的工作，成为公司必不可少的人才。

也许你感觉自己在工作中已经做得非常好了，但你是否真的已经竭尽全力把每件事情完成得尽善尽美了呢？每个人的潜能都是巨大的，难以估量的，如果能以尽职尽责的态度工作的话，就可以最大限度地发挥出自己的潜能，将事情做得尽善尽美。

第 10 章 创新管理——在创造性破坏中与时俱进

工作中固然有既定的制度、章法，但是面对不确定性的未来与繁杂的市场，我们必须做好创新管理，让自己永远处于主动地位，驾驭事态发展，以实现既定目标。

打破思维定式，改变常规

在中美洲有一个小国，有一位书商，他手里的书老是卖不出去，于是就有人给他出主意，让他找人“忽悠”。但是“忽悠”也要讲究方法的，一定要请名人来，在那个地方总统就是最好的名人。给他出主意的人说只要把书寄给总统，无论他说什么，这书就一定好卖了。书商一听十分高兴。

于是，这位书商就把书寄给了总统，同时还寄去了一封信，信里写道:“我手里的书实在是太难卖了，您一定得给我说点儿好话。”总统看完书后觉得还不错，同时觉得他写的信也有道理，于是就在书上写上“这本书不错”的字，并且把书又给书商寄了回去。

书商拿到总统寄回来的信如获至宝，于是就把书挂在了店里最明显的地方，并且对每一位来书店的人介绍这本总统给出好评的书，果然，这本书就成了畅销书。

有了这一次的经验以后，书商不久又把第二本书寄给了总统。总统已经听说上次寄书后书商借他的光把书大卖，于是这次就在寄来的书上写上“这本书实在不怎么样”的字样给书商又寄了回去。

但是书商拿到书后又如获至宝，并且对来书店的每一位客人介绍说，这是一本把总统气得发抖的书。大家出于好奇，致使这本书也十分畅销，而且这本书比第一本书还要畅销。

这个消息又传到了总统的耳朵里，没过多久又收到了书商寄来的第三本书，但是这次总统没有给书进行任何的评价，把书原封不动地给书商寄了回去。这次书商找的借口是总统没有看明白，于是一本连总统都看不懂的书又一次大卖，而且比前两本的销路还要好。

书商把书寄给总统，可以说每次都碰了软钉子。在很多人看来这就是失败，但聪明的书商除了看到失败之外，也看到了另一面。他敢于打破思维定式。

一些科学家曾经做过这样一个有趣的实验：他们把跳蚤放在桌上，一拍桌子，跳蚤迅即跳起，跳起高度均在其身高的 100 倍以上，堪称世界上跳得最高的动物！然后在跳蚤上罩一个玻璃罩，再让它跳，这一次跳蚤碰到了玻璃罩。连续多次后，跳蚤改变了起跳高度以适应环境，每次跳跃总保持在罩顶以下高度。接下来逐渐降低玻璃罩的高度，跳蚤都在碰壁后主动改变自己跳跃的高度。最后，当玻璃罩接近桌面时，跳蚤已无法再跳了。科学家于是把玻璃罩打开，再拍桌子，跳蚤仍然不会跳，变成“爬蚤”了。跳蚤变成“爬蚤”，并非它已丧失了跳跃的能力，而是由于一次次受挫学乖了，习惯了，麻木了。最可悲之处就在于，实际上的玻璃罩已经不存在，而它却连“再试一次”的勇气都没有了。这只小跳蚤已经认为不可能就是不可能。

世界万物无不处于变化之中，时代和社会不断变化更新，人们的消费心理也在不断改变与更新。如果一直照着原来的方式去做，不论做什么都“以不变应万变”，企业发展就难以为继。

事实证明，并不是每个人都可以成功地发挥自己的创造力，从而取得别人所不能取得的成绩的。人们不能发挥创造力的原因多种多样，有的是因为心中存在某种局限性观念，有的是存在某种思维障碍，也有的是因为没有处理好与创新的各种关系。所以员工要提高和发挥自己的创造力和创新思维，必须做到突破许多思维障碍，敢于打破一切常规。

如今，企业员工以为改革会破坏平静现状的想法尤其不合时宜。今日的方法明天就会过时，今天保持平衡状态的系统，明天就会失序。

企业员工必须了解英国哲学家培根 300 多年前强调的论点：“不愿用

新式疗法的人必见新灾，因为时间正是最伟大的改革者。”

故步自封的人总是害怕打破现状、打破常规、打破曾经取得过成功的经验和做法；总以为现状才是最安全保险的，破坏现成的格局可能会带来一些意想不到的、也许是无法应付的棘手问题，把自己带入一个动乱的世界；总以为陈规才是最可靠的，随着实践的发展和客观情况的变化，一些条条框框虽然面临挑战，但迎接这种挑战要承担很大的风险，莫如在既成的轨迹上爬行，在蜗牛的壳里进出，既稳妥可靠又很方便省力；总以为成功的经验和做法是经受过实践检验的，可借用、遵循仿照的价值最大，自己另起炉灶则容易砸锅。这样一来，生机和活力便不复存在了，走向失败的速度也就更快了。

创新肯定会摧毁现有的一些东西，然而比较有勇气的公司员工对此并不惧怕，他们敢于步入创新的未知世界。也许下面三点可以给你一些启示：消除对创新的恐惧，把它变成一次良好的机遇；敢于打破常规，善于接受新事物；靠着已经掌握的还称不上丰富的知识全力以赴。你应该用你的智慧和勇气承担起个人的责任，抓住稍纵即逝的机会让自己的机构向更好的方面转化，那么创新就能够得以成功地实施。

前人留给我们很多的经验和知识，让我们少走了许多弯路。然而，如果我们只是一味遵照他们的传统思路走下去的话，恐怕这个世界将会停滞不前了。不要为已成的学说压倒，不怀疑不能见真理。对旧观念产生怀疑，并跳出思维方式的框框去开阔视野、创新思路，对我们掌握事物的本质将大有好处。

伟大的天文学家哥白尼经过长期的观测，算出太阳的体积大约相当于161个地球（实际上比这个数字还要大）。他想，这么一个庞然大物，会绕着地球旋转吗？他开始对流传了1000多年的托勒密的“地心说”产生了怀疑。哥白尼天天观测着、计算着，于是他终于创立了以太阳为中心的

“日心说”。哥白尼之所以有如此重大发现，主要是他善于怀疑，在人们习以为常的事物中找出问题来。

善于质疑，在疑问中寻找答案，往往比死板教条的实践来得更快更准。有时人沉迷于某个问题研究却又百思不解时，很可能会误入思维的死角。因为当事者的视野拘泥于问题的本身，思路堵塞，那么我们不妨排除自设，带着疑问的眼光去看问题，或许真的可以找到问题的本质所在。你若能保持对异常现象提出质疑，坚持大胆思考，也能有“疑”可生，有“问”可提。这样，你也会在提问和怀疑中找到诱因，进而开启自己创造灵感的大门。

在生活中我们往往很容易被经验所迷惑，因为那些经验，大部分是通过长时间的实践活动所取得和积累的，具有一定启发指导意义。然而，我们不能不认识到，经验有时只是人在实践活动中取得的感性认识的初步概括和总结，并未充分反映出事物发展的本质和规律。因此，我们必须学会质疑，在质疑中去鉴别经验的真伪。

对问题提出疑问，通过自己的全新独立思考，我们会发现有很多看起来很难解决的问题，其实往往并不是难在问题本身，而是难在不容易打破约定俗成的思想观念。只要我们善于质疑、敢于质疑，发挥自己的思考能力，就不难发现问题的答案可能就在眼前。

在一般情况下，人们总是习惯于运用常规的思考方式，因为它可以使我们在思考同类或相似问题的时候，省去许多摸索和试探的步骤，不走或少走弯路，从而可以缩短思考的时间，减少精力的耗费，又可以提高思考的质量和成功率。但是，这样的思维定式往往会起一种妨碍和束缚的作用，它会使人陷在旧的思维模式的无形框框中，难以进行新的探索和尝试，因此，我们应当敢于打破常规的想法，摆脱束缚思维的固有模式。

正如一位心理学家所说：“只会使用锤子的人，总是把一切问题都看成是钉子。”就好像卓别林主演的《摩登时代》里的主人公一样，由于他的工作是一天到晚拧螺丝帽，所以一切和螺丝帽相像的东西，他都会不由自主地用扳手去拧。

规则尽管非常重要，可是，如果我们想获得创意，那么遵守规则就反而成了一种枷锁。创造性思维既要求具有建设性，更要求打破陈规，否则只有一条死胡同可走。经常地反思、检查会使我们的思维流动起来，从而不因规则而变得僵化。

变通能够让我们的思维灵活起来，从而可以触类旁通，不局限于某一方向，不受消极思维定式的桎梏束缚，从多方面来选择和考虑问题，越过思维定式的障碍。同时，变通力又是创造力中求异思维的较高级层次，它使我们的思维沿着不同的方向扩散，表现出极其丰富的多样性，使人产生超常的构思，提出不同凡俗的新思想、新观点。

如果总是用思维定式来看待事物的话，那我们也就真的成了傻瓜。因此，我们必须打破常规，学会灵活变通。看事物不能以一种眼光，要多角度、多方面地去观察，从常规中探求新意。对一个问题，我们可以通过组合、分解、求同、求异等方法，让思路发展拓宽，要么加一点，要么减一点，要么借一点，要么拿一点，寻求多种多样的方法和结论，从而创造出一种更新更好的事物或产品。

在斯隆学院，有一次，学校图书馆的自来水设备出了故障，不久，水溢得满地都是，致使许多珍贵的图书浸泡在积水中。设备修好了，可如何挽救被水泡湿的书籍，成了大家的议题。若采取一般的除湿方式，就会毁掉这些珍品。于是大家都在思考有没有别的办法。其中有一位曾经从事过罐头生产的图书管理员是这样想的：在制造罐头时，为排除水果中多余的水分，采用的是低温存放和真空干燥的手段。如果把这些湿透的图书当成“水果”，能不能在同样的条件下，既蒸干湿书中的水分，又使图书完整无损呢？商量之后，大家按照这个主意，先将湿书放进冰箱中冷冻，然后放入真空干燥箱中。经过几天的奋战，奇迹终于出现了，湿漉漉的书籍散尽了水分，这批珍贵的图书终于完整地保存下来了。

创新是人类社会进步的客观要求，而要摆脱和突破常规思考方法的束缚，常常需要付出极大的努力。我们必须摆脱惯有的思维定式，变换一下我们做事的方法，从而达到意想不到的效果。就像当代著名趣味数学家马丁·加德纳曾经说过：有些问题动用传统的常规方法理解确实很困难，“但如放开思路，打破常规，灵机一动，问题便会顷刻迎刃而解”。

我们一定要学会在工作中运用创造性思维。

随着社会的发展，创造性思维越来越显得重要，也越来越被人们所认识。谁要想使自己的工作产生超凡出众的效果，谁要想在竞争中立于不败之地，谁就应该跳出传统的思维定式，学会运用创造性思维。

学会冒险，善用发散思维

1915年，中国茅台酒第一次参加巴拿马博览会，但因其包装简陋，而被洋人小瞧，被挤在不起眼的角落里，几乎无人过问。为了不至于明珠暗投，茅台酒厂的一名销售人员气愤之余，想出一计，他提着一瓶茅台，走到展厅人多处，装作失手，“嘭”的一声，将瓶子打碎，顿时香气溢满整个展览大厅，闻香识美酒，这一下招来不少客户，这些以前无缘接触东方美酒的洋人无不被茅台的奇香所打动，茅台酒由此名扬国际市场。而那位销售人员也当之无愧地被封为功臣。

可见，没有授权的冒险和尝试也不一定就没有成功的可能。一旦你选好了角度，你的冒险和尝试很可能带给你意料之外的惊喜。

妈妈从市场上买回一条活鱼，女儿走过来看妈妈杀鱼，妈妈看似无意地问女儿："你想怎么吃？"

"煎着吃！"女儿不假思索地回答。

妈妈又问："还能怎么吃？"

"油炸！"

"除了这两种，还可以怎么吃？"

女儿想了想："烧鱼汤。"

妈妈追问："你还能想出几种吃法吗？"

女儿眼睛盯着天花板，仔细想了想，终于又想出了几种："还可以蒸、醋熘，或者吃生鱼片。"妈妈还要女儿继续想，这回，女儿思考了半天才答道："还可以腌咸鱼、晒鱼干吃。"

妈妈首先夸奖女儿聪明，然后又提醒女儿："一条鱼还可以有几种吃法，比如，鱼头烧汤、鱼身煎，或者一鱼三吃、四吃，是不是？"

女儿大受启发，心里暗想，原来方法还有这么多，以前怎么就没有想到呢？

妈妈不经意间的一个问题把女儿思路的闸门打开了，也为女儿找到了学习的好方法。发散思维是一种从不同的方向、不同的途径和不同的角度去设想的展开型思考方法，向四周扩散，无拘无束，甚至异想天开。发散思维可以使人的思维趋于灵活多样。

一个简单的问题：四个角的桌面砍掉了一角还剩几个角？

有人说五个，正确；有人说四个，也正确；还有人说三个，也正确……方法藏在角度里，不同的砍法不同的答案：对角砍，3个；切边砍，4个；砍小角，5个……

具有发散思维的人，在观察一个事物时，往往通过联想与想象，将思路扩展开来。拓宽视野，而不仅仅局限于事物本身，就常常能够发现别人发现不了的事物与规律，从而提出多种新设想、新办法。因此，创造性首先表现在发散性上。

在一次有许多中外学者参加的关于开发创造力的研讨会上，日本一位创造力研究专家应邀出席了这次研讨活动。面对这些创造性思维能力很强的学者同仁，风度翩翩的村上幸雄先生捧来一把曲别针，说：“请诸位朋友动一动脑筋，打破框框，看谁能说出这些曲别针的更多种用途，看谁创造性思维开发得好、多而奇特！”

片刻，一些代表踊跃回答：“曲别针可以别相片，可以用来夹稿件、讲义。”

“纽扣掉了，可以用曲别针临时钩起……”

七嘴八舌，大约说了10多种，其中较奇特的是把曲别针磨成鱼钩，引来一阵笑声。村上对大家在不长时间内讲出10多种曲别针用途，很是称道。

人们问：“村上您能讲多少种?”

村上一笑，伸出3个指头。

“30种?”村上摇头。

“300种?”村上点头。

村上紧了紧领带，扫视了一眼台下那些透着不信任的眼睛，用幻灯片映出了曲别针的用途……这时只见中国的一位以“思维魔王”著称的怪才许国泰先生向台上递了一张纸条。

“对于曲别针的用途，我能说出3000种，甚至3万种!”

第二天上午11点，许国泰“揭榜应战”，走上了讲台，他拿着一支粉笔，在黑板上写了一行字：村上幸雄曲别针用途求解。原先不以为然的听众一下子被吸引过来了。

“昨天，大家和村上讲的用途可用4个字概括，这就是钩、挂、别、联。要启发思路，使思维突破这种格局，最好的办法是借助于简单的形式思维工具——信息标与信息反应场。”

他把曲别针的总体信息分解成重量、体积、长度、截面、弹性、直线、银白色等10多个要素。再把这些要素，用线连接起来，形成一根信息标。然后，再把与曲别针有关的人类实践活动要素相分析，连成信息标，最后形成信息反应场。许国泰从容地将信息反应场的坐标不停地组切交合。

通过两轴推出一系列曲别针在数学中的用途，如，曲别针分别做成1、2、3、4、5、6、7、8、9、0，再做成+−×÷的符号，用来进行四则运算，运算出数量，就有1000万、1亿……在音乐上可创作曲谱；曲别针可做成英、俄、希腊等外文字母，用来进行拼读；可以用曲别针做指南针；可以把曲别针串起来导电；曲别针是铁元素构成，铁与铜化合是青铜，铁与不同比例的几十种金属元素分别化合，生成的化合物则是成千上万种……实际上，曲别针的用途，几乎近于无穷！他在台上讲着，台下一片寂静。与会的人们被“思维魔王”深深地吸引着。

许国泰先生成功地为我们诠释了发散思维的魅力。从启蒙那天开始，社会、家庭和学校便开始向我们灌输这样的思想：每个问题只有一个答案；不要标新立异；这是规矩；那是白日做梦，等等。对于思维方法的培养，制定“唯一”的准则是不可行的。如果对思维进行约束，则只能看到事物或现象的一个或少数几个方面；在思考问题时，我们也往往认为找到一个答案就万事大吉了，不愿意或根本想不到去寻找第二种，乃至更多的解决方案，因而难以产生大的突破。缺少发散思维，在理论上很难突破旧有的理论束缚，实现新的突破。发散思维，并不只是看到一个事物或事件的几个方面，将已有的知识、经验运用到陌生的、不熟悉的问题上，也是一种发散思维。

一个星期天，法国著名医生雷内克瓦带着女儿到公园玩。女儿要求爸爸跟她玩跷跷板，他答应了。玩了一会儿，医生觉得有点累，就将半边脸贴在跷跷板的一端，假装睡着了。女儿见父亲的样子，觉得十分开心。突然，医生听到一声清脆的响声。睁眼一看，原来是女儿用小木棒在敲跷跷板的另一端。这一现象，立即使他联想到自己在医疗中遇到的一个问题：当时医生听诊，采用的方式是将耳朵直接贴在患者有病部位，既不方便也不科学。

他想：既然敲跷跷板的一端，另一端就能清晰听到，那么，是不是也可以通过某样东西，使病人身体某个部位的声响让医生能够清楚地听见呢？

雷内克瓦用硬纸卷了一个长喇叭筒，大的一头靠在病人胸口，小的一端塞在自己耳朵里，结果听到的心音十分清楚。世界上的第一个听诊器就这样产生了。后来，他又用木料代替了硬纸做成了单耳式的木制听诊器，后人又在此基础上研制了现代广泛应用的双耳听诊器。

雷内克瓦通过一次偶然的发现——跷跷板传导声音，运用发散思维从而研制出听诊器，改进了工作条件。工作中，主要的发散思维方法还有：

材料发散法——以某个物品尽可能多的“材料”为发散点，设想它的多种用途。

功能发散法——从某事物的功能出发，构想出获得该功能的各种可能性。

结构发散法——以某事物的结构为发散点，设想出利用该结构的各种可能性。

形态发散法——以事物的形态为发散点，设想出利用某种形态的各种可能性。

组合发散法——以某事物为发散点，尽可能多地把它与别的事物进行组合，形成新事物。

方法发散法——以某种方法为发散点，设想出利用这种方法的各种可能性。

因果发散法——以某个事物发展的结果为发散点，推测出造成该结果的各种原因，或者由原因推测出可能产生的各种结果。

发散思维威力是很大的，创造者能够打破原有的思维格局，提供一种全新的思考方式。工作中要及时运用，善于运用发散式思维。

突破习惯，增强应变能力

一根小小的柱子，一截细细的链子，拴得住一头千斤重的大象，这不荒谬吗？可这荒谬的场景在印度和秦国随处可见。那些驯象人，在大象还是小象的时候，就用一条铁链将它绑在水泥柱或钢柱上，无论小象怎么挣扎都无法挣脱。小象渐渐地习惯了不挣扎，直到长成了大象，可以轻而易举地挣脱链子时，也不挣扎。

驯虎人本来也像驯象人一样成功，他让小虎从小吃素，直到小虎长大。老虎不知肉味，自然不会伤人。驯虎人的致命错误在于他摔了跤之后让老虎舔净他流在地上的血，老虎一舔不可收，终于将驯虎人吃了。

小象是被链子绑住，而大象则是被习惯绑住。

虎曾经被习惯绑住，而驯虎人则死于习惯，因为他已经习惯于他的老虎不吃人了。

习惯几乎可以绑住一切，只是不能绑住偶然。比如那只偶然尝了鲜血的老虎。

世界推销大师哥特曼曾经说过：“推销从被拒绝开始。”你不接受拒绝是不可能学会做推销的。曾经有人做过一个有趣的调查，就是调查美国、日本、韩国、巴西四个国家，推销人员在30分钟的谈判过程当中，客户或潜在客户说“不”的次数，也就是遭到拒绝的次数；结果为：日本人是2次，美国人5次，韩国人7次，巴西人最多，42次。

哥特曼说：“如果我在第一次推销不成功之后，就放弃的话，那就没有今天的业绩了。”坚持，并保持积极进取的旺盛斗志，那么你的自信心就会越来越强，你离成功也就越来越近。

从前有兄弟俩由于父母过世较早，而居住的乡村又没有人可以帮他们，他们就相约到远地去谋生，他们把田产变卖，带着所有的财产和两头驴子离开了自己的家乡。

他们最先到了一个盛产绸缎的地方，哥哥对弟弟说：“在家乡，绸缎是很值钱的东西，我们把所有的钱换成绸缎，带回故乡一定可以赚很多钱。”弟弟同意了，于是两人买了绸缎，把绸缎捆绑在驴子背上出发了。

走了很久，途中他们在一个地方歇脚时发现他们到的是一个盛产毛皮的地方，这里也正好缺少绸缎，弟弟就对哥哥说：“毛皮在咱们县城里是更值钱的东西，我们把绸缎卖了，换成毛皮，这样不但我们的本钱回收了，返乡后还有更高的利润！”哥哥说：“不了，绸缎已经被安稳地捆在驴背上，要搬上搬下多么麻烦呀！”弟弟就把自己牵着的驴背上的那些绸缎全换成毛皮，还赚了一笔钱，而哥哥依然只有一驴背的绸缎。

他们继续赶路，来到一个盛产药材的地方，由于那里的天气寒冷异常，所以毛皮和绸缎也是他们最需要的。见此情景，弟弟就对哥哥说：“药材是咱们故乡更值钱的东西，你把绸缎卖了，我把毛皮卖了，换成药材带回故乡一定能赚大钱的。”可是，哥哥还是拍拍驴背上的绸缎说：“不了，我的绸缎安稳地放在驴背上，何况已经走了那么长的路，我已经累了，卸上卸下太麻烦了！”弟弟就把毛皮都换成药材，又小赚了一笔钱，而哥哥依然有一驴背的绸缎。

后来，他们来到一个盛产黄金的城市，那个遍地是黄金的城市除了不缺黄金之外什么都缺，当然药材和绸缎也都是这个城市所需要的。弟弟对哥哥说："我发现这里的药材和绸缎的价钱都很高，黄金却很便宜，在家乡黄金却是十分昂贵的，如果我们把药材和绸缎都换成黄金，这一辈子就不愁吃穿了。"

哥哥马上摇头道："不！不！我的绸缎在驴背上很稳妥，我不想换来换去的！"弟弟卖了药材，换成黄金，结果又赚了一笔钱。哥哥依然守着一驴背的绸缎。

最后，他们回到了家乡，哥哥卖了绸缎只得到蝇头小利，而弟弟不但大赚了一笔，还把黄金卖了成了当地最大的富豪。

这就是说，在我们的生活中，不是所有的事都需要坚持的，有时更需要灵活处事，随机应变才是最恰当的处世方式。我们应该知道，坚持是建立在自信的基础上的，但坚持反过来也会增强你的自信。

任何事在它发生之前都会有预兆，只是有的预兆是隐性的，不轻易被人发现而已。这就需要我们有机敏的头脑，在事情发生之前预测即将发生的事情，并做好一切准备才不会处于被动地位。也就是说，你的应对绝对不应该是盲目和被动的。否则，灵活机变就没有了任何意义。

在人际交往中，我们有时陷入不利的人际关系氛围是很正常的事，如果在这些场合不能随机应变，那就只有甘受其辱，甚至还有可能丢掉自己的性命。我们就以李莲英为例子来加以说明吧。

据说有一次慈禧看完著名演员杨小楼的戏后，把他召到眼前，指着满桌子的糕点说："这一些赐给你，带回去吧！"杨小楼叩头谢恩，他不想要糕点，便壮着胆子说："叩谢老佛爷，这些尊贵之物，奴才不敢领，请另外恩赐点……"

"要什么？"慈禧高兴地问。

杨小楼又叩头说："老佛爷洪福齐天，不知可否赐个'福'字给奴才。"

慈禧听了，一时高兴，便让太监捧来笔墨纸砚。慈禧举笔一挥，就写了一个“福”字。

站在一旁的小王爷，看了慈禧写的字，悄悄地说：“福字是‘示’字旁，不是‘衣’字旁的呢！”杨小楼一看，这字写错了，若拿回去必遭人议论，岂非有欺君之罪，不拿回去也不好，慈禧一怒就要自己的命。要也不是，不要也不是，他一时急得直冒冷汗。

气氛一下子紧张起来，慈禧太后也觉得挺不好意思，她既不想让杨小楼拿去错字，又不好意思再要过来。旁边的李莲英脑子一动，笑呵呵地说：“老佛爷之福，比世上任何人都要多出一‘点’呀！”杨小楼一听，脑筋转过弯来，连忙叩首道：“老佛爷福多，这万人之上之福，奴才怎么敢领呢！”慈禧正为下不了台而发愁，听这么一说，急忙顺水推舟，笑着说：“好吧，隔天再赐你吧！”就这样，李莲英为二人解脱了窘境。

由此可见，一个人倘若没有应变能力该是多么危险。所以，应变能力即使不能成为我们的专长，也不能成为我们的弱项。在生活中，有一点儿应变能力不是狡猾，而是我们应该具备的一种生存能力，或者可以说是人格魅力的一种体现。

1966 年，林语堂从美国回台湾定居。同年六月，台北某学院举行毕业典礼，特邀林语堂参加并请他即席演讲。被安排在林语堂之前的几位演讲者所做的演讲冗长而乏味，令台下的听众昏昏欲睡。轮到林语堂时，他抬腕看了看表，已是十一点半了，于是快步走上讲台，仅说了一句话：“绅士的演讲应该像女人穿的‘迷你裙’，越短越好。”然后就宣告结束。他的话一出口，台下的听众先是一愣，几秒钟之后，会场上“哗”地响起一片笑声，然后就是与会者经久不息的掌声，大家用这种方式表达了对这位优秀演讲家的拥戴。

第二天，台北各大报纸上均出现了“幽默大师名不虚传”的消息。简单的一句话就可以让人耳目一新，这就是林语堂的幽默和应变能力。

灵活变通，找对方法做对事

水逢绝境则转，人逢绝境则变。在选择坚持和变通的过程中，智者选择变通，而傻子选择坚持。所以，傻子是“死水”，智者是“活水”。其实，不知变通的人不是不会变通，而是不愿变通，他们死守着自己认为对的东西，得到的结果往往是事与愿违。所以，选择坚持还是变通，一定要灵活对待，展现你应有的机智。

宋代罗大经在《鹤林玉露·临事之智》中云：“大凡临事无大小，皆贵乎智。智者何？随机应变，足以得患济事者是也。”他的意思是说：智者便是能随机应变，相机行事之人。

我国唯一的一位女皇在那个男尊女卑的社会之所以能够位列九五之尊，取李唐江山而代之，就是因为她善于机变、巧于应对，这位女皇就是武则天。

武则天 14 岁被太宗召选入宫，因为善于应对，不久便被封为才人，又因性情柔媚乖巧，被唐太宗昵称为“媚娘”。当时宫里观测天象的大臣纷纷警告唐太宗，说唐皇朝将遭“女祸”之乱，唐太宗为江山着想，把武姓之人逐一进行了处置，但对于武媚娘，却不忍有所动作。太宗逐渐年老体弱，而武则天此时风华正茂，一旦太宗离世，她将陷入绝境。但是，我们知道，太宗死后她并没有作为殉葬品处决，而是在白马寺出家，她的这一变不仅打消了太宗的疑虑，还为自己留了后路。

当时，武媚娘拜谢而去时，唐太宗还自言自语道：“天下没有尼姑要做皇帝的，我死也可安心了。”所以，在当时的太宗看来，李唐的江山不会有危险了。但是，他并不知道，武则天是一个何等机警的人物，只要有一线生机，她就可以创造奇迹。李治与武则天分别的时候对她呜咽道：“卿竟甘心撇下我吗？”媚娘满脸无奈的忧伤，她回身仰望太子，叹了口气说：“主命难违，只好走了。”“了”字未毕，泪雨已下，语不成声了。太子道：“你何必自己说愿意去当尼姑呢？”武媚娘镇定了一下情绪，把自己的心思告诉了李治：“我要不主动说出去当尼姑，只有死路一条。留得青山在，不怕没柴烧。只要殿下登基之后，不忘旧情，那么我总会有出头之日……”太子李治解下一个九龙玉佩，送给媚娘作为信物。太子登基不久，武则天很快又被召回宫中，并为自己以后的登基一步步地做着准备。

从武则天这些举动来看，她的聪明之处在于能够因时因事而动，她才能够成为中国历史上声名赫赫的一代女皇。

所以说，做任何事都应该有前瞻性，都应该站在潮头引领潮流动向，而不是只会跟着潮流走。因为能够站在潮头的人可以看到事情的发展动向，在事情还没有发生时就已经具备了主动权，做好了应变的准备，而赶在潮流末端的人就像是一个盲人，只能被牵着鼻子走。当别人看到悬崖撒手时，他就只能掉下去。生活中的许多人都曾是这样的牺牲品，尤其是那些思路狭窄、不懂掌握态势的人就更容易成为这样的牺牲品。

当年，红极一时的“掉渣饼”在北京城的大小街巷铺天盖地地展开了连锁攻势。于是，便有了一大批“掉渣饼”的追随者想趁着这股东风赚足自己的腰包。可是没有几天“掉渣饼”就因种种原因突然间消失得无影无踪。且不说它的经营模式有何缺陷，就以一个旁观者的角度而言，当北京城的大街小巷中，“掉渣饼”的加盟店十步之内就会有一家的时候，这种繁华可以证明它有一定的市场优势，但也可以证明这种繁华的背后是市场的饱和和经营链条断裂的危险，而当时的许多人只看到了前者而没有看到后者。他们在最危险的时候，还是蜂拥而上，最后得到的却是输的结果。而那些尽早撤资的人不仅没有输反而获利不少，像这类人就是站在潮头的人。

生活中的许多道理其实都是相通的。所谓举一反三就是如此，希望我们都有对生活的领悟能力，都能够主动把握局势的发展，创造自己想要的结果。

我们知道，一个问题往往有多种解决方案，但是我们要做的往往是找到最合适的方法，这样才能把事情做好，才能把问题解决掉。

工作中的事情也是一样，很多时候只有找对了方法才能把事情处理得更好。如果一味蛮干，没有方向性，没有针对性，结果往往会适得其反。

华人首富李嘉诚的名字可谓家喻户晓。他之所以能够那么成功，是有一定原因的。他初涉商海时，就是一个通过找方法去解决问题的高手。

他原本是在茶楼做跑堂的伙计，后来应聘到一家公司当推销员。做推销员首先要能跑腿，这一点难不倒他，以前在茶楼成天跑前跑后，早就练就了一副好脚板，可最重要的，还是怎样千方百计地把产品推销出去。

有一次，李嘉诚去一栋办公楼推销一种塑料洒水器，一连走了好几家都无人问津。一上午过去了，一点业绩都没有，如果下午还是毫无进展，那这一天就是白跑了。

尽管推销颇为艰难，他还是不停地给自己打气，精神抖擞地走进了另一栋办公楼。他看到楼道上的灰尘很多，突然灵机一动，没有直接去推销产品，而是去洗手间，往洒水器里装了一些水，将水洒在楼道里。经他这样一洒，效果很好，原来脏兮兮的楼道，一下变得干净了许多。这样一来，立刻就引起了主管办公楼的有关人员的注意，向他购买了洒水器。就这样，一下午他就卖掉了十多台洒水器。

李嘉诚这次推销为什么能获得成功呢？原因在于他掌握了一个非常有效的推销方法：要让客户动心，就必须掌握他们如何才能受到影响的规律——“听别人说好，不如自己看到的好；看到的好，不如使用起来好。”总讲自己的产品好，哪能比得了亲自示范、让大家看到使用后的效果好呢?

在做推销员的过程中，李嘉诚十分重视分析问题和总结方法。后来，他将香港分成几大片区，对各片区的人员结构进行分析，了解哪一片区的潜在客户最多，就有目的地去跑，重点推销，再加上他的勤奋，这样一来，获得的收益自然要比别人多。李嘉诚跑的地方比别的推销员都多，成绩也是全公司最好的。这就是找对方法的结果。

在工作中，要想成为一名优秀的职业人，就要尽可能去寻找各式各样的解决方法。

有一位推销员在谈到推销豆子时充满了自信。

他说：如果豆子的销量很好，直接赚钱好了；如果豆子滞销，分三种办法处理：

一、让豆子沤成豆瓣酱，卖豆瓣酱；如果豆瓣酱卖不动，腌了，卖豆豉；如果豆豉还卖不动，加水发酵，改卖酱油。

二、将豆子做成豆腐，卖豆腐；如果豆腐不小心做硬了，改卖豆腐干；如果豆腐不小心做稀了，改卖豆腐花；如果实在太稀了，改卖豆浆；如果豆腐卖不动，放几天，改卖臭豆腐；如果还卖不动，让它长毛彻底腐烂后，改卖腐乳。

三、让豆子发芽，改卖豆芽；如果豆芽还滞销，再让它长久点，改卖豆苗；如果豆苗还卖不动，再让它长大点，干脆当盆栽卖，命名为“豆蔻年华”，到城市里的各大中小学门口摆摊和到白领公寓区开产品发布会，记住这次卖的是文化而非食品；如果还卖不动，赶紧找块地，把豆苗种下去，灌溉施肥，3个月后，收成豆子，再拿去卖。

在这个推销员充满智慧的设想中，如果他不积极地去想更好更妙的办法，他也许只能坐以待毙。一个人若能用这种思路去寻找解决问题的方法，那成功离他还会远吗?

我们常常看到这样一种情况：很多员工早上进了公司就开始埋头苦干，直到下班，别人休息的时候他也还在工作。按照常理，这类员工的业绩肯定差不了，但事实是他们的业绩往往却并不理想。为什么？因为他们不懂得思考，不懂得找到解决问题的巧妙途径，因此，他们会走很多弯路，办事效率自然就低了。

美国有位教授用了10年时间潜心研究一个问题——“如何帮助年轻人成为职场红人”。他对世界500强企业和各大政府机构进行调查研究，结果发现，所谓的职场红人，不一定有高人一等的智商、超越常人的交际能力，也不一定有卓越的领导力，他们之所以成为职场红人，靠的是善于找方法的思考能力，他们懂得运用自身拥有的一切资源，从而找对方法做对事。

只要我们在工作中主动运用我们的大脑，好点子就会如泉水般涌出，我们也会在职场中找到属于自己的最佳坐标。

解决创新的困惑，走出观念的误区

现在社会的企业不缺少人才，但缺少能够给企业带来巨大利益的创造性人才。

要知道现在社会中人们对创新产品有着浓厚的兴趣，下面这些统计数据，或来源于学术研究成果，或摘自各类商业出版物，读来难免令人徒增一份焦虑与无奈。

与创新乏术的企业相比，创新成功的企业更有可能获得20%甚至更高的增长率。

如果企业80%的收入来自新产品开发，并坚持下去，5年内其市值就能翻番。

“创新度”是衡量企业投资价值的最佳晴雨表。

此外，其他研究结果也表明，创新已经成为首席执行官普遍关心的问题。埃森哲的一份调查报告显示，全球83%的高层管理人员深信，本企业今后的发展“将更多地依赖创新”。1999年的时候，威廉·邓肯总结了各企业年报总裁致辞栏目中最常用的词语。

换句话说，首席执行官们已经清醒地认识到创新的重要性。即使如此，他们中仍有许多人也不得不承认，总体而言本企业在创新方面还做得很不够。根据阿瑟·利特尔的一份调查，只有约四分之一的首席执行官认为，他们的企业具有获得成功所需的足够的创新精神。甚至在创新观念方面，很多企业管理人员也存在不少“歪解”。

“企业现行制度通常会与新设想和创新精神相抵触，高层管理人员之所以存在的理由就在于延续企业传统的行为方式。我们需要发动一场革命性的变革，彻底造就一个全新的企业。我们要学会预见无法预知的事物。”你十有八九也听过这种观点。诚然，其中某些观点不无可取之处，然而它们却很难成为推动企业转型的根本。创新的关键并非是对“某些美好设想”的刻意宣传。创新的实质在于深入挖掘、充分发挥企业员工的巨大潜能，并以此获取实际的收益：如新的产品和服务、新的工作方式以及能够真正赢得利益。相关人士关心和关注的新的效率，其实根本算不上是一种创新。

那么，究竟该怎么办呢？首先，要换一种思路看待创新。对于企业创新，存在着许多错误观念。事实上，在如何对待创新这个问题上，企业需要采取截然相反的方法，要避免大张旗鼓地（通常也是盲目地）搞大规模、耗资巨大的“文化革命”，而是从业务问题出发，马上着手，释放企业内部蕴藏的创新潜力。这样，企业不仅可以达到自己的目标，即创造出新的效率、新的产品和服务等，更为重要的是，企业文化也会随之悄然改变。

围绕创新问题的诸多困惑主要归因于以下几个理解上的误区：

（一）创新具有偶然性

如果认为创新大多具有偶然性，仅此一点，你就不可能作出积极的规划，那么，你又如何指望总有天上掉馅饼的好事呢？也许你会反问：许多人尽皆知的发明不都有侥幸为之的成分吗？譬如，美国学生大多知道这样一个故事：1928 年的某一天，细菌学家亚历山大 · 弗莱明的培养皿中碰巧长了霉菌，结果他发明了青霉素这种新药。

然而，这些事例是否说明创新方法的根本就在于一种机缘巧合呢？如果试着向世界地图投掷飞镖，经过 1000 次尝试后，恰好有几只飞镖的位置发现油田，那么，这种“飞镖找石油”的方法是否能够取代一步一个脚印，有组织、有系统地进行石油勘探呢？答案当然是否定的。

（二）个别敢吃螃蟹的人

你或许会认同这样的观点，发扬创新精神离不开少数“敢吃螃蟹的人”，他们的作用是革命性。在他们的带领下，企业得以破除积重难返的惰性羁绊，从而为创新思想开创出一片自由的天地。

其实，面对此时此景，创新者扮演的角色不外乎“救生员”。而采取“游击”的方法来对待创新，无异于把创新当做企业危急关头的一根救命稻草。照这种逻辑，企业就其本质而言，只是一个迟钝、低效的组织形式，而创新只属于少数以创新为己任、专职从事创新工作的人。这样一来，企业大多数人理所当然地卸下了创新这个包袱，无须为推动创新承担应有的责任和义务。

（三）创新就是稀奇古怪的事

这种观念是“游击式”创新思维的必然后果。在人们眼里，创新者就是那些脑瓜里装满奇思怪想的人。既然他们能频频亮出奇招怪想，打破会议僵局，能彻底改造董事会的思维方式，崇尚创新的企业是否就要雇用那些异类人才呢？

问题在于，创新与新奇之间是否存在某种必然的联系？对此，部分人的答案是：“某些创新者表现出怪异的行为特征。因此，企业的创新就在于引入更多的奇思怪想。”实际上我们还要回归正途，创新意味着艰苦而扎实的工作，而非异想天开。然而，这并不等于说企业对待员工的创造力要采取消极的态度。总体而言，有创造力是一件好事，但要记住，创造力并非凭空想象，而是一种行为的综合，即以新颖、新奇的方法把几种东西结合起来。创造力是为创新服务的，无法代替创新本身，创新是一种艰苦的劳动。

一些企业已经着手，力求在自己的品牌中融入创新的元素。同时，他们制定出相应的实施计划，以确保达成这一目标。英国石油公司显然是其中的佼佼者。作为一家年收入达 1480 亿美元的全球性能源企业，英国石油公司始终遵循着某些独到的创新原则，从而避免随波逐流、陷入人们对创新理解的诸多误区，进而朝着建设具有高度创新意识的成功企业的目标大步迈进。

（四）创新来自每个人的头脑

通常情况下，创新源于基层。这并非说基层员工总比高高在上的董事们更聪明一些。这纯粹是一个数字游戏：一边是高层管理人员，他们只占企业人员极少数比例；另一边，每天工作在第一线的员工数以万计。因此，征求基层意见，择优采纳，并加以实施，实为企业聪明之举。其聪明之处在于很好地掌握了一种数字游戏的原则。

在英国石油公司的创新计划中，管理层很好地理解了这一基本认识，因此大大节省了时间。该计划的一个主要特点是一项名为“速战速决”的倡议，就是要求每个员工从身边做起，重点落实日常经营绩效的即时改善。该倡议体现出公司领导对基层意见的大力支持，也就是说，只要是好的设想，公司就愿意付诸实施。同时，由于北美中部大陆业务部门具有工作负荷高、注重绩效的文化特点，“速战速决”对迅速达成可衡量的绩效成果至关重要，因此也更有可能得到员工们的衷心拥护和领导层的必然支持。

由此我们可以看出，提出“速战速决”的前提是：公司认识到工作在一线的员工最有发言权，他们的设想和建议对公司的日常运作具有立竿见影的效果。此外，从激发设想开始，一直付诸实施，“速战速决”还遵循着一整套完善的实施框架。首先，创新小组以访谈形式向一线员工征求意见，要求他们提供能迅速见效的好主意。然后，经提议人同意，他们的建议将提交业务部门领导审议。如果建议得到批准，将由提议人来负责此后的整个过程。其间，企业相关管理层要给予提议人实施建议所需的相关职责和自主权利。必要时，还允许他们就自己取得实际成果的能力所及，做出方案修改和调整，或干脆取消原先的建议。

（五）人人都能学会创新

英国石油公司的“速战速决”计划旨在为公司创造短期价值，在此基础上，他们把目标瞄准企业业务上面临的最严峻挑战，进一步发挥创新的巨大威力。“边干边学”是英国石油公司发起的另一项活动，公司让员工们承担更多的责任，共同解决企业存在的问题。“边干边学”活动的第一步就在于集思广益，设定适当的目标，即公司业务上面临的某项复杂难题。而解决这些难题仍然有赖于细致的分析，综合多方的意见和看法。一旦找出有待改进的潜力，公司就会选定员工成立“边干边学”小组。小组成员都具有跨部门的工作经验，他们各司其职。

企业确定某项业务难题后，就要发挥小组成员集体的智慧，找出问题的症结，寻求创新的解决方案。一旦就某一可行方案达成共识，小组即通过书面形式立案，充分表述自己的建议，再对解决方案进行试验和修正。最后，小组向业务部门领导提出正式方案。经领导批准后，他们即对方案实施状况进行监督，并跟踪最终的结果。

（六）持续创新不是点，而是面

在创新这个问题上，我们应当少抱一分狂热与冲动的态度，多几分疑问和实干的精神；少一些广告公司“闪电式”的激情文化，而多一些爱迪生实验室理性的分析方法。因为创新不是点，而是面。发挥少数人的聪明才智并非企业创新的制胜法宝，相反，创新需要更多地发挥员工间的协作效应，同时离不开与之相适应的组织结构。杰里 · 克劳斯是美国 NBA 篮球联赛 6 届冠军得主——芝加哥公牛队的总经理，他总是喜欢说这样一句话：“赢得冠军的不是球员，这是整个组织的胜利。”科学创新，让创新成为必然。

（七）创新是科学不是艺术

我们现在需要的是创新的流程和工具，是可以借鉴的科学框架及体系，而不是太多关于创新的艺术化，甚至魔术化的渲染。

许多人把“创新”的概念神秘化了。比如认为创新需要非凡的天赋、超群的智商等，其实这都是误解。太多的专家、太多的媒体、太多的会议围绕着创新的意义和重要性大做文章，而绝少听到、看到有专家谈论如何去创新，即创新的具体流程和工具，从而加剧了其神秘性。其实，创新是非常理性的一种“科学”。发达国家的优秀企业在过去几十年中早就总结出一套非常成熟的、规范的流程和方法，而且经过若干年的实践检验，确实上升到了“科学”的层次。所谓“科学”，通常要具备这样几个条件：一是具有可重复性，能用实验、实践来验证；二是有统一的衡量标准，即有对错之分；三是比较容易学习与掌握，是一种知识。

我们从营销与销售的区别谈起。现在有很多人还不清楚营销和销售的区别。在实践中，国内企业很少有真正意义上的市场营销，很多企业的市场营销工作要么停留在销售支持（渠道开发）阶段，要么停留在推销阶段。市场营销是在产品问世之前就开始了（即针对目标市场的需要推出创新的产品），而推销是在产品出来之后才开始（即如何把已经生产出来的产品卖掉）。换句话说，市场营销的重点是产品创新，而推销的重点是宣传、促销，前者属于“地下工作”，后者是“舞台表演”。

跨国公司市场营销工作的重点是在产品（新产品定义）领域。换句话说，在市场营销部门最重要的是产品市场部，这个部门负责新产品的定义和上市，而且决定了市场开发、市场宣传和渠道开发部门的基调。比如产品一定畅销的理由、产品的价值信息（诉求点）、产品的渠道策略均包含在产品定义里面，可以说产品市场部是战略设计部门，而其他三个部门都是执行机构。与跨国公司重视产品市场不同，国内绝大多数企业把市场营销的工作重点还放在市场宣传（特别是广告宣传）上，这是跨国公司和国内公司在市场营销理念上差别最大的一个方面，即一个重视“地下工作”，一个重视“舞台工作”。

跨国企业把市场营销的功夫主要用在寻找创新的源泉上，企业不惜花费巨资和大量时间去了解目标客户群的需求。走访目标客户是为了寻找创新的源泉，而寻找创新的源泉是为了做产品定义，是为了开发“未来市场”上需要的产品。寻找创新的源泉并不复杂，就是一定要找到目标客户群对现有产品在哪三个方面不满意、潜在消费者（有需求而没有消费）因为哪三个原因而没有消费。只要找到了这六个答案，创新的答案就找到了。当然，“地下工作”通常都是非常漫长的过程，少则一年，多则三年，有时候会感到枯燥乏味。正是因为大量的市场调研（取样率较高才行），企业才能掌握目标客户群的需求动向，才有可能开发出创新的产品，让消费者“别无选择”。

总之，创新是知识与技能的综合。一般说来，知识可以通过培训、学习获得；而技能唯有通过实践、练习去获得，并在实践中上升到流程和规范的层次。很多专家的创新理论之所以不被企业接受，就因为没有创新的流程、方法和工具支持，没有形成科学的框架和体系，也就不具备可以借鉴的实用价值。

（八）让创新成为必然

创新曾经是一个让人兴奋的词，现在快被当作一个最没有创意的词了。

创新一直在被神圣化、神秘化，这是很多关于创新的故事给我们的暗示。如可口可乐的创始人在配制药品的时候，由于失误，碰巧发明了可口可乐；3M公司的两名技术人员本想发明一种粘力强大的胶水，结果研制出一种粘不牢的产品，这就是现在全世界风行的粘贴式便条。

尽管很多创新来源于意外，但我们却不能指望意外会频繁光顾。爱迪生大概称得上是创新者的楷模了，他素以高效创新而著称。他说过这样一段话：“我做的任何一件有价值的事情都并非偶然，我所有的发明创造也并非出于巧合，而是来源于辛勤的工作。”

阻碍创新的并非人们的创新能力，而是弥漫在创新周围的错误思维。比如，“创新就是超越”，这就是一个神话式的创新思维。其实，大多数产品创新并没有超越，只是发现并满足了消费者的需要而已。“创新就是超越”的思维，使得普通人对创新望而却步，以为创新只是少数人的事，或者说是专业技术人员的事。

大多数产品创新都源于对消费者的深刻洞察和理解，大多数营销创新都有深厚的逻辑思维支撑。大多数营销策略和手段的创新都源于环境的变迁，而不是创新者脑子里天马行空的思维。让创新成为一种必然。如果说过去我们认知了爱迪生带给社会的创新发明的话，今天我们又认知了他对创新的思想贡献。

现在最需要的并非创新的结果，而是创新的思维。彼得·德鲁克无疑是创新思维的最大贡献者。正是他系统地解开了关于创新的神秘面纱。彼得关于创新最著名的论断是：创新不是“缪斯的宠儿”，因为他们是“灵光乍现”的结果。这样的创新无法再现、无法教授、无法学习。创新是通过艰苦有组织、有目的的工作得到的结果。

彼得反复强调创新不是“聪明人的点子”，并且强调创意的禁忌就是“太聪明”。让我们感谢彼得·德鲁克把创新拉下神坛，让创新成为普通人的事。

彼得·德鲁克提出“创新的七个源泉”分别是：意外之事、不协调、程序需要、产业和市场需要、人口变化、认知的变化、新知识。这些源泉就是创新的起点，是创新的机会。要使创新成为一种必然，必须从这七个源泉中寻找创新点。

彼得关于“有组织的创新”的论述，使得创新成为一项有目的、有计划、有组织、有系统的工作，使企业可以像设计流水线一样设计创新活动，并不断产生预期的创新结果。

如何使创新成为一种必然？彼得·德鲁克给我们的答案是：寻找创新的源泉加有组织的创新。

（九）发现创新

营销不乏创新，但大量的创新没有被发现，造成目前营销创新的整体贫乏。营销创新分为两个层面，一个是业务员个人层面的创新，另一个是企业层面的创新。业务员个人层面的营销创新精彩纷呈，层出不穷，而企业组织层面的营销创新异常贫乏，二者形成明显的反差。业务员个人的创新，可能是应付难题的灵机一动，可能是某个意外，可能是高压下的结果，也可能来源于对消费者的新认知，甚至可能是某次过错的结果。

最大的问题是，业务员们很少认识到自己创新的意义。受长期关于创新错误理念的误导，他们总是认为创新一定是什么的“专利”，自己做的这点小事，怎么能够是创新呢？因此，大量有价值的创新被业务员们无意识地忽视了。

企业管理层面的创新，绝不是营销管理者们坐在办公室冥思苦想的结果，而是来源于对业务员创新的发现。

特劳特在其名著《营销革命》中提出一个让人意外却合乎情理的观点，普通人认为战略决定战术，而特劳特认为“战略由成功的战术决定”“战略是成功战术的一致化”。其实，毛泽东也讲过类似的观点：认识阶段，战术决定战略；实践阶段，战略决定战术。

业务员个人层面的营销创新，通常是解决具体问题的战术措施。但是，如果营销管理层发现了业务员创新的价值，在更大的范围内推而广之，就等于把个人层面的战术进行了创新。

企业普遍缺乏的恰恰是这种发现机制。结果，业务员个人层面的创新，仅仅是局部范围的小打小闹，得不到肯定和提升。而企业层面的创新则由于缺乏源泉，形成创新贫乏的局面。

管理者们普遍说创新很难，甚至说根本就没有创新。但当我们提出现实中层出不穷的创新时，大家才恍然大悟。如果说提出创新是对营销界的贡献的话，我想更大的贡献应该是发现创新的机制。

因为营销创新就隐藏在基层业务员中，所以，营销管理人员应该像娃哈哈的宗庆后一样，深入一线去发现营销创新。

因为一线的营销创新通常被业务员当作“不值一提的小事”给忽视了，因此，营销管理人员应该站在更高的视角去提炼、提升业务员们的创新，把它从战术层面提升到战略层面。

大多数销售会议被开成“诉苦会”“要政策会”，企业不妨把销售会议开成经验介绍会，在业务员的介绍中，营销创新可能就会被发现了。

在一家规模不是很大却不断创新的企业，营销总监是这样工作的：每个月有一半时间泡在市场上发现问题、发现经验、发现创新点。一旦发现某个市场的经验或创新点，就把下次业务员会议放在这个市场召开，把个别市场的经验和创新提升为公司层面的经验和创新。